中国語検定 HSK 公認テキスト 3級 改訂版

著者：宮岸 雄介

SPRIX

🎧 音声ファイル無料ダウンロード

本書内の 🎧 の表示がある箇所の音声は、下記方法にて無料でダウンロードできます。

ダウンロードパスワード：**sprixhskktext0302**

◆ 💻 パソコンから

URL：**https://ch-edu.net/hsk_ktext/**

【手順】
① 上記 URL にアクセス
　（URL からアクセスする際は、検索欄ではなく、ページ上部の URL が表示されている部分に直接ご入力下さい。）
② アクセス先のページでダウンロードパスワードとメールアドレス等の必要事項を入力
③ ご入力いただいたメールアドレス宛にダウンロードページ URL が記載されたメールが届く
　（自動送信の為、ご入力いただいたメールアドレスに必ずお送りしています。受信しない場合は、迷惑メールフォルダー等をご確認下さい。それでも受信していない場合は再度初めからご登録下さい。）
④ ダウンロードページにて音声（MP3）ファイルをダウンロード

◇ 📱 スマホ・タブレットから

"App Store"、"Google Play ストア" で HSK 音声ポケット 🔍 を検索して無料アプリをインストール

≪ iPhone ≫　　　　　　　　　　≪ Android ≫

【手順】
①「MY ポケット」ページの 書籍を追加 をタップ
②「書籍一覧」ページで、ダウンロードする書籍をタップ
③「PW 入力」ページに、ダウンロードパスワードを入力し、 ダウンロード をタップ

※ CD はご用意しておりませんのでご了承下さい。

まえがき

　中国は、「試験大国」です。隋王朝から20世紀初頭（589～1905）まで、官僚登用試験である「科挙」を、一時の中断はあるにせよ、連綿と続けてきました。古来、科挙受験生であった文人達は、自身の人生と科挙を切り離すことはできず、受験にまつわる悲喜こもごものドラマを文学作品に綴ってきました。たとえば、中国最後の王朝である清の呉敬梓（1701～1754）の白話小説『儒林外史』では、試験に一生を捧げ、試験のために生きる登場人物の悲喜劇を描いています。そして、本来手段であるべき試験が人生最大の目的になってしまっていた旧中国の士大夫社会の疲弊ぶりを、ユーモアを交えつつ揶揄しながら活写し、言外に試験の意義について現代にも示唆しています。このような試験の伝統を持つ中国が、20世紀末、新中国政府の指導の下、世界に向けて生み出した中国語試験がHSK（**汉语水平考试**Hànyǔ Shuǐpíng Kǎoshìの略）です。

　1990年、HSKは、中国政府公認の中国語の語学試験として産声を上げました。改革開放政策を推し進め、右肩上がりの経済成長を遂げてきた中国の現代史の歩みとともに、HSKは、増加する世界各国の中国語学習者の学習指標としての役割を担ってきました。近年、中国は経済活動の場として注目されてきたため、中国語は特にコミュニケーション能力を養うことが強く求められるようになってきました。HSKもその需要に応えるべく内容の一新が必要となり、2010年に日本で「新HSK」が始まりました。

　「新HSK」では、会話などの口語表現に多く題材を求め、コミュニケーション能力を測ることに重点が置かれています。留学や企業の駐在などで、中国で生活をするとき、現地の人々が話す自然な言葉を聞き取り、また自分の思いを中国語で伝えることができたら、より深く中国の人々との友情も深まっていくことでしょう。コミュニケーション能力の達成レベルを的確に確認できる目安となることに、「新HSK」の意義があります。

　HSKも資格試験であるため、合格を目標に勉強をしますが、合格した後にこそ、中国語学習の本当の目標があるはずです。試験合格のための受験勉強に終わらせず、ここで覚えた知識を使って、多くの中国の知己を得て、表面的なつきあいではなく、深い文化面からの交流が広がっていくことを、『儒林外史』の国は期待していると思います。

　本書は「新HSK」の出題内容を検討し、受験されるみなさんが、それぞれの級で学ばなければならない事項をわかりやすく解説し、さらに実際の試験の形式で練習できるように編集しています。本書が、受験される方々の中国語理解と合格の栄冠の獲得の一助となれば、望外の喜びです。

宮岸雄介

本書の特徴と使い方

本書は、HSK3級で合格、つまり6割以上の点数を取得するために必要な中国語の知識、文法、単語を紹介しています。

本書で使用している文法用語

文を構成するもの及び文の成分
・**単語**、**連語**（＝フレーズ・句）、**節**
・**主語**、**述語**、**目的語**、**状語**（＝連用修飾語）、**定語**（＝連体修飾語）、**補語**（様態補語、程度補語、結果補語、方向補語、可能補語、数量補語）

品詞など
名詞、時間詞、場所詞、方位詞、数詞、量詞（名量詞、動量詞）、数量詞、代詞（人称代詞、指示代詞、疑問代詞）、動詞、能願動詞、形容詞、副詞、介詞、関連詞、助詞（構造助詞、動態助詞、語気助詞）、感動詞、擬声詞、離合詞、成語慣用語、接頭辞、接尾辞

| Part1 ／ 発音 | 中国語の発音に慣れるための内容です。 |

| Part2 ～ Part9 ／ 文法 | 各UNITごとに、HSKに出題される重要な文法事項を解説しています。 |

音声
・単語、例文など、この本の中のほとんどの中国語文が収録されています。
・発音篇だけでなく、文法の学習を進める時にも音声を活用して、聞き取りの練習を進めましょう。
※音声ダウンロードに関しては、「まえがき」の前のページをご覧下さい。

基本フレーズ
このUNITで扱う文法を使った代表的な例文です。

基本単語
・各UNITごとの新出・重要単語を掲載しています。
・HSKの過去の試験の出題頻度の高い順に「☆」「〇」「△」「無印」をつけました。
・ピンインと和訳を赤シートで隠せるようになっています。発音や意味の学習に役立ててください。

POINT（文法解説）
HSKの出題傾向を分析し、合格に必要な文法事項をわかりやすく解説しています。

例文
・HSK合格に必要な文法事項を確認するための例文を、文法公式と併せてわかりやすく紹介しています。
・ピンインと和訳は赤シートで隠せるようになっています。文法が理解できたか確認してみましょう。

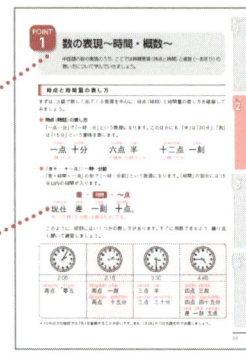

発展

文法事項の応用や、発展知識を紹介しています。基本事項だけでなく、より高いレベルを目指す方はこちらも確認しておきましょう。

補充単語

練習問題で出題される新出単語を掲載しています。練習問題を解く前に確認をしておきましょう。

HSKの例文

各UNITで学んだ文法事項を、実際に出題されたHSKの問題で確認をすることができます。文法の内容だけでなく、解答のポイントも解説しています。

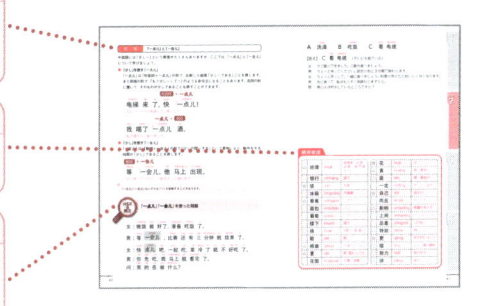

補足説明

赤い囲み部分には、文法や例文をより深く理解するための知識を記載しています。

未習語彙や、本書のレベル以上の語彙には「＊」で補足説明をつけています。

練習問題

会話文の組み合わせ問題、空所補充問題、読み取り問題で、各UNITで学んだ文法事項が理解できたかどうか確認できるようになっています。

解答

練習問題の解答です。文法事項の解説も記載していますので、間違った問題の解答と解説を確認し、理解を深めましょう。

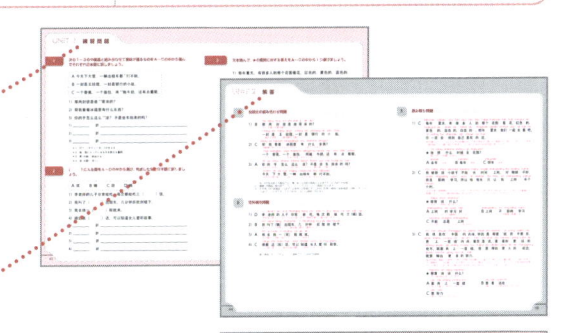

実践問題

・そこまでで学んだ文法事項を使って、実際のHSKの問題と同じ形式の問題に挑戦できます。
・HSKの問題形式に慣れるとともに、文法知識や単語の理解が定着したかを確認しましょう。

模擬問題

・巻末には1回分のHSKの模擬問題を掲載しています。
・すべての文法事項が確認できたら、時間配分にも気をつけて、模擬問題に挑戦してみましょう。
・模擬問題のすべての問題に、詳しい和訳と解説がついています。
・理解できていない文法事項や覚えていない単語は、各UNITに戻って学習をしましょう。

まえがき			1
本書の特徴と使い方			2
HSK概要			8
HSK3級	試験概要		12
	問題紹介		14
	聞き取り試験のスクリプト		20

Part 1

			23
UNIT1	発音篇		24
	POINT1	発音のしくみ	25
	POINT2	母音	27
	POINT3	子音	30

Part 2

			33
UNIT2	数詞と量詞		34
	POINT1	数の表現〜時間・概数〜	35
	POINT2	量詞の使い方とお金、概数の表現	37
	UNIT2	練習問題	42
UNIT3	疑問代詞を使った疑問文		46
	POINT1	置き換えて使う疑問代詞	47
	POINT2	答えに説明を要する疑問代詞	48
	UNIT3	練習問題	52
UNIT4	正反疑問文と選択疑問文		56
	POINT1	正反疑問文	57
	POINT2	選択疑問文	59
	UNIT4	練習問題	62

Part 3

			67
UNIT5	程度の副詞		68
	POINT1	副詞の位置と程度副詞「很」の用法	69
	POINT2	程度副詞の意味と決まった文型の用法	70
	UNIT5	練習問題	74
UNIT6	時間・範囲の副詞		78
	POINT1	時間・範囲の副詞の基本文型	79
	UNIT6	練習問題	84

4

目次

UNIT7	語気・頻度の副詞		88
	POINT1	語気を表す副詞	89
	POINT2	頻度を表す副詞	90
	UNIT7	練習問題	92

Part 4

97

UNIT8	いろいろな介詞と用法		98
	POINT1	時間や場所を表す介詞	99
	POINT2	方向や対象を表す介詞	101
	POINT3	2音節からなる介詞	103
	UNIT8	練習問題	106
UNIT9	いろいろな能願動詞と用法		110
	POINT1	3つの「できる」	111
	POINT2	義務や推測の能願動詞	112
	POINT3	願望の能願動詞	115
	UNIT9	練習問題	118
UNIT10	定語と状語		122
	POINT1	名詞を修飾する「的」	123
	POINT2	動詞・形容詞を修飾する「地」と形容詞の重ね型	125
	UNIT10	練習問題	128
Part2～Part4　実践問題			132

Part 5

151

UNIT11	様態補語と程度補語		152
	POINT1	様態補語	153
	POINT2	程度補語	154
	UNIT11	練習問題	158
UNIT12	結果補語		162
	POINT1	結果補語の用法	163
	POINT2	可能補語	166
	UNIT12	練習問題	170
UNIT13	方向補語		174
	POINT1	動詞＋方向補語	175
	POINT2	複合方向補語の用法	177
	UNIT13	練習問題	180
Part5　実践問題			184

Part 6

UNIT14 「是〜的」の構文 ………………………………………… 204
　　POINT1　「是〜的」の構文が強調するもの ……………… 205
　　POINT2　「是〜的」の間に入れる動詞の目的語の位置 … 206
　　UNIT14　練習問題 …………………………………………… 210
UNIT15 存現文と動詞の重ね型 ………………………………… 214
　　POINT1　存現文の用法 ……………………………………… 215
　　POINT2　方位詞の用法 ……………………………………… 217
　　POINT3　動詞の重ね型 ……………………………………… 218
　　UNIT15　練習問題 …………………………………………… 220
UNIT16 使役と禁止の文 ………………………………………… 224
　　POINT1　使役文の用法 ……………………………………… 225
　　POINT2　禁止と命令の表現 ………………………………… 227
　　UNIT16　練習問題 …………………………………………… 230

Part 7

UNIT17 「把」の構文 ……………………………………………… 236
　　POINT1　「把」の構文の作り方の基本 …………………… 237
　　POINT2　変化と位置を明確に表現する …………………… 239
　　UNIT17　練習問題 …………………………………………… 242
UNIT18 受け身文 ………………………………………………… 246
　　POINT1　受け身文の基本形 ………………………………… 247
　　POINT2　被害の意味がなくなった受け身文 ……………… 248
　　UNIT18　練習問題 …………………………………………… 250
UNIT19 比較構文 ………………………………………………… 254
　　POINT1　程度の違う2つのものを比べる ………………… 255
　　POINT2　同程度のものを比べる言い方 …………………… 258
　　UNIT19　練習問題 …………………………………………… 260
Part6〜Part7　実践問題 ………………………………………… 264

Part 8

UNIT20 進行と持続のアスペクト ……………………………… 284
　　POINT1　進行の表現 ………………………………………… 285
　　POINT2　持続の表現 ………………………………………… 287
　　UNIT20　練習問題 …………………………………………… 290

UNIT21 完了と変化 294
　　POINT1　完了の「了」 295
　　POINT2　変化の「了」 297
　　POINT3　完了と変化の2つを同時に使う 298
　　UNIT21　練習問題 302
UNIT22 経験と未来 306
　　POINT1　経験の「过」 307
　　POINT2　近い未来を表す「要〜了」 308
　　UNIT22　練習問題 312

Part 9

317

UNIT23 複文（1）〜原因・理由・逆接・譲歩・添加〜 318
　　POINT1　2つの文の因果関係 319
　　UNIT23　練習問題 324
UNIT24 複文（2）〜仮定・その他〜 328
　　POINT1　仮定・並列を表す複文表現 329
　　UNIT24　練習問題 334
Part8〜Part9　実践問題 338

模擬問題

356

HSK 概要

HSK とは？？

　HSKは中国語能力検定試験 "**汉语水平考试**" (Hanyu Shuiping Kaoshi)※のピンインの頭文字をとった略称です。HSKは、中国政府教育部（日本の文部科学省に相当）が認定する世界共通の中国語の語学検定試験で、母語が中国語ではない人の中国語の能力を測るために作られたものです。現在、中国国内だけでなく、世界各地で実施されています。

Hanyu　**S**huiping　**K**aoshi
汉语　　水平　　考试

中国政府認定
世界共通のテスト

※中国試験本部からの通知により、2023年以降試験名称が汉语水平考试から中文水平考试へ変更となります。
　試験問題・解答用紙・成績報告の記載名称は順次変更となります。

HSKの導入と試験内容

　HSKは、1990年に中国国内で初めて実施され、翌1991年から、世界各国で実施されるようになりました。

　2010年から導入されたHSKでは、これまで以上にあらゆるレベルの学習者に対応できるよう、試験難易度の幅を広げ、各段階での学習者のニーズを満たすことを目指しました。また、HSKは、中国語によるコミュニケーション能力の測定を第一の目的とした実用的な試験です。そのため、実際のコミュニケーションで使用する会話形式の問題や、リスニング、スピーキング能力の測定に重点をおいた試験となっています。

リスニング

会話形式の問題

コミュニケーション能力を重視

HSK受験のメリット

　HSKは、中国政府の認定試験であるため、中国において中国語能力の公的な証明として通用し、HSK証書は中国の留学基準や就職の際にも活用されています。

　また、2010年のリニューアルでは、ヨーロッパにおいて外国語学習者の能力評価時に共通の基準となるCEFR[※1]と合致するよう設計されたため、欧米各国の外国語テストとの互換性から難易度の比較がしやすく、世界のどの地域でも適切な評価を受けることが可能となりました。

中国語能力の測定基準

> ➡ 自分の中国語能力を測定することで、学習の効果を確認するとともに、学習の目標として設定することでモチベーション向上につながります。

企業への中国語能力のアピール

> ➡ 企業採用選考時の自己アピールとして中国語能力を世界レベルで証明できるだけでなく、入社後の実務においても中国語のコミュニケーション能力をアピールする手段になり、現地（中国）勤務や昇進等の機会を得ることにつながります。

中国の大学への留学や中国での就職

> ➡ HSKは大学への本科留学の際に必要な条件となっています。また、中国国内での就職を考える際にも、中国語能力を証明するために必要な資格であると言えます。

日本国内の大学入試優遇

> ➡ 大学入試の際にHSKの資格保有者に対し優遇措置をとる大学が増えてきています。
> 　（詳細はHSK事務局HP：https://www.hskj.jp）

[※1]
CEFR（ヨーロッパ言語共通参照枠組み：Common European Framework of Reference for Languages: Learning, teaching, assessment）は、ヨーロッパにおいて、外国語教育のシラバス、カリキュラム、教科書、試験の作成時、および学習者の能力評価時に共通の基準となるもので、欧州評議会によって制定されたもの。学習者個人の生涯にわたる言語学習を、ヨーロッパのどこに住んでいても断続的に測定することができるよう、言語運用能力を段階的に明記している。

HSK 各級のレベル

HSKでは、1級から6級までに級が分けられ、合否およびスコアによって評価されます。

難易度	級	試験の程度	語彙量	CEFR	
高	6級	中国語の情報をスムーズに読んだり聞いたりすることができ、会話や文章により、自分の見解を流暢に表現することができる。	5,000語以上の常用中国語単語	C2	熟達した言語使用者
	5級	中国語の新聞・雑誌を読んだり、中国語のテレビや映画を鑑賞したりでき、中国語を用いて比較的整ったスピーチを行うことができる。	2,500語程度の常用中国語単語	C1	
	4級	中国語を用いて、広範囲の話題について会話ができ、中国語を母国語とする相手と比較的流暢にコミュニケーションをとることができる。	1,200語程度の常用中国語単語	B2	自立した言語使用者
	3級	生活・学習・仕事などの場面で基本的なコミュニケーションをとることができ、中国旅行の際にも大部分のことに対応できる。	600語程度の基礎常用中国語単語及びそれに相応する文法知識	B1	
	2級	中国語を用いた簡単な日常会話を行うことができ、初級中国語優秀レベルに到達している。大学の第二外国語における第一年度履修程度。	300語程度の基礎常用中国語単語及びそれに相応する文法知識	A2	基礎段階の言語使用者
低	1級	中国語の非常に簡単な単語とフレーズを理解、使用することができる。大学の第二外国語における第一年度前期履修程度。	150語程度の基礎常用中国語単語及びそれに相応する文法知識	A1	

HSK3級 試験概要

※ 2023 年 9 月試験時点

HSK3級について

　HSK 3 級は、受験生の日常中国語の応用能力を判定するテストで、「中国語を使って、生活、学習、仕事等における基本的なコミュニケーションができる。中国旅行の時も大多数の場合において中国語で対応することができる」ことが求められます。主に週 2 〜 3 回の授業を 1 年半（3 学期間）習い、600語程度の常用単語と文法知識を習得している者を対象としています。

試験内容

聴力（聞き取り）：約35分・放送回数2回

パート	形　式	問題数	配点
第 1 部分	放送される会話の内容に一致する写真を選ぶ	10題	100点
第 2 部分	放送される2つの短文の内容が一致するかを答える	10題	
第 3 部分	放送される短い会話の内容に関する問いに答える	10題	
第 4 部分	放送されるやや長い会話の内容に関する問いに答える	10題	

読解：30分

パート	形　式	問題数	配点
第 1 部分	意味が通る短文を組み合わせる	10題	100点
第 2 部分	文中の空所に適切な語句を補う	10題	
第 3 部分	短文の内容に関する問いに答える	10題	

書写：15分

パート	形　式	問題数	配点
第 1 部分	与えられた語句を並び替えて文を作る	5題	100点
第 2 部分	文中の空所に当てはまる漢字を答える	5題	

○入室後、解答用紙に必要事項を記入します。
○聴力試験終了後に、解答用紙に記入する時間が予備として 5 分間与えられます。

成績および有効期間

○聴力、読解、書写の配点はそれぞれ100点、合計300点で評価されます。

○総得点180点が合格ラインです。

○HSK3級の成績報告には、聴力、読解、書写のそれぞれの得点および総得点が明記されます。

○成績報告は合否に関わらず受験者全員（試験無効者を除く）に送付され、発送には試験後約60日を要します。

○試験の約1か月後から、HSK公式ホームページ（https://www.hskj.jp）にて成績照会を行うことが可能（准考証号と姓名の入力が必要）です。

○採点は中国本部にて実施しており、配点・採点基準等につきましては非公開となっております。

○HSKの成績は、外国人留学生が中国の大学に入学するための中国語能力証明とする場合、その有効期間は受験日から起算して2年間とされています。

HSK3級　問題紹介

1 听力

第1部分

第1部分は、会話文の内容から写真を選択する問題です。
2人の会話文が2回ずつ読み上げられるので、会話の内容と一致する写真を選びましょう。写真は例題を除いて5つ与えられており、すべての選択肢が1回ずつ選ばれるようになっています。あらかじめ写真を見て、準備をしておきましょう。
問題は5問ずつのグループで2パターン（5問×2＝10問）あります。

【例題】

A　　　B　　　C　　　D　　　E　　　F

スクリプト　　男：喂，请问张经理在吗？

女：他正在开会，您半个小时以后再打，好吗？

スクリプト和訳　　男：もしもし、お尋ねしますが、張支配人はいらっしゃいますか？
女：彼は今会議中ですので、30分後またかけ直していただいてもよろしいですか？

正解 D

第2部分

第2部分は、正誤判断の問題です。問題文と、問題用紙にあらかじめ与えられた短文がそれぞれ2回ずつ読み上げられます。読み上げられる問題文の内容が、与えられている短文の内容と一致している場合には「✓」を、一致していない場合には「✗」を選択しましょう。あらかじめ短文を読み、内容を確認しておきましょう。

【例題】

スクリプト　　为了让自己更健康，他每天都花一个小时去锻炼身体。

問題　　★　他希望自己很健康。

スクリプト和訳	自分をさらに健康にさせるために、彼は毎日1時間かけて体を鍛えに行っています。
問題文和訳	★ 彼は自分の健康を望んでいる。　　正解 ✓
スクリプト	今天我想早点儿回家。看了看手表,才五点。过了一会儿再看表,还是五点, 我这才发现我的手表不走了。
問　題	★ 那块儿手表不是说话人的。
スクリプト和訳	今日私は少し早く帰宅しようと思いました。腕時計をみると、やっと5時でした。しばらく経ってからまた腕時計をみると、やはり5時だったので、私はここでやっと腕時計が動いていないことが分かりました。
問題文和訳	★ その腕時計は話し手のものではない。　　正解 ✗

第3部分

第3部分は、会話の内容に関する問題です。
2人の会話とその内容に関する問いがそれぞれ2回ずつ読み上げられます。問いに対する答えとして正しいものを、与えられた3つの選択肢から選びましょう。あらかじめ3つの選択肢に目を通しておきましょう。

【例題】

スクリプト	男：小王, 帮我开一下门, 好吗? 谢谢! 女：没问题。您去超市了? 买了这么多东西。 问：男的想让小王做什么?
選 択 肢	A　开门　　B　拿东西　　C　去超市买东西
スクリプト和訳	男　：王さん、ちょっと扉を開けるのを手伝ってくれませんか?ありがとう! 女　：構いません。あなたはスーパーマーケットに行ってきたのですね?こんなにたくさんの物を買ってきたなんて。 問題：男性は王さんに何をしてほしいのですか?

正解 A（扉を開ける）

第 4 部分

第4部分は、会話の内容に関する問題です。2人の会話と会話の内容に関する問いがそれぞれ2回ずつ読み上げられます。問いに対する答えとして正しいものを、与えられた3つの選択肢から選びましょう。（第3部分の会話より少し長い会話です。）あらかじめ3つの選択肢に目を通しておきましょう。

【例題】

スクリプト

女：晚饭做好了，准备吃饭了。

男：等一会儿，比赛还有三分钟就结束了。

女：快点儿吧，我们一起吃。

男：你先吃，我马上就看完了。

问：男的在做什么？

選択肢　A　洗澡　　B　吃饭　　C　看电视

スクリプト和訳

女　：夕飯ができたわ。ご飯を食べる準備をしましょう。

男　：ちょっと待って、試合があと3分ですぐに終わるから。

女　：早く来て、私たち一緒に食べましょうよ。

男　：君は先に食べててよ。もうすぐ見終わるから。

問題：男性は何をしていますか？

正解 C（テレビを見る）

2 阅 读

第1部分

第1部分は、2つの短文を意味が通るように組み合わせる問題です。与えられた短文に対し、関連（対応）する文を選びましょう。選択肢は例題を除いて5つ与えられており、すべての選択肢が1回ずつ選ばれるようになっています。問題は5問ずつのグループで2パターン（5問×2 = 10問）あります。

【例題】

選択肢
A 太好了！需要我帮忙吗？
B 今天把我饿坏了，还有什么吃的吗？
C 你最好再检查一下，看还有没有问题。
D 没问题，你就放心吧。
E 当然。我们先坐公共汽车，然后换地铁。
F 这条裤子你花了多少钱？

問　題 你知道怎么去那儿吗？

問題文和訳 あなたはそこにどうやって行くかを知っていますか？

正解 E（もちろんです。私たちはまずバスに乗って、それから地下鉄に乗り換えます。）

第2部分

第2部分は、空所補充問題です。短文の空所部分に適切な語句を補い、意味の通る文章を作りましょう。語句の選択肢は例題を除いて5つ与えられており、全ての選択肢が1回ずつ選ばれるようになっています。

【例題】

選択肢
A 其实　　B 感冒　　C 附近
D 舒服　　E 声音　　F 把

問　題 她说话的（　）多好听啊！

問題文和訳 彼女の話している［声］はなんときれいなのでしょう！

正解 E（声）

17

【例題】

選択肢　A 刻　　B 一直　　C 节
　　　　D 爱好　E 被　　　F 打扫

問　題　A：你有什么（　）？
　　　　B：我喜欢体育。

問題文和訳　A：あなたの[趣味]は何ですか？
　　　　　　B：僕はスポーツが好きです。　　正解 D（趣味）

第3部分

第3部分は、文の内容に関する問題です。
問題文とその内容に関する問いが与えられています。問いに対する答えとして正しいものを、与えられた3つの選択肢から選びましょう。

【例題】

問　題　您是来参加今天会议的吗？您来早了一点儿，现在才八点半。您先进来坐吧。
　　　　★　会议最可能几点开始？

選択肢　A 8:00　　B 8:30　　C 9:00

問題文和訳　あなたは今日の会議に参加しにいらっしゃったのですか？あなたはちょっと早くいらっしゃいましたね、今8:30になったばかりですから。先に入ってお座りください。
　　　　　　★　会議は何時に始まる可能性が最も高いですか？

正解 C（9:00）

18

3 书 写

第1部分

第1部分は、語句の並べ替え問題です。与えられた語句をすべて1回ずつ使って、意味の通る文を作りましょう。解答は解答用紙に直接記入しましょう。

【例題】

問 題 　小船　　河上　　一条　　有

和 訳 　河の上には一艘の小さな船があります。

　　　　　　　　　　　　　　　　　　　　　　　正解 　河上有一条小船。

第2部分

第2部分は、空所補充問題です。短文中の空所にあてはまる漢字を答えましょう。空所にはピンインが与えられていますので、ピンインに合う漢字を答えます。解答は解答用紙に直接記入しましょう。

【例題】

問 題 　没（ guān ）系，别难过，高兴点儿。

和 訳 　大丈夫です。落ち込まないで、楽しいことを考えてみましょう。　　　**正解** 　关

聴力試験のスクリプト

　ここでは聴力試験の放送内容を紹介しています。問題のスクリプトは解答・解説を参照してください。実際の試験で日本語は放送されません。

> "大家好！欢迎参加HSK三级考试。"
> 「みなさん、こんにちは。HSK3級の試験にようこそ。」
> （3回放送されます。）

> "HSK三级听力考试分四部分，共40题。请大家注意，听力考试现在开始。"
> 「HSK3級の聴力試験は4つの部分に分かれており、全部で40題です。
> それでは、今から聴力試験を始めますので、注意して聞いてください。」

その後、第1部分から順に放送が始まります。

各部分の初めには

> "一共○个题，每题听两次。"
> 「全部で○題あり、各問題の音声は2回ずつ流れます。」

というアナウンスがあります。

続いて例題が放送され、

> "现在开始第○题。"
> 「それでは、第○題から始めます。」

というアナウンスの後、問題が始まります。

すべての問題が終わると、

> "听力考试现在结束。"
> 「これで聴力試験は終わります。」

とアナウンスがあり、試験官の指示が続きます。

3级 解答用纸

汉语水平考试 HSK（三级）答题卡

Part 1

UNIT1 　発音篇

UNIT 1 発音篇

t3Q-01-U1

　中国は国土面積でいうと日本の26倍、人口でいうと13倍の大きな隣国です。またこの大きな国土に、56の民族が暮らす多民族国家でもあります。これから私たちが学ぶ中国語は、56民族の中の1つである「漢民族」が話す標準語です。漢民族は13億人いるといわれる中国の人口の90パーセント以上を占めます。この漢民族の言語が、「汉语Hànyǔ」（漢語）で、私たちが中国語と呼んでいるものです。

　「汉语」もこれだけ大きな国土で使われると、当然方言があり、大別すると7つありますが、方言はまるでお互い外国語のように通じません。そこで、全国で通用する標準語「普通话pǔtōnghuà」が考案され、現在、メディアや学校教育では「普通话」が使われることになっています。

　「普通话」は多くの人がすぐに覚えられるように、「简体字jiǎntǐzi」（簡体字）という略字で表記します。そして、「普通话」の発音は「拼音pīnyīn」（ピンイン）というアルファベットに声調をつけたもので表します。この文に出てきた「Hànyǔ」「jiǎntǐzi」などはピンインです。ピンインはアルファベットで表記しますが、いわゆるローマ字読みと違った発音を表しています。そのため、それぞれのアルファベットが示す中国語の発音を新たに覚えなければなりません。

　中国語の学習では、このピンインを正確に発音でき、また正確に聞き取る力を身につけることが課題になります。このUNITでは、聴解問題で聞き取りが正確にできるように、中国語の発音のコツを復習していきます。

POINT 1 発音のしくみ

声調

声調は4種類あり、「四声」ともいいます。それぞれを図示すると次のようになります。

	第一声	第二声	第三声	第四声
音の高さ	高→（平ら）	高↗（上昇）	低↘↗（低く）	高↘（急降下）
声調の調子	高くて平らかな調子	一気に上昇させる調子	低く抑えた調子	一気に急降下させる調子
日本語のイントネーションで理解	「やっほー」の「ほー」の要領	「えっ、本当」の「えっ」と驚いたときの要領	「へぇ、そうなの」の「へぇ」と感心したときの要領	「さぁ、行こう」の「さぁ」の要領
aの発音で練習	ā	á	ǎ	à

1文字　1音節　一義

中国語は漢字を使う言語です。漢字には1文字に対して、1つの発音（1音節）があり、また、それぞれに1つの意味（一義）があてがわれています。音節には、次の項目で紹介する2つのパターンがあります。

音節

音節には母音のみでできたもの（7種類の単母音と、その組み合わせでできた複合母音）と、子音（21種類）と母音の組み合わせでできたものがあります。次ページ以降で、それぞれの母音と子音の発音の特徴を詳しく見ていきます。

文字例	音節			意味
	母音のみ （7種類）	子音 （21種類）	母音 （6種類の組み合わせ）	
饿	è（単母音）			お腹が空いている
矮	ǎi（二重母音）			背が低い
又	yòu（三重母音）			また
低		d	ī（単母音）	低い
夏		x	ià（二重母音）	夏
角		j	iǎo（三重母音）	かど

アルファベットの上の「ˋ」「ˇ」などの記号は声調を表します。声調記号は、母音の上につけます。母音が複数ある単語の場合は、口を大きく開く方の母音の上につけます。
母音の口の大きさは、「a＞o＞e＞i＞u＞ü」の順に小さくなります。

POINT 2 母音

単母音（7種類）

単母音には、母音だけからなるものが「a」「o」「e」「i」「u」「ü」の6種類あり、「er（そり舌音）」という特殊なものを加えると7種類あります。日本語と似ている発音もすべて注意しながら発音をしなければなりません。特に日本語にない発音の「e」「ü」「er」は何度も聞いて正しい発音を覚えましょう。

母音	発音のポイント
a	日本語の「ア」より口を大きく開けて発音
o	唇に力を入れて、丸く突き出して「オ」と発音
e	日本語にない発音!! 口を半開きにした状態で、のどの奥から「オ」と発音 日本語の「エ」ではないので注意しましょう。
i *(yi)	唇を左右に思いっきり引っ張り「イ」と発音
u *(wu)	唇を丸くして「ウ」と発音
ü *(yu)	日本語にない発音!! 唇を丸く突き出して「イ」と発音 「ユ」とならないように注意しましょう。
er	日本語にない発音!! 「e」を発音しながら舌をそり上げて発音

＊前に子音がなく、母音だけで音節を作るとき、「i」「u」「ü」はそれぞれ「yi」「wu」「yu」と表記します。

複母音（6種類の単母音を重ねたもの）

6種類の単母音「a」「o」「e」「i」「u」「ü」のうち2つないしは3つを重ねたものが複母音です。

● 二重母音
　① 最初の母音を強く読むもの

ai　*ei　ao　ou

＊「e」は複母音になると「エ」と発音します。単母音のときだけ特殊な読み方をしますので注意しましょう。

練 習　次の単語を母音に注意して聞いてみましょう。

ǎi
矮　背が低い
hēibǎn
黒板　黑板

àihào
爱好　趣味
lóu
楼　楼

　② 2番目の母音を強く読むもの
　　前に子音がない音節を作るときは、（　）内のように表記します。

ia (ya)　ie (ye)　ua (wa)　uo (wo)　üe (yue)

練 習　次の単語を母音に注意して聞いてみましょう。

yá
牙　歯
yuè
越　～すればするほど

yéye
爷爷　おじいさん
yuèliang
月亮　月

shuōhuà
说话　話をする

● 三重母音
前に子音がない音節を作るときは、（　）内のように表記します。

iao (yao)　iou (you)　uai (wai)　uei (wei)

三重母音の特殊な表記

「子音 + iou」→「子音 + iu」
jiǔ　　jiù　　qiū　　qiú　　liù
久　　旧　　秋　　球　　六

「子音 + uei」→「子音 + ui」
huìyì　　tuǐ　　suīrán　　zuìjìn
会议　　腿　　虽然　　最近

28

鼻母音

中国語の母音には「n」「ng」で終わる鼻母音というものがあります。これは日本語の「ん」の発音です。日本語ではあまり意識をしませんが、「ん」にも2通りの発音があります。「案外」と発音するときの「ん」は「ng」の発音で、「案内」と発音するときの「ん」は「n」に当たります。

「n」「ng」の2つの発音の仕方をまとめると次のようになります。
　　「n」：舌先を上の前歯の裏に置く。息が抜けないで止まる感覚。
　　「ng」：舌先を下の前歯の裏に置くようにして、鼻から息が抜ける感覚。
前に子音がない音節を作るときは、（　）内のように表記します。

n	an	en	ian (yan)	in (yin)	uan (wan)	uen (wen)	üan (yuan)	ün (yun)
ng	ang	eng	iang (yang)	ing (ying)	uang (wang)	ueng (weng)	ong	iong (yong)

練習　違いを聞き比べましょう。

an ・ ang

en ・ eng 　　engの発音に注意しましょう。「オン」に近い発音です。

eng ・ ong 　　ともに「オン」に近いですが、それぞれの特徴を聞き分けましょう。

ian ・ iang 　　ianは「イエン」と発音しているので注意しましょう。

uan ・ uang

uen ・ ueng 　　engの発音に注意しましょう。「オン」に近い発音です。

üan ・ ün 　　üの発音に注意しましょう。唇を丸く突き出して「イ」と発音します。

鼻母音の特殊な表記
「子音 + uen」→「子音 + un」

練習　次の発音を聞いてみましょう。

qúnzi
裙子　スカート

chūntiān
春天　春

POINT 3 子音

子音のまとめ（21種類）

子音はそれだけでは音をなさないので、母音と一緒に発音します。発音練習も母音をつけて行いましょう。

	無気音	有気音	
唇音	b(o)	p(o)	m(o)　f(o)
舌尖音	d(e)	t(e)	n(e)　l(e)
舌根音	g(e)	k(e)	h(e)
舌面音	j(i)	q(i)	x(i)
巻舌音	zh(i)	ch(i)	sh(i)　r(i)
舌歯音	z(i)	c(i)	s(i)

練習　子音に注意して次の単語の発音を確認してみましょう。

bànfǎ
办法　方法

hàipà
害怕　怖がる

miànbāo
面包　パン

fāxiàn
发现　気がつく

dāngrán
当然　もちろん

tígāo
提高　向上する

nǔlì
努力　努力する

línjū
邻居　隣人・隣近所

gēnjù
根据　～に基づく

kōngtiáo
空调　エアコン

huánjìng
环境　環境

juédìng
决定　決める

qíshí
其实　実は

xìngqù
兴趣　興味・関心

zháojí
着急　慌てる

chènshān
衬衫　シャツ

shēngyīn
声音　声・音

rènzhēn
认真　まじめだ

zìjǐ
自己　自分

cíyǔ
词语　言葉

sījī
司机　運転手

30

● 表記の注意点

「ju」「qu」「xu」と表記してある場合には「u」は「ü」の音で発音をします。

子音 ＋ 母音

j　　　　　　　　ju
q　＋　ü　➡　qu　と表記します。
x　　　　　　　　xu

練習　注意して以下の発音を聞いてみましょう。

xìngqù 兴趣 興味・関心　　gēnjù 根据 〜に基づく　　línjū 邻居 隣人・隣近所　　juédìng 决定 決める

練習　中国語の単語は2音節（2つの漢字）から構成されることが多いです。
2音節の単語で、声調の組み合わせを練習してみましょう。

	＋第一声	＋第二声	＋第三声	＋第四声
第一声	bīngxiāng 冰箱 冷蔵庫	xīnwén 新闻 ニュース	qiānbǐ 铅笔 鉛筆	jīhuì 机会 機会
第二声	líkāi 离开 離れる	yínháng 银行 銀行	érqiě 而且 そのうえ	jiémù 节目 プログラム
第三声	běifāng 北方 北	jǔxíng 举行 行う	xǐzǎo 洗澡 入浴する	yǎnjìng 眼镜 めがね
第四声	fàngxīn 放心 安心する	kèren 客人 お客さん	dìtiě 地铁 地下鉄	zhàogù 照顾 面倒をみる

Part 2

UNIT2 　数詞と量詞

UNIT3 　疑問代詞を使った疑問文

UNIT4 　正反疑問文と選択疑問文

UNIT 2 数詞と量詞

t3Q-02-U2

Zhètiáo kùzi nǐ huā le duōshao qián?
这条 裤子 你 花 了 多少 钱?
このズボン、いくらしましたか？

中国語ではものを数えるとき、日本語の「1本の鉛筆」の「本」に当たる言葉を数詞と名詞の間にはさんで使い、これを量詞といいます。このUNITでは量詞と数詞の使い方について学びます。量詞は後ろにくる名詞の形などによって様々なものを使い分けるので、1つ1つ覚えていきましょう。

覚えておきたい基本単語

☆	条	tiáo	細長いものを数える（量詞）
	裤子	kùzi	ズボン
☆	花	huā	（お金などを）費やす
○	半	bàn	～半（30分）
	刻	kè	15分（間）（「三刻」で45分。「二刻」という言い方はない。）
	差	chà	差がある
△	世界	shìjiè	世界
	锻炼	duànliàn	鍛える・鍛錬する
☆	拿	ná	持つ
	筷子	kuàizi	箸
☆	用	yòng	用いる・使う
	词语	cíyǔ	語句・言葉
	故事	gùshi	物語・話
	一共	yígòng	全部で
	城市	chéngshì	都市
△	万	wàn	万

	叔叔	shūshu	おじさん（父と同年代の男性を呼ぶ敬称）・おじ（父の弟）
	太阳镜	tàiyángjìng	サングラス（「太阳」は「太陽」）
○	比较	bǐjiào	わりあいに・比較的
○	舒服	shūfu	気持ちがいい
	有名	yǒumíng	有名だ
☆	地方	dìfang	ところ
☆	表示	biǎoshì	表す・示す
	中间	zhōngjiān	真ん中
△	电梯	diàntī	エレベーター
	酒	jiǔ	酒
	出现	chūxiàn	現れる
○	比赛	bǐsài	試合・試合をする
	结束	jiéshù	終了する・終わらせる
☆	先	xiān	まず・先に（副詞）
○	马上	mǎshàng	すぐに・さっそく
	洗澡	xǐzǎo	入浴する

POINT 1 数の表現～時間・概数～

中国語の数の表現のうち、ここでは時間表現（時点と時間）と概数（～あまり）の言い方について学んでいきましょう。

時点と時間量の表し方

まずは、3級で新しく出てくる表現を中心に、時点（時刻）と時間量の表し方を確認してみましょう。

● 時点（時刻）の表し方

「～点…分」で「～時…分」という表現になります。このほかにも、「半」は「30分」、「刻」は「15分」という意味を表します。

yìdiǎn shífēn	liùdiǎn bàn	shíèrdiǎn yíkè
一点 十分	六点 半	十二点 一刻
1時10分	6時半（6時30分）	12時15分

● 「差＋…＋～点」：～時…分前

「差＋時間＋～点」の形で「～時…分前」という表現になります。「時間」の部分には15分以内の時間が入ります。

差 ＋ 時間 ＋ ～点

Xiànzài chà yíkè shídiǎn.
現在 差 一刻 十点。
今、10時15分前（9時45分）です。

このように、時刻にはいくつかの表し方があります。すぐに判断できるよう、繰り返し聞いて練習しましょう。

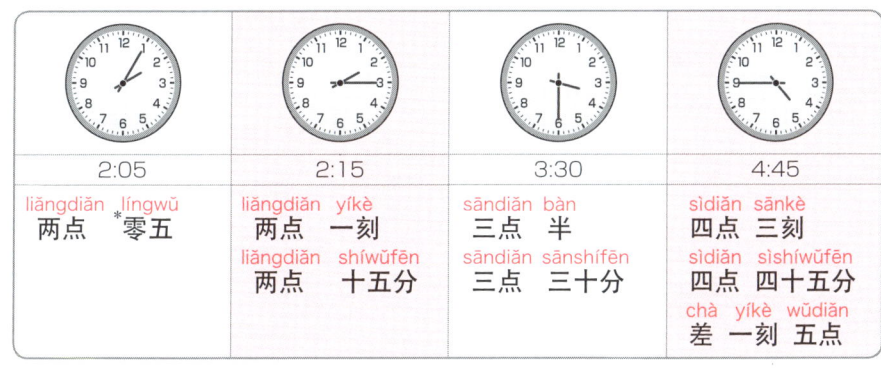

2:05	2:15	3:30	4:45
liǎngdiǎn *língwǔ	liǎngdiǎn yíkè	sāndiǎn bàn	sìdiǎn sānkè
两点　零五	两点　一刻	三点　半	四点　三刻
	liǎngdiǎn shíwǔfēn	sāndiǎn sānshífēn	sìdiǎn sìshíwǔfēn
	两点　十五分	三点　三十分	四点　四十五分
			chà yíkè wǔdiǎn
			差　一刻　五点

＊10分以下の時刻では「分」を省略することが多いです。また、「2:05」の「0」も読むので注意しましょう。

● 時間量の表し方

「〜小时」で「〜時間」、「〜分钟」で「〜分間」という意味です。時間量を表す「小时」には量詞「个」を使います。「个」は省略可能です。

yíge xiǎoshí	liǎngge xiǎoshí	sānge xiǎoshí
一个 小时	两个 小时	三个 小时
1時間	2時間	3時間

yì fēnzhōng	liǎng fēnzhōng	sān fēnzhōng
一 分钟	两 分钟	三 分钟
1分間	2分間	3分間

＊「个」は本来第四声ですが、実際は軽声で読まれることがほとんどなので、本書ではその実情に合わせて軽声で表記しています。

● 時点と時間量のまとめ

3級で出題される時点と時間量をまとめて確認しましょう。

	時点	時間量
分	yìfēn 一分 1分 yíkè 一刻 15分	yìfēnzhōng 一分（钟）1分間 yíkèzhōng 一刻（钟）15分間
時	yìdiǎn 一点 1時 liǎngdiǎn 两点 2時	yíge xiǎoshí 一（个）小时 1時間 liǎngge xiǎoshí 两（个）小时 2時間
日	yīhào 一号 1日 èrhào 二号 2日	yìtiān 一天 1日間 liǎngtiān 两天 2日間
週	dì yī zhōu 第一周 1週（1週目） dì èr zhōu 第二周 2週（2週目）	yíge xīngqī 一（个）星期 1週間 liǎngge xīngqī 两（个）星期 2週間
月	yī yuè 一月 1月 èr yuè 二月 2月	yíge yuè 一个 月 1か月間 liǎngge yuè 两个 月 2か月間
年	dì yī nián 第一年 1年（1年目） dì èr nián 第二年 2年（2年目）	yì nián 一年 1年間 liǎng nián 两年 2年間

＊「2」を表す中国語には「二」と「两」があります。「两」は主に量を表す場合に使われますが、「2時」など時点を表す語でも使われますので、1つ1つ注意をして覚えましょう。

時間の表現の語順

時点と時間量は、それぞれ文中で置く位置に決まったルールがあります。時点（時刻や日にち）を表す語は、述語の前に置き、時間の量（1時間、2日間、3週間など）を表す語は述語の後ろに置きます。例文で確認しましょう。

[主語] + 時点 + **[述語]**　**[主語]** + **[述語]** + 時間量

Shìjièbēi　qīdiǎn　sānkè　kāishǐ.　Wǒ　děng　le　sìnián　le.
世界杯　七点　三刻　开始。　我　等　了　四年　了。

ワールドカップは7時45分に始まります。私は4年間待っていました。

＊「等了」の「了」は動詞の後ろに置いて、完了を表します。文末の「了」は動作の変化を表す語気助詞です（→UNIT21参照）。

[主語] + 時点 + **[述語]** + 時間量

Tā　měitiān　huā　yíge　xiǎoshí　duànliàn　shēntǐ.
他　每天　花　一个　小时　锻炼　身体。

彼は毎日1時間かけて体を鍛えています。

POINT 2　量詞の使い方とお金、概数の表現

中国語でものを数えるとき、必ず数詞の後ろに量詞を置きます。ここでは、3級で出てくる量詞を確認し、語順を学びます。また、中国のお金の表現や概数（〜あまり）についても学んでいきましょう。

shuāng 双	対であるもの・左右対称のものを数える yǎnjing　xié　kuàizi 眼睛　鞋 靴　筷子 箸	zhī 只	動物・鳥・虫などを数える（匹・羽） māo　niǎo 猫 猫　鸟 鳥
tiáo 条	細いものを数える　yú　鱼 魚	liàng 辆	車両（自動車・自転車など）を数える chūzūqìchē　zìxíngchē 出租汽车 タクシー　自行车 自転車
zhǒng 种	種類を数える	jiā 家	家・店・会社などを数える shāngdiàn　gōngsī　bīnguǎn 商店 店　公司 会社　宾馆 ホテル
céng 层	建物の階数を数える　lóu　楼 ビル	duàn 段	事物の一部分を数える（段落・区切り） huà　wénzhāng 话 話　文章（4級）文章
wǎn 碗	お椀に入っているものを数える	xiāng 箱	箱に入ったものを数える
wèi 位	人数を数える（敬称） lǎoshī　xiānsheng 老师 先生　先生 〜さん	fēng 封	手紙など封をしたものを数える xìn 信 手紙

37

量詞は数詞と名詞をつなげる

英語では、「one book」というように数詞を直接名詞に続けることができますが、中国語は、日本語で「1冊の本」というのと同様、数詞と名詞の間に量詞を入れて表現しなければなりません。また、指示代詞（这・那）や「每（～ごと）」「几（いくつ）」なども直接名詞につけることはできないので、間に量詞を置きます。語順のルールを見ていきましょう。

数詞 + 量詞 + 名詞

Fúwùyuán, qǐng nǐ zài gěi wǒ ná yì shuāng kuàizi.
服务员，请你再给我拿一双筷子。
店員さん、私にまた箸を1膳持って来てください。

指示代詞 + 数詞 + 量詞 + 名詞

Huíjiā hòu yòng zhè yì xiē cíyǔ xiě yíge xiǎogùshi.
回家后，用这（一）些词语写一个小故事。
帰った後、これらの言葉を使って短い文章を1つ書いてください。

※ 数詞が「一」のときはしばしば省略されます。「この」「あの」に当たる中国語は「这（一）个」「那（一）个」ですが、これらも「一」が省略されています。上の例文の「这些词语」のように「一」を省略して表現することが多いです。

中国語のお金の表現

中国の人民元の単位は、「元」「角」「分」で表記しますが、口語では表現が異なります。HSKでは、口語表現と文章語表現ともに出題されますので、両方とも覚えましょう。

文章語表現	yuán 元	*jiǎo 角	*fēn 分
口語表現	kuài 块	*máo 毛	fēn 分

＊お金の単位（1角・1毛＝0.1元　1分＝0.01元）

頻出単語「花」の意味と使い方
「花」は動詞で「(お金や時間を)費やす」という意味ですが、ニュアンスとしては話者の主体的な意図があり、計画的に使ったり無駄遣いをしたりするときに使われます。

Zhècì chū qù lǚyóu, yígòng qù le qī ge chéngshì, huā le yíwàn *1duō *2kuàiqián.
这次出去旅游，一共去了7个城市，花了一万*1多*2块钱。
今回旅行に出かけて、全部で7つの都市へ行きましたが、1万元あまり使いました。

Shūshu de tàiyángjìng huā le jiǔbǎi kuàiqián.
叔叔的太阳镜花了九百块钱。
おじさんのサングラスは900元しました。

＊1　多：「～あまり」と概数を表す表現（次項目参照）
＊2　块钱：お金の単位の口語表現

38

概数の表現

● 概数の表現
「〜あまり」と若干の端数を表すとき、数詞あるいは数詞＋量詞の後に「多」を置いて表現します。

数詞 ＋ 多 ＋ 量詞

Bābǎi duō kuài qián, suīrán bǐjiào guì, dànshì
800 多 块 钱，*1 虽然 比较 贵， 但是
chuānzhe hěn shūfu.
*2 穿着 很 舒服。
800元あまりは比較的高いけれども、着てみると気持ちがいいです。
* 1 虽然〜但是〜：〜だけれども〜（→UNIT23参照）
* 2 動詞＋着＋形容詞：〜してみると〜だ（「着」の慣用表現→UNIT20参照）

数詞 ＋ 量詞 ＋ 多

Bā diǎn duō le, kuàidiǎnr qù shàngkè.
八 点 多 了， 快点儿 去 上课。
8時すぎです。早く授業へ行きなさい。

HSKに出題された「多」を使った表現には以下のようなものがあります。

yísuì duōle liǎngge duō xiǎoshí yíge duō xīngqī
一岁 多了 两个 多 小时 一个 多 星期
1歳あまりになった 2時間あまり 1週間あまり

概数の言い方
「2、3〜」、「1、2〜」というような概数は、以下のように表現します。

liǎng sān qiān kuàiqián yī liǎng ge zuì yǒumíng de dìfang
两 三 千 块钱 2、3千元 一 两 个 最 有名 的 地方 1、2の最も有名な所

HSKの例文：HSKで出題された人民元の問題

Yìyuán shì shíjiǎo, yìjiǎo shì shífēn.
一元 是 十角， 一角 是 十分。
1元は10角で、1角は10分です。

Nǐ kàn, zhè shàngmiàn xiě zhe yìdiǎnèryīyuán, qiánmiàn de yī biǎoshì
你 看， 这 上面 写 着 1.21元， 前面 的 1 表示
yuán, zhōngjiān de èr biǎoshì jiǎo, zuìhòu de yī biǎoshì fēn.
元， 中间 的 2 表示 角，*最后 的 1 表示 分。
見てください。この上に書いてある「1.21元」の、前の1は元を表していて、真ん中の2は角を表し、最後の1は分を表しています。
*最后（4級）：最後

発 展　「一点儿」と「一会儿」

中国語には「少し~」という表現がたくさんありますが、ここでは、「一点儿」と「一会儿」について学びましょう。

● 「少し」を表す「一点儿」

「一点儿」は「形容詞＋一点儿」の形で、比較した結果「少し~である」ことを表します。また同様の形で、「もう少し~して！」のような命令文になることもあります。名詞の前に置いて、そのものが少しであることも表すことができます。

形容詞 ＋ 一点儿

Diàntī lái le, kuài yìdiǎnr!
电梯 来 了，快 一点儿！
エレベーターが来ました。早くして！

一点儿 ＋ 名詞

Wǒ hēle yìdiǎnr jiǔ.
我 喝了 一点儿 酒。
私は酒を少し飲みました。

● 「少し」を表す「一会儿」

「一会儿」は、「動詞＋一会儿」の形で「少しの間~する」という意味になり、動作をする時間が「少し」であることを表します。

動詞 ＋ 一会儿

Děng yíhuìr, tā mǎshàng chūxiàn.
等 一会儿，他 马上 出现。
少し待ってください、彼はすぐに現れます。

※ 「一点儿」「一会儿」はいずれも「一」を省略することがあります。

HSKの例文　「一点儿」「一会儿」を使った問題

Wǎnfàn zuò hǎole, zhǔnbèi chīfàn le.
女：晚饭 做 好了，准备 吃饭 了。

Děng yíhuìr, bǐsài hái yǒu sān fēnzhōng jiù jiéshù le.
男：等 一会儿，比赛 还 有 三 分钟 就 结束 了。

Kuài diǎnr ba, yìqǐ chī, cài lěng le jiù bù hǎochī le.
女：快 点儿 吧，一起 吃，菜 冷 了 就 不 好吃 了。

Nǐ xiān chī, wǒ mǎshàng jiù kànwán le.
男：你 先 吃，我 马上 就 看完 了。

Nán de zài zuò shénme?
问：男 的 在 做 什么？

A 洗澡（xǐzǎo）　B 吃饭（chīfàn）　C 看 电视（kàn diànshì）

【答え】C 看 电视（kàn diànshì）（テレビを見ている）

女：夕ご飯ができました。ご飯を食べましょう。
男：ちょっと待ってください。試合があと3分間で終わります。
女：ちょっと早くして。一緒に食べましょう。料理が冷めたらおいしくなくなります。
男：先に食べて、私はもうすぐ見終わりますから。
問：男の人は何をしているところですか？

補充単語

△	经理	jīnglǐ	経営者（社長・店長・部門長など）
	银行	yínháng	銀行
☆	信	xìn	手紙
	冰箱	bīngxiāng	冷蔵庫
△	香蕉	xiāngjiāo	バナナ
	面包	miànbāo	パン
	葡萄	pútao	ブドウ
	楼下	lóuxià	階下
○	换	huàn	交換する・取り替える
	鞋	xié	靴
△	根据	gēnjù	～に基づく・～によると
△	夏	xià	夏（「夏天」としても）
	花园	huāyuán	花園・庭園

☆	花	huā	花
△	黄	huáng	黄・黄色の
○	蓝	lán	青・青色の
○	一定	yídìng	きっと・必ず
☆	自己	zìjǐ	自分の
	而且	érqiě	そのうえ
△	影响	yǐngxiǎng	影響を与える
	上网	shàngwǎng	インターネットにつなぐ
	总是	zǒngshì	いつも
△	特别	tèbié	特に
☆	更	gèng	ますます・もっと
○	楼	lóu	ビル・高い建物
○	努力	nǔlì	努力する
△	讲	jiǎng	話す

UNIT 2　練習問題

1　次の1～3の中国語と組み合わせて意味が通るものをA～Cの中から選んでそれぞれ日本語に訳しましょう。

> A 今天下大雪，一辆出租车都 *¹打不到。
> B 一封是王经理，一封是银行的小赵。
> C 一个香蕉，一个面包，两 *²瓶牛奶，还有点葡萄。

1) 那两封信是谁 *³寄来的?
2) 帮我看看冰箱里有什么东西?
3) 你的手怎么这么 *⁴凉？不是坐车回来的吗?

1) _____　訳 _____

2) _____　訳 _____

3) _____　訳 _____

*1　打～：(タクシーを)つかまえる
*2　瓶：瓶に入っているものを数える量詞
*3　寄(4級)：郵送する
*4　凉(4級)：涼しい

2　(　　)に入る語をA～Dの中から選び、完成した文を日本語に訳しましょう。

> A 双　　B 辆　　C 段　　D 碗

1) 李老师的儿子非常能吃，每次都能吃三（　　）饭。
2) 我叫了（　　）出租车，几分钟后就到楼下。
3) 我去换一（　　）鞋就来。
4) 根据这（　　）话，可以知道女儿爱听故事。

1) _____　訳 _____

2) _____　訳 _____

3) _____　訳 _____

4) _____　訳 _____

3 文を読んで、★の質問に対する答えをA～Cの中から1つ選びましょう。

1) 每年夏天，有很多人到那个花园看花，红色的、黄色的、蓝色的、白色的…，明年夏天我们一起去看吧，你一定会找到自己喜欢的花。

   ★ 他想什么时候去花园？

   A 去年　　B 每年　　C 明年

2) 我爸爸说小孩子不能长时间上网，对眼睛不好，而且影响学习，所以他每天只让我上网半个小时。

   ★ 爸爸说什么？

   A 上网对学习好　　B 上网不影响学习　　C 不能总是上网

3) 我很喜欢中国的*1古诗，特别是那*2首"*3欲*4穷千里目，更上一层楼"的诗。意思是说，要看到更远的地方，就要再上一层楼。想要得到更大的*5成功，就要做出更多的努力。

   ★ 那首诗讲什么？

   A 要上一层楼　　B 要看远*6处　　C 要努力

1) _____　　2) _____　　3) _____

*1 古诗 (5级)：古い詩歌
*2 首：～首 (詩や歌を数える量詞)
*3 欲 (6级)：欲する・望む
*4 穷 (4级)：きわめる
*5 成功 (4级)：成功
*6 处：所・場所

UNIT 2 解答

1 会話文の組み合わせ問題

1) B　Nà liǎng fēng xìn shì shéi jì lái de?
　　　那 两 封 信 是 谁 寄 来 的?
　　　あの2通の手紙は誰がよこしたのですか？
　　　Yìfēng shì Wáng jīnglǐ, yìfēng shì yínháng de Xiǎo Zhào.
　　　一封 是 王 经理, 一封 是 银行 的 小 赵。
　　　1通は王社長で、1通は銀行の趙さんです。

2) C　Bāng wǒ kànkan bīngxiānglǐ yǒu shénme dōngxi?
　　　帮 我 看看 冰箱里 有 什么 东西？
　　　冷蔵庫の中にどんなものがあるかちょっと見てくれますか？
　　　Yíge xiāngjiāo、yíge miànbāo、liǎngpíng niúnǎi, hái yǒu diǎn pútao.
　　　一个 香蕉、一个 面包、两瓶 牛奶, 还 有 点 葡萄。
　　　バナナ1つ、パン1つ、2本の牛乳、それから少しのブドウです。

3) A　Nǐ de shǒu zěnme zhème liáng? Búshì zuò chē huílai de ma?
　　　你的 手 怎么 这么 凉？不是 坐 车 回来 的 吗？
　　　あなたの手はどうしてこんなに冷たいのですか？車に乗って帰ってこなかったのですか？
　　　Jīntiān xià dà xuě, yíliàng chūzūchē dōu dǎbudào.
　　　今天 下 大 雪, 一辆 出租车 都 打不到。
　　　今日は大雪が降って、1台のタクシーもつかまりませんでした。

1.「封」は手紙を数える量詞です。「是〜的」は手段を強調する文型です（→UNIT14参照）。
2.「看看」は動詞の重ね型で、「ちょっと〜してみる」という意味になります。
3.「打不到」は可能補語（→UNIT12参照）の表現です。これは「打到」（動詞＋結果補語）の間に「不」が入った形で、「つかまえることができない」という意味になります。

2 空所補充問題

1) D　Lǐ lǎoshī de érzi fēicháng néng chī, měi cì dōu néng chī sān wǎn fàn.
　　　李 老师 的 儿子 非常 能 吃, 每次 都 能 吃 三 (碗) 饭。
　　　李先生の息子さんはとてもよく食べます。毎回3膳のご飯を食べます。

2) B　Wǒ jiàole liàng chūzūchē, jǐ fēnzhōng hòu jiù dào lóuxià.
　　　我 叫了（辆）出租车, 几 分钟 后 就 到 楼下。
　　　私はタクシーを呼んだら、数分後に階下に着きました。

3) A　Wǒ qù huàn yì shuāng xié jiù lái.
　　　我 去 换 一 (双) 鞋 就 来。
　　　私は靴を1足取り替えに行ったら来ます。

4) C　Gēnjù zhè duàn huà, kěyǐ zhīdào nǚ'ér ài tīng gùshi.
　　　根据 这 (段) 话, 可以 知道 女儿 爱 听 故事。
　　　この話に基づくと、娘はお話を聞くのが好きだとわかります。

1.「能＋動詞」は「〜できる」という意味です（→UNIT9参照）。

3 読み取り問題

1) **C**
Měinián xiàtiān, yǒu hěn duō rén dào nàge huāyuán kàn huā, hóngsè de、huángsè de、lánsè de、báisè de…, míngnián xiàtiān wǒmen yìqǐ qù kàn ba, nǐ yídìng huì zhǎodào zìjǐ xǐhuan de huā.
每年 夏天,有 很 多 人 到 那个 花园 看 花,红色 的、黄色 的、蓝色 的、白色 的…,明年 夏天 我们 一起 去 看 吧,你 一定 会 找到 自己 喜欢 的 花。

毎年夏に、たくさんの人がその花園に行って花を見ます。赤いの、黄色いの、青いの、白いの…。来年の夏は私たち一緒に見に行きましょう。きっと自分が好きな花が見つかるでしょう。

★ Tā xiǎng shénme shíhòu qù huāyuán?
★ 他 想 什么 时候 去 花园?
彼はいつ花園へ行きたいですか?

A 去年 qùnián 去年 B 每年 měinián 毎年 C 明年 míngnián 来年

2) **C**
Wǒ bàba shuō xiǎoháizi bùnéng cháng shíjiān shàngwǎng, duì yǎnjing bùhǎo, érqiě yǐngxiǎng xuéxí, suǒyǐ tā měitiān zhǐ ràng wǒ shàngwǎng bàngè xiǎoshí.
我 爸爸 说 小孩子 不能 长 时间 上网,对 眼睛 不好,而且 影响 学习,所以 他 每天 只 让 我 上网 半个 小时。

父は子供に長時間インターネットをしてはいけないと言います。目によくないし、そのうえ勉強にも影響します。だから彼は毎日私に 30 分だけしかインターネットをやらせません。

★ Bàba shuō shénme?
★ 爸爸 说 什么?
お父さんは何と言いましたか?

A 上网 对学习 好 shàngwǎng duì xuéxí hǎo
インターネットは勉強にとってよい

B 上网 不 影响 学习 shàngwǎng bù yǐngxiǎng xuéxí
インターネットは勉強に影響しない

C 不能 总是 上网 bùnéng zǒngshì shàngwǎng
いつもインターネットをしてはいけない

3) **C**
Wǒ hěn xǐhuan Zhōngguó de gūshī, tèbié shì nàshǒu "yù qióng qiānlǐ mù, gèng shàng yìcéng lóu" de shī. Yìsi shì shuō, yào kàndào gèng yuǎn de dìfang, jiùyào zài shàng yìcéng lóu. Xiǎng yào dédào gèng dà de chénggōng, jiùyào zuòchū gèng duō de nǔlì.
我 很 喜欢 中国 的 古诗,特别 是 那首 "欲 穷 千里 目,更 上 一层 楼" 的 诗。意思 是 说,要 看到 更 远 的 地方,就要 再 上 一层 楼。想 要 得到 更 大 的 成功,就要 做出 更 多 的 努力。

私は中国の漢詩が大好きで、特に「千里の目を窮めんと欲して、更に上る一層の楼」という詩が好きです。意味は、さらに遠いところを見たいなら、もう 1 階上に上るということです。さらに大きな成功を得たいと思えば、より多くの努力をしなければならないということを言っています。

★ Nàshǒu shī jiǎng shénme?
★ 那首 诗 讲 什么?
その詩は何と言っていますか?

A 要 再 上 一层 楼 yào zài shàng yìcéng lóu
もう 1 階上らなければならない

B 要 看 远处 yào kàn yuǎnchù
遠いところを見なければならない

C 要 努力 yào nǔlì
努力しなければならない

45

UNIT 3 疑問代詞を使った疑問文

t3Q-03-U3

她 为什么 不 吃 糖?
Tā wèishénme bù chī táng?

彼女はなぜあめを食べないのですか？

このUNITでは、疑問代詞を使った疑問文を学びます。中国語の疑問代詞にも、５Ｗ１Ｈ、すなわち誰が（谁）、いつ（什么时候）、どこで（哪儿・什么地方）、何を（什么）、なぜ（怎么・为什么）、どのように（怎么・怎么样）という表現があります。

覚えておきたい基本単語

△	糖	táng	あめ
○	图书馆	túshūguǎn	図書館
○	数学	shùxué	数学
☆	关于	guānyú	〜について
△	主要	zhǔyào	主に
☆	关系	guānxi	関係・つながり
	灯	dēng	明かり
	盘子	pánzi	皿
○	蛋糕	dàngāo	ケーキ
☆	啊	a	（軽い驚き・注意などを表す）

	饿	è	おなかが減る
△	阿姨	āyí	おばさん（子供が年上の女性を呼ぶ呼称）
☆	历史	lìshǐ	歴史
○	成绩	chéngjì	成績
△	熊猫	xióngmāo	パンダ
△	了解	liǎojiě	理解する
☆	教	jiāo	教える
○	兴趣	xìngqù	興味・関心
△	鼻子	bízi	鼻

POINT 1 置き換えて使う疑問代詞

中国語にも「誰」「いつ」「どこ」「何」「なぜ」「どのように」に当たる疑問代詞があります。最初に、聞きたい部分を疑問代詞で置き換えて尋ねる「誰」「いつ」「どこ」「何」という表現から学んでいきましょう。

誰・いつ・どこ・何

● 疑問代詞は聞きたい部分に置く

中国語では、基本的には平叙文の聞きたい部分を疑問代詞に置き換えるだけで疑問文を作ることができます。中国語の疑問文は平叙文と同じ語順で、語順を変える必要はありません。例文で、疑問文の作り方を確認してみましょう。

Tā jīntiān zài túshūguǎn kàn shùxué de shū.
她 今天 在 图书馆 看 数学 的 书。
彼女は今日図書館で数学の本を読みます。

Shéi jīntiān zài túshūguǎn kàn shùxué de shū?
谁 今天 在 图书馆 看 数学 的 书?
誰が今日図書館で数学の本を読みますか?

Tā nǎtiān (shénme shíhòu) zài túshūguǎn kàn shùxué de shū?
她 哪天（什么 时候） 在 图书馆 看 数学 的 书?
彼女はいつ図書館で数学の本を読みますか?

Tā jīntiān zài nǎr (shénme dìfang) kàn shùxué de shū?
她 今天 在 哪儿（什么 地方） 看 数学 的 书?
彼女は今日どこで数学の本を読みますか?

Tā jīntiān zài túshūguǎn kàn shénme?
她 今天 在 图书馆 看 什么 ?
彼女は今日図書館で何を読みますか?

※「いつ」と「どこ」は上の例のように、それぞれ2通りの表現があります。「什么」を使った言い方は、具体的な内容を相手に問いただすニュアンスがあります。また「什么」は後ろに名詞をつけて、「どんな〜」という様々な疑問表現を作ることができます。次の項目で詳しく見ていきましょう。

47

● 什么の使い方(1)

「什么」は、名詞として目的語になることがしばしばあります。「動詞+什么」で「何を〜する」という表現になります。

[動詞] + 什么

Tāmen zuò shénme le?
他们 做 什么 了?
彼らは何をしましたか？

[動詞] + 什么

Guānyú nǚ de, kěyǐ zhīdào shénme?
关于 女 的, 可以 知道 什么?
女の人について、何がわかりますか？

> HSKの聴解第2・第3部分では、「動詞+什么」の質問がしばしば出題されます。動詞の部分を正確に聞き取り、質問の意味を理解することが重要です。

● 什么の使い方(2)

「什么+名詞」の形で「どんな〜」という表現になります。「什么时候（いつ）」「什么地方（どこ）」がよく使われますが、HSKでは、「什么意思」「什么关系」という形でもしばしば出題されます。決まり文句として覚えておきましょう。

什么 + [名詞]

Nán de zhǔyào shì shénme yìsi?
男 的 主要 是 什么 意思?
男の人（の言っていること）は主にどんな意味ですか？

什么 + [名詞]

Tāmen zuì kěnéng shì shénme guānxi?
他们 最 可能 是 什么 关系?
彼らはどんな関係があるという可能性が最も高いですか？

POINT 2 答えに説明を要する疑問代詞

手段・方法、原因・理由を尋ねる疑問文は、平叙文にこれらを尋ねる疑問代詞を追加して作ります。特に「怎么」の意味は多義にわたっているので、文型からきちんと理解していきましょう。

2つの「怎么」

「怎么」には、手段・方法を聞く「どのように・どうやって」と原因・理由を聞く「なぜ」

の2つの意味があります。これらは文脈から判断することが基本ですが、文型からある程度類推することができるものもあります。

● 「どのように・どうやって」の意味の「怎么」

「怎么+動詞」のように「怎么」の後ろにつくものが動詞だけのときは、必ず「どうやって」という意味になります。また、「怎么～的」というように文末に「的」がある場合にも、「どうやって」という意味になることが多いです。

怎么 + [動詞]

Zhège dēng zěnme kāi?
这个 灯 怎么 开?
この明かりはどうやってつけますか？

怎么 + ～ + 的

Nǐ zěnme zuò de?
你 怎么 做 的?
あなたはどうやってやったのですか？

● 「なぜ」の意味の「怎么」

「怎么」と動詞の間に「不」「没」「这么」などが入っているときには「なぜ」という意味になることが多いです。また、「怎么～了」というように、文末に「了」がある場合にも、「なぜ」という意味になることが多いです。

怎么 + ～ + [動詞]

Pánzili de dàngāo zěnme méi chīwán a?
盘子里 的 蛋糕 怎么 没 吃完 啊?
お皿のケーキはどうして食べ終わらなかったのですか？

怎么 + ～ + 了

Nǐ zěnme è le?
你 怎么 饿 了?
あなたはなぜおなかがすいたのですか？

● 2つの意味で解釈できる「怎么」

上の例文で説明をしたように、「怎么」の後ろにつくものが動詞だけのときは、必ず「どうやって」という意味になります。しかし「怎么+動詞+目的語」のように、動詞の後ろに目的語がある場合、「どうやって」とも「なぜ」とも解釈できてしまいます。その場合は、文脈で判断するようにしましょう。

怎么 + [動詞] + [目的語]

Liú āyí zěnme qù huǒchēzhàn?
刘 阿姨 怎么 去 火车站?
劉おばさんはどうやって駅に行きますか？ ／ 劉おばさんはどうして駅に行くのですか？

49

「为什么」も「なぜ」という表現

「主語＋为什么＋述語」の形で、「～はなぜ…なのか」という表現になります。

主語 ＋ **为什么** ＋ **述語**

Tā de lìshǐ chéngjì wèishénme bù hǎo?
他 的 历史 成绩 为什么 不 好?
彼の歴史の成績はどうしてよくないのですか？

中国語の「なぜ」には、「怎么」と「为什么」があります。「怎么」は、話し手がどうしてだろうと不審に思った気持ちを表すニュアンスがあり、相手に答えを強く求めていません。「为什么」は原因を明確に説明してくださいと相手に強く求めるニュアンスがあり、HSKの聴解の第2部分（会話を聞いて質問に答える）では、しばしば出題されます。

「どのようであるか」と尋ねる表現「怎么样」

「主語＋怎么样」の形で、「～はどのようであるか」を尋ねる表現になります。

主語 ＋ **怎么样**

Míngtiān tiānqì zěnmeyàng?　　Gèng lěng.
明天 天气 怎么样?　　更 冷。
明日の天気はどうですか？　　さらに寒いです。

「怎么样」は主語の状態を質問する疑問代詞で、その答えは形容詞や状況を説明する言葉で言い表します。中国語の「天气」は日本の「天気」より広い意味で用いられ、季候状況も意味します。

発　展　「怎么了」

「怎么」を使った慣用表現に、「～怎么了（どうしたのか）」という表現があります。HSKの聴解第2・第3部分で、この表現を使った質問がされることがあります。この場合、会話全体の内容を把握した上で、「主語がどうなったのか」を考えて質問に答えましょう。

主語 ＋ **怎么 了**

Nàzhī xióngmāo zěnme le?
那只 熊猫 怎么 了?
あのパンダはどうしたのですか？

HSKの例文　聴解の質問

聴解の第2・第3部分では、会話を聞いてその内容に関する質問が中国語で出されます。この部分をきちんと答えるためには、中国語の質問文を正確に聞き取る必要

があります。このUNITで学んだ疑問代詞を使って質問されることが多いので、疑問代詞を何度も聞いて、その意味が聞き取れるように練習をしておきましょう。

男：我 看 您 对 中国 历史 *很 了解, 您 是 教 历史 的 吗?
　　Wǒ kàn nín duì Zhōngguó lìshǐ hěn liǎojiě, nín shì jiāo lìshǐ de ma?

女：不 是, 我 是 教 数学 的, 但是 我 对 历史 很 有 兴趣。
　　Bú shì, wǒ shì jiāo shùxué de, dànshì wǒ duì lìshǐ hěn yǒu xìngqù.

问：女 的 是 教 什么 的?
　　Nǚ de shì jiāo shénme de?

A 汉语　　B 历史　　C 数学
　Hànyǔ　　 lìshǐ　　 shùxué

【答え】 C 数学 shùxué （数学）

*很 了解：「很＋動詞」で、「とても〜」という意味です（→UNIT5参照）。

男 ：私が見たところあなたは中国の歴史にお詳しいですが、あなたは歴史を教えているのですか？
女 ：いいえ、私は数学を教えているのです。しかし、歴史に対してとても興味があります。
問 ：女の人は何を教えているのですか？

問　題 次の単語を並べ替えて中国語を完成させましょう。

了 / 鼻子 / 怎么 / 的 / 你丈夫

解　答

你 丈夫 的 鼻子 怎么 了?　　あなたの旦那さんの鼻はどうしましたか？
Nǐ zhàngfu de bízi zěnme le?

補充単語

	电子邮件	diànzǐyóujiàn	電子メール
	结婚	jiéhūn	結婚する
☆	短	duǎn	短い
	听说	tīngshuō	聞いたところによると
○	同事	tóngshì	同僚
☆	为	wèi	〜のために
	作用	zuòyòng	作用する・影響を及ぼす・効果

	难	nán	難しい
△	护照	hùzhào	パスポート
☆	放	fàng	置く
	怎么办	zěnmebàn	どうしたらいいか（「办」は「〜する」という意味）
	忘	wàng	忘れる
	北方	běifāng	北方
○	南	nán	南
△	打算	dǎsuàn	〜するつもりだ

UNIT 3　練習問題

1　次の1〜3の中国語と組み合わせて意味が通るものをA〜Cの中から選んでそれぞれ日本語に訳しましょう。

> A 你怎么还不*发电子邮件给我？我等着呢！
> B 你为什么和她结婚？她还在上学呢。
> C 蓝色的，短的那一条。

1) 没关系，我喜欢她。
2) 哪条裤子是你的？
3) 对不起，我忘了！

1) _____ 訳 _____
2) _____ 訳 _____
3) _____ 訳 _____

＊发（4級）：発送する

2　（　　）に入る語をA〜Dの中から選び、完成した文を日本語に訳しましょう。

> A 哪　　B 多少　　C 怎么　　D 什么

1) 还有（　　）问题吗？没有问题可以回家了。
2) 听说你们公司很大，有（　　）人？
3) A：你是（　　）知道他们要结婚的？
　　B：听同事说的。

1) _____ 訳 _____
2) _____ 訳 _____
3) _____ 訳 A _____
　　　　　　　B _____

52

3 文を読んで、★の質問に対する答えをA～Cの中から1つ選びましょう。

1) 为孩子买书时，要看看那本书对孩子有什么作用，有什么影响。还有就是不要买太难的内容，孩子看不懂，就没有兴趣了。
   ★ 给孩子买书要：
   A 看多少钱　　B 看[*1]内容　　C 看兴趣

2) 你[*2]把机票和护照放哪儿了？马上就要上飞机了，没有机票和护照怎么办啊？你快找找，忘在什么地方了吧？
   ★ 他现在可能在哪里？
   A 飞机上　　B 机场里　　C 公司里

3) 听说你每年都去中国旅游。你去过中国的什么地方？我北方去过北京，南方去过上海，[*3]不过我最想去的是四川，打算明年去那儿看看大熊猫。
   ★ 根据这段话，可以知道：
   A 他没去过北京　　B 他打算去上海　　C 他准备去四川

1) _____　　2) _____　　3) _____

*1　内容（4級）：内容
*2　把：「主語＋(把＋目的語)＋動詞」の形で「～を…する」と、処置を加えることを強調する（→ UNIT17参照）。
*3　不过（4級）：しかし

UNIT 3　解答

1　会話文の組み合わせ問題

1) B　Nǐ wèishénme hé tā jiéhūn? Tā hái zài shàngxué ne.
　　你 为什么 和 她 结婚? 她还在 上学 呢。
　　あなたはなぜ彼女と結婚をしたのですか？彼女はまだ学校に行っているじゃない。
　　Méiguānxi, wǒ xǐhuan tā.
　　没关系, 我 喜欢 她。
　　大丈夫です。私は彼女が好きです。

2) C　Nǎtiáo kùzi shì nǐ de?
　　哪条 裤子 是 你 的?
　　どのズボンがあなたのですか？
　　Lánsè de duǎn de nà yìtiáo.
　　蓝色 的, 短 的 那 一条。
　　青くて短いあれです。

3) A　Nǐ zěnme hái bù fā diànzǐyóujiàn gěi wǒ? Wǒ děngzhe ne!
　　你 怎么 还 不 发 电子邮件 给 我? 我 等着 呢!
　　あなたはどうしてまだ私にメールをくれないのですか？　私は待っていましたよ！
　　Duìbuqǐ, wǒ wàngle!
　　对不起, 我 忘了!
　　すみません。忘れていました！

1．「为什么」は理由を尋ねる疑問代詞です。「结婚」はＶＯ動詞（→ UNIT15参照）なので目的語を後ろに置くことができません。そのため、介詞「和」を使って目的語(她)を前に置いています。「在～呢」は「～しているところである」と動作の進行を表しています（→ UNIT20参照）。
3．「怎么」は「どうして」と理由を尋ねる意味です。「等着」の「着」は動作の持続を意味します（→ UNIT20参照）。

2　空所補充問題

1) D　Háiyǒu shénme wèntí ma? Méiyǒu wèntí kěyǐ huíjiā le.
　　还有（什么）问题 吗? 没有 问题 可以 回家 了。
　　ほかに何か質問はありますか？　質問がなければ家に帰ってもいいです。

2) B　Tīngshuō nǐmen gōngsī hěn dà, yǒu duōshao rén?
　　听说 你们 公司 很 大, 有（多少）人?
　　聞いたところによると、あなたたちの会社はとても大きいそうですが、どれくらい人がいるのですか？

3) C　Nǐ shì zěnme zhīdào tāmen yào jiéhūn de?
　　Ａ：你 是（怎么）知道 他们 要 结婚 的?
　　あなたはどうやって彼らが結婚することを知ったのですか？
　　Tīng tóngshì shuō de.
　　Ｂ：听 同事 说 的。
　　同僚から聞いたのですよ。

1．「什么+名詞」で「どんな～」。
3．「怎么+動詞」は「どうやって～する」と手段を尋ねる意味になります。

3　読み取り問題

1) B　Wèi háizi mǎi shū shí, yào kànkan nàběn shū duì háizi yǒu shénme zuòyòng,
　　为 孩子 买 书 时, 要 看看 那本 书 对 孩子 有 什么 作用,
　　yǒu shénme yǐngxiǎng. Háiyǒu jiùshì búyào mǎi tàinán de nèiróng, háizi
　　有 什么 影响。还有 就是 不要 买 太难 的 内容, 孩子
　　kànbudǒng, jiù méiyǒu xìngqù le.
　　看不懂, 就 没有 兴趣 了。

子供のために本を買うとき、その本が子供にどんな効果があるか、どんな影響があるのかを考えてみないといけません。また難しすぎる内容は買ってはいけません。子供は読んで理解できないと、興味がなくなります。

Gěi háizi mǎi shū yào:
★ 给 孩子 买 书 要：
子供に本を買うときしなければならないことは：

kàn duōshao qián　　　　kàn nèiróng　　　　kàn xìngqù
A 看 多少 钱　　　B 看 内容　　　C 看 兴趣
　いくらかを見る　　　　内容を見る　　　　興味を考える

2) B　Nǐ bǎ jīpiào hé hùzhào fàng nǎr le? Mǎshàng jiùyào shàng fēijī le,
　　你 把 机票 和 护照 放 哪儿 了？马上 就要 上 飞机 了，
méiyǒu jīpiào hé hùzhào zěnmebàn a? Nǐ kuài zhǎozhao wàng zài shénme
没有 机票 和 护照 怎么办 啊？你 快 找找，忘 在 什么
dìfang le ba?
地方 了 吧？

飛行機のチケットとパスポートをどこに置いたのですか？もうすぐ飛行機に乗らなければなりません。チケットとパスポートがなければどうしましょう？早く探してみて。どこにあるのか忘れてしまったんでしょう？

Tā xiànzài kěnéng zài nǎli?
★ 他 现在 可能 在 哪里？
彼は今どこにいる可能性がありますか？

fēijīshang　　　　jīchǎngli　　　　gōngsīli
A 飞机上　　　B 机场里　　　C 公司里
　飛行機　　　　　空港　　　　　会社

3) C　Tīngshuō nǐ měinián dōu qù Zhōngguó lǚyóu. Nǐ qùguo Zhōngguó de shénme
　　听说 你 每年 都 去 中国 旅游。你 去过 中国 的 什么
dìfang? Wǒ běifāng qùguo Běijīng, nánfāng qùguo Shànghǎi, búguò wǒ zuì
地方？我 北方 去过 北京，南方 去过 上海，不过 我 最
xiǎng qù de shì Sìchuān, dǎsuàn míngnián qù nàr kànkan dàxióngmāo.
想 去 的 是 四川，打算 明年 去 那儿 看看 大熊猫。

聞いたところによると、あなたは毎年中国旅行に行くそうですね。中国のどんなところへ行ったことがありますか？私は北は北京に、南は上海に行ったことがあります。最も行きたいのは四川です。来年そこに行ってジャイアントパンダを見てみるつもりです。

Gēnjù zhè duàn huà, kěyǐ zhīdào:
★ 根据 这 段 话，可以 知道：
この話からわかることは：

tā méi qùguo Běijīng　　　　　　　tā dǎsuàn qù Shànghǎi
A 他 没 去过 北京　　　　B 他 打算 去 上海
　彼は北京へ行ったことがない　　　　彼は上海へ行くつもりである
tā zhǔnbèi qù Sìchuān
C 他 准备 去 四川
　彼は四川に行くつもりである

1.「为（〜のために）」、「对（〜に対して）」は介詞（→UNIT8参照）です。「要」は能願動詞（→UNIT9参照）で、「〜しなければならない」という意味です。「不要」は「〜してはいけない」という禁止の意味です。「看不懂」は可能補語（→UNIT12参照）で「読んで理解できない」という意味です。
2.「把〜動詞」は、目的語を動詞の前にもってきて、それに対して処置を加えたことを意味する「把」構文（→UNIT17参照）です。「怎么办」は「どうしたらいいか」という決まり文句なのでこのまま覚えましょう。「忘在」の「在」は結果補語（→UNIT12参照）です。
3.「動詞＋过」は「〜したことがある」という経験の意味（→UNIT22参照）です。「不过」は「しかし」という意味です。

55

UNIT 4 正反疑問文と選択疑問文

🎧 t3Q-04-U4

你 洗 碗 还是 打扫 房间?
Nǐ xǐ wǎn háishi dǎsǎo fángjiān?

お碗を洗いますか、それとも部屋を掃除しますか？

中国語の疑問文は、文末に「吗」を置けば簡単に作れます。そのほかにも、述語部分の肯定形と否定形を並べて作る正反疑問文や、二者を並べて相手にどちらかを答えてもらう選択疑問文というものもあります。このUNITでは、正反疑問文と選択疑問文の使い方について学びます。

覚えておきたい基本単語

○	碗	wǎn	茶碗
☆	还是	háishi	①それとも（選択疑問文で）②やはり
	打扫	dǎsǎo	掃除をする
	电子	diànzǐ	電子
	作用	zuòyòng	作用する・影響を及ぼす・効果・働き
○	地铁	dìtiě	地下鉄
△	新闻	xīnwén	ニュース
	节目	jiémù	番組

△	作业	zuòyè	作業・宿題
△	裙子	qúnzi	スカート
☆	还	hái	①まだ ②(huánという発音で)返す
☆	短	duǎn	短い
△	空调	kōngtiáo	エアコン
△	坏	huài	壊れている・壊す
△	选择	xuǎnzé	選ぶ
	厨房	chúfáng	台所
	体育	tǐyù	体育
	复习	fùxí	復習する

POINT 1 正反疑問文

HSKの問題にしばしば出題される正反疑問文は、能願動詞および動詞と一緒に使うものや、結果補語の文で使うものです。最初に正反疑問文の基本的な構造を理解して、これらの例のしくみを理解しましょう。

正反疑問文の作り方

● **正反疑問文の作り方の基本**

述語である動詞や形容詞の部分を、肯定形と否定形を並べて疑問文を作ることができます。これを正反疑問文といいます。述語に挟まれた「不」は軽声で発音されます。

主語 + 肯定 + 否定

Zhège diànzǐcídiǎn de zuòyòng dà bu dà?
这个 电子*词典 的 作用 大 不 大?
この電子辞書の働きは大きいですか(役に立っていますか)?

＊词典 (4級):辞書

● **目的語を伴う動詞の文の正反疑問文の作り方**

動詞が目的語を伴うときは2通りの正反疑問文を作ることができます。

①動詞部分を「肯定形+否定形」と並べる

動詞 + **否定詞+動詞** + **目的語**

Wǒmen zuò bu zuò dìtiě?
我们 坐 不 坐 地铁?
私たちは地下鉄に乗りますか?

②否定形を文末にもってくる

動詞 + **目的語** + **否定詞+動詞**

Wǒmen zuò dìtiě bú zuò?
我们 坐 地铁 不 坐?
私たちは地下鉄に乗りますか?

「没」を使う正反疑問文

否定詞は、「不」のほかに「没」があります。「有」を使った文や完了を表す文、結果補語が使われている文の否定形は「没」を使うため、正反疑問文でも「没」を使います。

● 基本の作り方

[主語] + [動詞] + [否定詞+動詞] + [目的語]

Nǐ yǒu méi yǒu nánpéngyou?
你　有　没　有　男朋友？
ボーイフレンドはいますか？

[主語] + [動詞] + [否定詞+動詞] + [目的語]

Nǐ kàn méi kàn jīntiān de xīnwén jiémù?
你　看　没　看　今天 的 新闻 节目？
今日のニュース番組を見ましたか？

● 否定形を文末にもってくる

[主語] + [動詞] + [目的語] + [否定詞+動詞]

Nǐ yǒu nánpéngyou méi yǒu?
你　有　男朋友　没　有？
ボーイフレンドはいますか？

[主語] + [動詞] + [目的語] + [否定詞+動詞]

Nǐ kàn le jīntiān de xīnwén jiémù méi kàn?
你　看　了 今天 的 新闻 节目 没 看？
今日のニュース番組を見ましたか？

能願動詞がある文の正反疑問文

能願動詞を使った文を正反疑問文にするときには、後の動詞の部分ではなく、能願動詞の部分を「肯定＋否定」の形にします。

[能願動詞] + [否定詞+能願動詞] + [動詞]

Nǐ xiǎng bu xiǎng yòng lěngshuǐ xǐzǎo?
你　想　不　想　用 冷水 洗澡？
あなたは冷水で入浴したいですか？

結果補語がある文の正反疑問文

結果補語の文の正反疑問文は、文末に「吗」のかわりに「没 (有)」を置いて作ります。

[動詞]+[結果補語]+ 了　没 (有)

Nǐ zuòyè xiěwán le méi(yǒu)?
你 作业　写完　了 没 (有)？
あなたは宿題をやり終えましたか？

Nǐ zuòyè xiěwán le ma?
=你 作业　写完　了 吗？

＊結果補語の否定形は「不」ではなく「没」を使うので、正反疑問文でも「没有」を使います (結果補語→UNIT12参照)。

58

POINT 2 選択疑問文

2つかそれ以上のものをあらかじめ提示して、相手にそれを選んでもらう形式の疑問文を選択疑問文といいます。相手に提示するものは名詞だけではなく動詞を含むもの(「動詞+目的語」、「主語+動詞」など)でも尋ねることができます。

選択疑問文の作り方と答え方

「(是)+A+还是+B」の形で「AかそれともBか」という選択疑問文が作れます。動詞が「是」以外のとき、「是」は省略します。相手に提示するものが動詞を含むもののとき、その答えは基本的に動詞も省略しません。

是 + A + 还是 + B

Míngtiān shì qíngtiān háishi yīntiān?　　Qíngtiān.
明天 是 晴天 还是 阴天?　　晴天。
明日は晴れですか、それとも曇りですか?　　晴れです。

動詞句A + 还是 + 動詞句B

Nǐ xiǎng chuān qúnzi háishi chuān kùzi?　　Chuān kùzi.
你 想 穿 裙子 还是 穿 裤子?　　穿 裤子。
スカートをはきたいですか、それともズボンをはきたいですか?　ズボンをはきます。

「还是」には「やはり」という意味があります。2つのものを比較していない文で使われる「还是」はこの意味です。

Nà háishi wǒ zuòfàn ba.
那 还是 我 做饭 吧。　　それではやはり私はご飯を作りましょう。

また、「还」は「huán」と発音すると、「返す」という意味の動詞になります。

Nàběn shū nǐ huán le.
那本 书 你 还 了。　　あの本をあなたは返しました。

発 展　　是不是

「是不是」は今回学んだ正反疑問文の表現の1つです。述語の直前、文頭、または文末に置いて、相手に自分の予想を確認するときに使います。

● 述語の直前の「是不是」

　　　　主語　＋　是不是　＋　述語

Nǐ zhètiáo qúnzi shì bu shì yǒudiǎnr duǎn?
你 这条 裙子 是 不 是 有点儿 短?
あなたにはこのスカートは少し短いのではないですか？

● 文頭の「是不是」

　　　是不是　＋　主語　＋　述語

Shì bu shì zhège kōngtiáo huài le?
是 不 是 这个 空调 坏 了?
このエアコンは壊れたのではないですか？

● 文末の「是不是」

　　　主語　＋　述語　＋　是不是

Zhège kōngtiáo huài le, shì bu shì?
这个 空调 坏 了, 是 不 是?
このエアコンは壊れたのではないですか？

HSKの例文　選択疑問と正反疑問の聴解問題

Xǐ wǎn háishi dǎsǎo fángjiān, nǐ xuǎnzé nǎ yíge?
女：洗 碗 还是 打扫 房间, 你 选择 哪 一个?
Ràng wǒ xiǎngxiang, wǒ, xǐ wǎn.
男：让 我 想想, 我, 洗 碗。
Hǎo, nà xiànzài qǐng nǐ qù chúfáng ba.
女：好, 那 现在 请 你 去 厨房 吧。
Nǐ ràng wǒ kànwán tǐyù xīnwén *zài qù xǐ, hǎo bu hǎo?
男：你 让 我 看完 体育 新闻 *再 去 洗, 好 不 好?
Nánde xuǎnzé le shénme?
问：男的 选择 了 什么?

　　　xǐ wǎn　　　　　fùxí　　　　　tī zúqiú
A 洗 碗　　B 复习　　C 踢 足球

*再：それから

　　　　　　xǐ wǎn
【答え】A 洗 碗　（お碗を洗う）

女：お碗を洗うかそれとも部屋を掃除するか、どちらを選びますか？
男：ちょっと考えさせて。私は、お碗を洗います。
女：いいです、それではすぐ台所へ行ってください。
男：スポーツニュースを見終わってから洗いに行かせてください。いいですか？
問：男の人は何を選びましたか？

● ポイント！

質問の文が「何を選んだのか」を聞いていますので、会話中の選択疑問文が正確に聞き取れたかどうかがポイントになります。男の人は最初に「洗碗」と答えており、これがこの問題の答えです。後半部分は直接問題と関係がない内容ですが、内容と関係があるかないかもきちんと聞き取れていないとわかりません。キーワードは聞きながらメモをして、内容を正確に理解できるように練習しましょう。

「是不是」が文末にくる用法は学びましたが、そのほか、

~好吗？／~好不好？　　　　　　　　　　いいですか？
~*行吗？／~行不行？　　　　　　　　　　いいですか？
~可以吗？／~可不可以？／~可以不可以？　よろしいですか？

なども平叙文の後ろに置いて、相手に同意を求めるときの疑問文を作ることができます。
*行（4級）：よろしい・すばらしい・十分だ

補充単語

☆	画	huà	絵・描く		爷爷	yéye	おじいさん
	解决	jiějué	解決する・片づける		面条	miàntiáo	麺類
	客人	kèrén	お客	○	愿意	yuànyì	進んで~する
△	游戏	yóuxì	遊ぶ・ゲーム	△	参加	cānjiā	参加する
○	别人	biérén	ほかの人		机会	jīhuì	機会
☆	才	cái	やっと・~してこそ（副詞）	○	比赛	bǐsài	試合・試合をする（「赛」で「試合・競争する」）
	健康	jiànkāng	健康だ				
△	重要	zhòngyào	重要だ	△	聪明	cōngmíng・cōngming	賢い・聡明だ
	必须	bìxū	必ず~しなければならない	△	相信	xiāngxìn	信じる
	照顾	zhàogù	面倒をみる・気を配る				

61

UNIT 4　練習問題

1　次の1〜3の中国語と組み合わせて意味が通るものをA〜Cの中から選んでそれぞれ日本語に訳しましょう。

> A　上次那件事解决没解决呢？
> B　都不是，是熊猫啊！看不出来吗？
> C　没错。怎么，你*¹看上她了？

1) 你在*²笔记本上画的是猫还是狗？
2) 太难了，要花时间。
3) 小王是不是已经结婚了？

1) ＿＿＿＿　　訳 ＿＿＿＿＿＿＿＿＿＿＿＿＿＿＿＿＿＿＿＿＿＿
2) ＿＿＿＿　　訳 ＿＿＿＿＿＿＿＿＿＿＿＿＿＿＿＿＿＿＿＿＿＿
3) ＿＿＿＿　　訳 ＿＿＿＿＿＿＿＿＿＿＿＿＿＿＿＿＿＿＿＿＿＿

*1　看上：気に入る
*2　笔记本(4級)：ノート

2　（　　）に入る語をA〜Dの中から選び、完成した文を日本語に訳しましょう。

> A　是　　B　没　　C　还是　　D　没有

1) 上午来的客人走（　　）走呢？
2) 你上网（　　）玩儿电子游戏？
3) A：作业（　　）你自己写的还是别人帮你写的？
　　B：对不起，我让别人帮我写的。

1) ＿＿＿＿　　訳 ＿＿＿＿＿＿＿＿＿＿＿＿＿＿＿＿＿＿＿＿＿＿
2) ＿＿＿＿　　訳 ＿＿＿＿＿＿＿＿＿＿＿＿＿＿＿＿＿＿＿＿＿＿
3) ＿＿＿＿　　訳 A ＿＿＿＿＿＿＿＿＿＿＿＿＿＿＿＿＿＿＿＿＿
　　　　　　　　　B ＿＿＿＿＿＿＿＿＿＿＿＿＿＿＿＿＿＿＿＿＿

3 文を読んで、★の質問に対する答えをA～Cの中から1つ選びましょう。

1) 人要*¹吃好饭，身体才会健康。水果、菜、喜欢的还是不喜欢的，都要吃。这很重要！

   ★ 人要：
   A 多吃　　B 吃自己不喜欢的　　C 什么都吃

2) 我今天必须得去上班，你能不能帮我照顾好爷爷？爷爷的药放在桌子上了，午饭吃面包还是吃面条你问问爷爷。

   ★ 这段话最可能是谁跟谁说话？
   A 爷爷跟妈妈　　B 妈妈跟女儿　　C 爷爷跟*²孙子

3) 明年的数学赛，你愿意不愿意参加？这是一个很好的机会，虽然比赛的*³内容很难，你很聪明，相信你能行的。

   ★ 他：
   A 很聪明　　B 不愿意参加比赛　　C 想去参加比赛

1) _____　　2) _____　　3) _____

*1　吃好:「動詞＋好」で、満足すべき状態に達したことを表す（結果補語→UNIT12参照）。
*2　孙子(4級)：孫
*3　内容(4級)：内容

UNIT 4　解答

1　会話文の組み合わせ問題

1) **B**
　Nǐ zài bǐjìběn shang huà de shì māo háishi gǒu?
　你 在 笔记本 上 画 的 是 猫 还是 狗？
　あなたがノートに描いたのは猫ですか、それとも犬ですか？
　Dōu búshì, shì xióngmāo a! Kàn bù chūlai ma?
　都 不是，是 熊猫 啊！看 不 出来 吗？
　2つとも違います。パンダですよ！見てわかりませんか？

2) **A**
　Shàngcì nàjiàn shì jiějué méi jiějué ne?
　上次 那件 事 解决 没 解决 呢？
　前回のあのことは解決しましたか？
　Tài nán le, yào huā shíjiān.
　太 难 了，要 花 时间。
　難しすぎるので、時間をかけなければなりません。

3) **C**
　Xiǎo Wáng shìbushì yǐjīng jiéhūn le?
　小王 是不是 已经 结婚 了？
　王さんはもう結婚したのではないですか？
　Méicuò. Zěnme, nǐ kànshàng tā le?
　没错。怎么，你 看上 她 了？
　間違いないですよ。どうしたの、あなたは彼女が好きになったのですか？

1.「是＋A＋还是＋B」の選択疑問文です。「看不出来」は可能補語を使った表現です。もともと「看＋出来（動詞＋方向補語）」という構造で、「見いだす」という意味ですが、動詞と方向補語の間に「不」が入り、「～することができない」という意味になります（→UNIT13参照）。
2.「動詞＋没＋動詞」という「没」の正反疑問文です。
3.「是不是」は確認するときに使う表現です。

2　空所補充問題

1) **B**
　Shàngwǔ lái de kèrén zǒuméizǒu ne?
　上午 来 的 客人 走（没）走 呢？
　午前中に来たお客さんは行ってしまいましたか？

2) **C**
　Nǐ shàngwǎng háishi wánr diànzǐ yóuxì?
　你 上网 （还是）玩儿 电子 游戏？
　あなたはインターネットをしますか、それとも電子ゲームで遊びますか？

3) **A**
　Zuòyè shì nǐ zìjǐ xiě de háishi biérén bāng nǐ xiě de?
　A：作业（是）你 自己 写 的 还是 别人 帮 你 写 的？
　宿題はあなたが自分でやったのですか、それともほかの人があなたがやるのを手伝ったのですか？
　Duìbuqǐ, wǒ ràng biérén bāng wǒ xiě de.
　B：对不起，我 让 别人 帮 我 写 的。
　すみません。私はほかの人に手伝ってもらいました。

1.「没」を使った正反疑問文です。
2．3.「是＋A＋还是＋B」の選択疑問文です。3の「让」は使役構文で、「～させる」という意味になります（→UNIT16参照）。

3 読み取り問題

1) **C**　Rén yào chīhǎo fàn, shēntǐ cái huì jiànkāng. Shuǐguǒ、cài、xǐhuan de háishi bù xǐhuan de, dōu yào chī. Zhè hěn zhòngyào!
人 要 吃好 饭，身体 才 会 健康。水果、菜、喜欢 的 还是 不喜欢 的，都 要 吃。这 很 重要！
人はしっかりご飯を食べてこそ、健康になれるものです。果物、料理、好きなものであれ嫌いなものであれ、皆食べなければなりません。これは重要です！

★ Rén yào:
人 要：
人がしなければならないのは：

A　duō chī　多吃　たくさん食べる
B　chī zìjǐ bù xǐhuan de　吃 自己 不 喜欢 的　自分が好きでないものを食べる
C　shénme dōu chī　什么 都 吃　何でも食べる

2) **B**　Wǒ jīntiān bìxū děi qù shàngbān, nǐ néngbunéng bāng wǒ zhàogù hǎo yéye? Yéye de yào fàngzài zhuōzishang le, wǔfàn chī miànbāo háishi chī miàntiáo nǐ wènwen yéye.
我 今天 必须 得 去 上班，你 能不能 帮 我 照顾 好 爷爷？爷爷 的 药 放在 桌子上 了，午饭 吃 面包 还是 吃 面条 你 问问 爷爷。
私は今日必ず出勤しなければならないので、おじいさんの面倒をちゃんとみてくれますか？おじいさんの薬は机の上に置いてあります。昼ご飯はパンを食べるか麺類を食べるかおじいさんに聞いてみてください。

★ Zhè duàn huà zuì kěnéng shì shéi gēn shéi de huà?
这 段 话 最 可能 是 谁 跟 谁 的 话？
この話は誰が誰に話している話である可能性が最も高いですか？

A　yéye gēn māma　爷爷 跟 妈妈　おじいさんとお母さん
B　māma gēn nǚ'ér　妈妈 跟 女儿　お母さんと娘
C　yéye gēn sūnzi　爷爷 跟 孙子　おじいさんと孫

3) **A**　Míngnián de shùxué sài, nǐ yuànyi búyuànyi cānjiā? Zhè shì yíge hěn hǎo de jīhuì, suīrán bǐsài de nèiróng hěn nán, nǐ hěn cōngming, xiāngxìn nǐ xíng de.
明年 的 数学 赛，你 愿意 不愿意 参加？这 是 一个 很 好 的 机会，虽然 比赛 的 内容 很 难，你 很 聪明，相信 你 行 的。
来年の数学コンクール、あなたは参加したいですか？これはいい機会です。コンクールの内容は難しいですが、あなたはとても賢いから、うまくできると信じてください。

★ Tā:
他：
彼は：

A　hěn cōngming　很 聪明　賢い
B　bú yuànyi cānjiā bǐsài　不 愿意 参加 比赛　コンクールに参加したくない
C　xiǎng qù cānjiā bǐsài　想 去 参加 比赛　コンクールに参加したい

1．「才」は時間を表す副詞で「ようやく」という意味です（→UNIT6参照）。「会」は能願動詞で「おそらく〜であろう」という意味です（→UNIT9参照）。
2．「必须」は、「必ず〜」という副詞です。「得」は「〜しなければならない」という意味の能願動詞で、「能」は「〜できる」という能力を表す能願動詞ですが、この例のように「能不能」で「〜してくれますか」という丁寧な依頼の意味もあります。
3．「虽然」は「〜であっても」という逆接の意味です（→UNIT23参照）。

Part 3

UNIT5 程度の副詞

UNIT6 時間・範囲の副詞

UNIT7 語気・頻度の副詞

UNIT 5 程度の副詞

🎧 t3Q-05-U5

Wǒ tèbié ài dǎ lánqiú, érqiě dǎ de hěn hǎo.
我 特别 爱 打 篮球，而且 打 得 很 好。

私はバスケットボールをするのがとても好きで、そのうえ上手です。

副詞は形容詞や動詞の前に置き、その度合い（程度）、時間や状況などを明確に伝える重要な働きをします。この UNIT では、述語の度合い（程度）を説明する「程度副詞」の用法について学びます。

覚えておきたい基本単語

	中国語	ピンイン	意味
△	特别	tèbié	特に（程度副詞）（ほかの程度副詞は 70 ページ参照）
	而且	érqiě	そのうえ
	热情	rèqíng	親切だ
	认真	rènzhēn	まじめだ
△	关心	guānxīn	気にかける・関心をもつ
	冰箱	bīngxiāng	冷蔵庫
	旧	jiù	古い
☆	自己	zìjǐ	自分
	满意	mǎnyì	満足する
	认为	rènwéi	〜と考える・思う

	中国語	ピンイン	意味
○	甜	tián	甘い
☆	米	mǐ	メートル
	普通话	pǔtōnghuà	（中国の）標準語
	越来越〜	yuèláiyuè	ますます〜
△	春	chūn	春
○	发现	fāxiàn	発見する・気づく
△	变化	biànhuà	変化
	经过	jīngguò	通り過ぎる
	街道	jiēdào	大通り・街路
	几乎	jīhū	ほとんど・もう少しで
△	根据	gēnjù	〜に基づく・〜によると

POINT 1 副詞の位置と程度副詞「很」の用法

副詞は形容詞や動詞の前に置いて意味を付け加える役割をしています。ここでは、程度を表す程度副詞の中でも、よく使われ、特に形容詞述語文では欠かせない存在である「很」の用法とともに、その語順を確認してみましょう。

性質を表す形容詞と程度副詞

● 形容詞述語文の基本

性質を表す形容詞が述語になるときは、必ず形容詞の前に程度副詞が必要です。程度副詞がないと、文がまだ続くニュアンスとなってしまいます。そこで、性質を表す形容詞の前にはふつう「很」という程度副詞を置きます。「很」にはもともと「とても」という意味がありますが、例文のように特別な意味をもたず、文を終わらせる記号のように用いられることが多いです。

程度副詞 ＋ 性質を表す形容詞

Shànghǎirén　hěn　　　　rèqíng.
上海人　　很　　　热情。
上海の人は親切です。

※「很」を用いた文で「とても」という意味をもたせたいときは、「很」を強く発音するか、「很」のかわりに「特別」「非常」など「とても」という意味をもつ程度副詞に置き換えます。

● 性質を表す形容詞が様態補語として使われている場合

様態補語とは「動詞＋得＋形容詞」の形で、「〜するのが…・〜に…する」と表現する用法です（→UNIT11参照）。この用法でも、形容詞部分が性質を表す形容詞の場合、形容詞の前に程度副詞が必要で、特別な意味（「とても」など）をもたせないときは「很」を置きます。

動詞 ＋ 得 ＋ 程度副詞 ＋ 性質を表す形容詞

Tā　shuō　de　　hěn　　rènzhēn.
他　说　得　　很　　认真。
彼はまじめに話します。

動詞と程度副詞

「很」は動詞の前に置かれる場合、本来の「とても」という意味を表します。

程度副詞 ＋ 動詞

Dàjiā　dōu　hěn　　guānxīn　nín　de　shēntǐ.
大家　都　很　　关心　您　的　身体。
みんなあなたの体をとても心配しています。

69

POINT 2 程度副詞の意味と決まった文型の用法

ここでは「很」以外の程度副詞の意味を確認したうえで、程度副詞を用いた決まった文型の表現を確認しましょう。

3級で使われる程度副詞の意味

まずは3級で出題される代表的な程度副詞を確認しておきましょう。中でも、「更」や「越」はよく使われる表現です。

程度副詞	意味
tèbié 特別	特に
gèng 更	さらに・いっそう
yuè 越	ますます…（越～越…の形で用います）
duōme 多么	なんと・いかに
jí 极	とても・極めて
duō 多	どのくらい・なんと
tài 太	たいへん
hǎo 好	ずいぶん・とても

部分否定と全部否定

程度副詞と否定副詞「不」などを一緒に使うときには、語順によって異なる意味を表します。部分否定（必ずしも～ではない・とても～というわけではない）と、全部否定（全然～ない）の2通りの否定文を例文で確認してみましょう。

● 部分否定

否定副詞 ＋ 程度副詞

Zhèjiā fànguǎn bù hěn hǎochī.
这家 饭馆 不 很 好吃。
このレストランはとてもおいしいというわけではありません。

● 全部否定

程度副詞 + 否定副詞

Zhèjiā fànguǎn hěn bù hǎochī.
这家 饭馆 很 不 好吃。
このレストランはまったくおいしくありません。

「太」を使った表現

● 「太～了」: とても
「太」はしばしば文末に「了」を伴い、「とても～」という意味を表します。

Zhège bīngxiāng tài jiù le.
这个 冰箱 太 旧 了。
この冷蔵庫はとても古いです。

● 「不太～」: あまり～ない
「不太～」は「あまり～ない」という意味になります。この表現はHSKでも頻出ですので、しっかり覚えましょう。

Wǒ duì zìjǐ de yóuyǒng chéngjì bútài mǎnyì.
我 对 自己 的 游泳 成绩 不太 满意。
私は自分の水泳の成績についてあまり満足していません。

「越」と「多」を使った表現

● 「越～越…」
「越～越…」の形で、「～すればするほど…」という意味になります。

Tāmen rènwéi dàngāo yuè tián yuè hǎochī.
他们 认为 蛋糕 越 甜 越 好吃。
彼らはケーキは甘ければ甘いほどおいしいと思っています。

● 「多＋単音節形容詞」
程度副詞の「多」の後ろに「大」「长」「远」「高」などの単音節形容詞(程度の大きいもの)がつくと、「どのくらい～か」という疑問の表現になります。「多大」は「何歳ですか」と年齢を尋ねる言い方です。「多＋形容詞」の前には「有」を置くことが多いです。

多 + 単音節形容詞

Nǐ xiànzài yǒu duō gāo? Yìmǐbāèr.
你 现在 有 多 高? ＊一米八二。
あなたは今身長はどれくらいですか? 1メートル82センチです。

＊長さを表す数値の場合、「米(メートル)」の後の十の位の「十」を省略して表すことが多いです。

71

程度副詞の「多」は、「なんと～」と感嘆のニュアンスを伝えたり、「どのくらい～か」という疑問を表す語ですが、この意味のほかに、「多」には、補語としての用法があり、形容詞などの後ろにつけて程度を表すことができます。「形容詞／動詞＋得＋多」（様態補語→UNIT11参照）の形で、「ずっと～になった」のように、比較した結果その差が大きいことを表します。話し言葉では、しばしば「得」が省略されて「多了」の形で述語に直接つきます。

　　　Tā pǔtōnghuà bǐ qùnián hǎo de duō le.
　　　他 普通话 比 去年 好（得）多 了。
　　　彼の標準語は去年よりずっとうまくなりました。

HSKの例文　程度副詞が出てくる読解問題

読解の第2部分（文の内容を問う問題）で、程度の副詞が出題されているものを見てみましょう。「非常」と「几乎」が出てくる問題です。

　Wǒ qùnián chūnjié qùguo yícì Shànghǎi, jīnnián zài qù de shíhou,
　我 去年 *春节 去过 一次 上海, 今年 再 去 的 时候,
　　fāxiàn nàli de biànhuà fēicháng dà. Jīngguò nàtiáo jiēdào shí, wǒ
　发现 那里 的 变化 非常 大。经过 那条 街道 时, 我
　　jīhū bú rènshi le.
　几乎 不 认识 了。

　　Gēnjù zhè duàn huà, kěyǐ zhīdào:
★根据 这 段 话, 可以 知道：

　　xiànzài shì chūnjié　　　Shànghǎi biànhuà hěn dà
A 现在 是 春节　　B 上海 变化 很 大
　Shànghǎirén hěn rèqíng
C 上海人 很 热情

＊春节：春節・旧正月

　　　　　　Shànghǎi biànhuà hěn dà
【答え】B 上海 变化 很 大 （上海の変化は大きい）

私は去年の春節に一度上海へ行きました。今年また行った時、そこの変化がとても大きいのを発見しました。その道を通った時、私はほとんどわかりませんでした。
★この話からわかることは：

● ポイント！

この文の大意は、「上海の変化の様が大きく、去年と今年の町の様子が全然違っており、私はほとんどわからなくなっていた」というところにあります。ほかの選択肢はAは「今は春節です」、Cは「上海の人はとても親切です」という意味です。

補充単語

△	注意	zhùyì	注意する
	干净	gānjìng	きれいだ
	可爱	kě'ài	かわいい
	头发	tóufa	髪
☆	以前	yǐqián	以前
☆	应该	yīnggāi	～すべき・～のはずだ
	老～	lǎo	(姓の前につけて) ～さん (年配者への敬称)
	国家	guójiā	国・国家
△	月亮	yuèliang	月
☆	像	xiàng	～のようだ・似ている
○	一样	yíyàng	まるで～のようだ
	同意	tóngyì	同意する

UNIT 5　練習問題

1　次の1〜3の中国語と組み合わせて意味が通るものをA〜Cの中から選んでそれぞれ日本語に訳しましょう。

> A 但是人太多了！
> B 听说你很注意健康！
> C 你怎么了？不舒服吗？

1) 是啊，每天都要吃鸡蛋，做运动。

2) *东京的街道真干净啊！

3) 中午吃得太多，想睡觉了。

1) _____　訳 _____

2) _____　訳 _____

3) _____　訳 _____

＊东京：東京

2　次の中国語を日本語に訳しましょう。

1) 妈妈做的这条裙子太可爱了！

2) 王小姐头发好长好长的。

3) A：他是个非常认真的人。
　　B：所以大家都很喜欢他。

1) 訳 _____

2) 訳 _____

3) 訳 A _____
　　　B _____

74

3 文を読んで、★の質問に対する答えをA～Cの中から1つ選びましょう。

1) 你现在学的 *1内容太难了，这些题我一 *2道也不会做。你去问问爸爸，他以前学习非常好，应该知道怎么做。

   ★ 根据这段话，可以知道：
   A 他们是爸爸和儿子　　B 她们是妈妈和女儿
   C 他们是爸爸和妈妈

2) 老王，早上好！又在读报纸呢，你真关心国家 *3大事啊！告诉我今天有什么有意思的新闻，我眼睛不好，看报很累。

   ★ 老王：
   A 眼睛不好　　B 累了　　C 很喜欢看报

3) 今晚的月亮好漂亮，像你一样。你愿意和我结婚吗？我会努力工作，让你过非常非常好的 *4生活。希望你能同意！

   ★ 根据这段话，可以知道：
   A 他们结婚了　　B 他在工作　　C 他想结婚

1) _____　　2) _____　　3) _____

*1　内容（4級）：内容
*2　道：命令や問題を数える（量詞）
*3　大事：重大なこと
*4　生活（4級）：生活・暮らし

UNIT 5　解答

1　会話文の組み合わせ問題

1) B　Tīngshuō nǐ hěn zhùyì jiànkāng!
　　　听说 你 很 注意 健康!
　　　聞いたところによると、あなたは健康に注意しているそうですね!
　　　Shì a, měitiān dōu yào chī jīdàn, zuò yùndòng.
　　　是 啊, 每天 都 要 吃 鸡蛋, 做 运动。
　　　そうですよ。毎日卵を食べて運動をすることにしています。

2) A　Dōngjīng de jiēdào zhēn gānjìng a!
　　　东京 的 街道 真 干净 啊!
　　　東京の道は本当にきれいですね!
　　　Dànshì rén tài duō le!
　　　但是 人 太 多 了!
　　　でも人が多すぎます!

3) C　Nǐ zěnme le?　Bù shūfu ma?
　　　你 怎么 了?　不 舒服 吗?
　　　どうしましたか?　調子がよくないのではないですか?
　　　Zhōngwǔ chī de tài duō, xiǎng shuìjiào le.
　　　中午 吃 得 太 多, 想 睡觉 了。
　　　昼食を食べ過ぎたので、眠くなりました。

　　3.「吃得太多」は「動詞＋得＋様態補語」の構文です (→UNIT11 参照)。

2　訳の問題

1)　Māma zuò de zhètiáo qúnzi tài kě'ài le!
　　妈妈 做 的 这条 裙子 太 可爱 了!
　　お母さんが作ったこのスカートはとてもかわいいですね!

2)　Wáng xiǎojiě tóufa hǎocháng hǎocháng de.
　　王 小姐 头发 好长 好长 的。
　　王さんの髪はずいぶんと長々としていますね。

3) A：Tā shì gè fēicháng rènzhēn de rén.
　　　他 是 个 非常 认真 的 人。
　　　彼はとてもまじめな人です。
　　B：Suǒyǐ dàjiā dōu hěn xǐhuan tā.
　　　所以 大家 都 很 喜欢 他。
　　　だからみんな彼が大好きです。

　1.「太＋形容詞＋了」の形で「とても～である」という意味です。
　2.「好」は「ずいぶんと」という程度副詞です。
　3.「个」は「一个」の省略で「ある～」という意味です。

3 読み取り問題

1) **B**
Nǐ xiànzài xué de nèiróng tài nán le, zhèxiē tí wǒ yídào yě búhuì zuò. Nǐ
你 现在 学 的 内容 太 难 了，这些 题 我 一道 也 不会 做。你
qù wènwen bàba, tā yǐqián xuéxí fēicháng hǎo, yīnggāi zhīdào zěnme zuò.
去 问问 爸爸，他 以前 学习 非常 好，应该 知道 怎么 做。
あなたが今勉強している内容はとても難しくて、これらの問題を私は1つもできません。あなたはお父さんにちょっと聞きに行ってみて。彼は以前勉強がよくできたので、どうやってやるか知っているに違いありません。

Gēnjù zhè duàn huà, kěyǐ zhīdao:
★ 根据 这 段 话，可以 知道：
この話からわかることは：

tāmen shì bàba hé érzi   tāmen shì māma hé nǚ'ér
A 他们 是 爸爸 和 儿子   B 她们 是 妈妈 和 女儿
　彼らはお父さんと息子   　彼女らはお母さんと娘

tāmen shì bàba hé māma
C 他们 是 爸爸 和 妈妈
　彼らはお父さんとお母さん

2) **C**
Lǎo Wáng, zǎoshang hǎo! Yòu zài dú bào zhǐ ne, nǐ zhēn guānxīn guójiā
老 王， 早上 好！又 在 读 报 纸 呢，你 真 关心 国家
dàshì a! Gàosu wǒ jīntiān yǒu shénme yǒu yìsi de xīnwén, wǒ yǎnjing
大事 啊！告诉 我 今天 有 什么 有意思 的 新闻，我 眼睛
bùhǎo, kànbào hěn lèi.
不好，看报 很 累。
王さん、おはようございます！また新聞を読んでいるのですか。本当に国家の大事に関心があるのですね！私に今日どんなおもしろいニュースがあったのか教えてください。私の目はよくないので、新聞を読むと疲れます。

Lǎo Wáng:
★ 老 王：
王さんは：

yǎnjing bù hǎo   lèi le   hěn xǐhuan kàn bào
A 眼睛 不 好   B 累 了   C 很 喜欢 看 报
　目がよくない   　疲れた   　新聞を読むのがとても好き

3) **C**
Jīnwǎn de yuèliang hǎo piàoliang, xiàng nǐ yíyàng. Nǐ yuànyi hé wǒ jiéhūn
今晚 的 月亮 好 漂亮， 像 你 一样。你 愿意 和 我 结婚
ma? Wǒ huì nǔlì gōngzuò, ràng nǐ guò fēicháng fēicháng hǎo de shēnghuó.
吗？我 会 努力 工作，让 你 过 非常 非常 好 的 生活。
Xīwàng nǐ néng tóngyì!
希望 你 能 同意！
今晩の月は本当にきれいです。まるであなたのようです。あなたは私と結婚してくれますか？私は一生懸命仕事をするし、あなたにとてもとてもいい生活をさせてあげます。あなたが同意してくれるのを望んでいます！

Gēnjù zhè duàn huà, kěyǐ zhīdào:
★ 根据 这 段 话，可以 知道：
この話からわかることは：

tāmen jiéhūn le   tā zài gōngzuò   tā xiǎng jiéhūn
A 他们 结婚 了   B 他 在 工作   C 他 想 结婚
　彼らは結婚した   　彼は仕事をしている   　彼は結婚したがっている

1.「应该」は「〜に違いない」という意味の能願動詞です（→UNIT9参照）。
2.「在〜呢」は「〜しているところである」と進行の意味を表します（→UNIT20参照）。
3.「像〜一样」は「まるで〜のようである」という意味です。「会」は「おそらく〜であろう」という意味の能願動詞です（→UNIT9参照）。「让」は使役表現で、「〜させる」という意味になります（→UNIT16参照）。

UNIT 6 時間・範囲の副詞

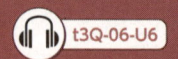

t3Q-06-U6

Wǒmen shàngge yuè cái rènshi, zhǐ shì pǔtōng péngyou.
我们 上个 月 才 认识，只 是 普通 朋友。

私たちは先月知り合ったばかりで、ただのふつうの友達です。

副詞は述語を修飾するもので、述語の状態をより正確に伝えます。このUNITでは、時間や範囲を表す副詞とその使い方を学んでいきましょう。

覚えておきたい基本単語

☆	才	cái	やっと・わずかに
☆	只	zhǐ	ただ・〜だけ（副詞）
	普通	pǔtōng	ふつうだ
	水平	shuǐpíng	レベル
△	一直	yìzhí	ずっと
	银行	yínháng	銀行
	然后	ránhòu	その後・それから
	终于	zhōngyú	ついに・やっと（→ UNIT7 参照）
	节日	jiérì	祭日
○	办公室	bàngōngshì	事務所
	电子邮件	diànzǐyóujiàn	電子メール
△	以为	yǐwéi	〜と思う
	相同	xiāngtóng	同じだ

POINT 1 時間・範囲の副詞の基本文型

副詞はふつう形容詞や動詞の前に置きますが、時間や範囲を表す副詞の中には名詞の前に置く用法もあります。ここでは、時間や範囲を表す副詞の基本的な文型を確認しましょう。

形容詞や動詞を修飾する副詞

● 「一直～」：ずっと～

副詞 + **形容詞・動詞のフレーズ**

Tā de Hànyǔ shuǐpíng yìzhí hěn hǎo.
他 的 汉语 水平 一直 很 好。
彼の中国語のレベルはずっといいです。

● 「先～然后…」：まず～してから…

「先～然后…」は「まず～してから…」という意味で、時間を表す副詞「先」でよく使われる文型です。HSKでもこの形は出題されているのでしっかり覚えましょう。

先 + **形容詞・動詞のフレーズ** + **然后…**

Míngtiān zǎoshang wǒ xiān qù yínháng, ránhòu
明天 早上 我 先 去 银行， 然后
zài qù zhǎo nǐ.
再 去 找 你。
明日の朝、私はまず銀行へ行ってから、またあなたを訪ねに行きます。

名詞も修飾できる副詞

中国語では、「现在七点了（今7時になりました）」のように数詞を含む語句が述語になることができます。これを名詞述語文といいます。副詞の中には、このような数詞を含む名詞の前に置き、名詞を修飾することができるものがあります。副詞は述語を修飾できると考えれば、一部の副詞が名詞を修飾できるというのも理屈にかなっています。

● 「才～」：わずかに・まだ

副詞「才」には「わずかに」という意味もあります。

副詞 + **数詞を含む名詞**

Tā de nǚ'ér cái sānsuì, yǐjīng huì tán gāngqín le.
他 的 女儿 才 三岁， 已经 会 *弹 钢琴 了。
彼の娘はわずか3歳で、もうピアノが弾けます。
*弹 钢琴（4級）：ピアノを弾く

名詞を修飾できるのは、時間や範囲を表す一部の副詞のみです。また、修飾される名詞は必ず数詞を含む表現になっていることに注意しましょう。

79

- 「一共～」：全部で

[副詞] + [数詞を含む名詞]

Zhèxiē yào yígòng liǎngbǎi kuàiqián.
这些 药 一共 两百 块钱。
これらの薬は全部で200元です。

- 「已经～」：すでに

[副詞] + [数詞を含む名詞]

Xiànzài yǐjīng liǎngdiǎn yíkè le.
现在 已经 两点 一刻 了。
今すでに2時15分になりました。

時間の感じ方による副詞のニュアンスの違い

時間を表す副詞の「就」と「才」は時間の感じ方において、対照的なニュアンスをもっています。それぞれの例文を見て確認してみましょう。

- 「就」：もう

「就」は時間的・距離的な短さ、手順の容易さを、話し手が感じる場合に使います。

Tā qīdiǎn jiù shàngbān le.
他 七点 就 上班 了。
彼は7時にはもう出社していました。

- 「才」：やっと～

「才」は時間的・距離的な長さ、手順の複雑（困難）さを感じて「ようやく・やっと」という気持ちを表すときに使います。

Tā qīdiǎn cái xiàbān.
他 七点 才 下班。
彼は7時にやっと退社しました。

※ 「才」を使う文では、文末に「了」をつけません。

「已经~了」と「都~了」

「已经」「都」はどちらも後ろに「了」を伴って、「もう~した」という意味を表しますが、伝える内容やニュアンスが異なります。それぞれの例文で確認してみましょう。

- 「已经~了」：客観的な「もう~した」

  「已经~了」は客観的に時間の経過を説明するニュアンスを表現します。特に話し手の感情が込められていません。

  已经 ＋ ～ ＋了

  Qùnián mǎi de kùzi xiànzài yǐjīng bùnéng chuān le.
  去年 买 的 裤子 现在 已经 不能 穿 了。
  去年買ったズボンは今もうはけなくなりました。

- 「都~了」：主観的な「もう~した」

  「都~了」は話し手の驚いた気持ちを伝えるニュアンスが加わります。

  都 ＋ ～ ＋ 了

  Nǐ zhōngyú lái le, dōu bādiǎn yíkè le.
  你 终于 来 了，都 八点 一刻 了。
  あなたはやっと来ましたね。もう8時15分ですよ。

※ 「已经」や「都」は、時間を表す名詞を修飾することができます。

「都」のそのほかの使い方

- 「～也＋都…」：～もみんな…

  範囲を表す副詞の「都」を使い、「～もみんな…」と表現するには、副詞「也（~も）」と一緒に使い、必ず「也＋都」という語順になります。

  也＋都

  Tā hěn piàoliang, érqiě zuòfàn, dǎsǎo yě dōu huì.
  她 很 漂亮，而且 做饭、打扫 也 都 会。
  彼女はきれいで、そのうえ料理、掃除も皆できます。

● 「疑問代詞＋〜＋都（也）」

疑問代詞の後ろに「都」や「也」を置く表現もあります。例えば、「什么＋〜＋都/也」で「何（どんな〜）でもすべて〜」、「谁＋都/也」で「誰もがみんな〜」のようになります。

疑問代詞 ＋ 〜 ＋ **都/也**

Nǐ zuò shénme cài dōu hǎochī.
你 做 什么 菜 都 好吃。

あなたが作る料理はどんな料理もすべておいしいです。

「疑問代詞＋都」の後ろは肯定・否定ともに置くことができます。
○ Shéi dōu bù zhīdào. 谁 都 不 知道。 誰も皆知りません。　○ Shéi dōu zhīdào. 谁 都 知道。 誰でも皆知っています。

「疑問代詞＋也」の後ろは否定の表現しか置けません。
○ Shéi yě bù zhīdào. 谁 也 不 知道。 誰も知りません。　× 谁 也 知道。

発展　「就是」の用法

「就」は多義語で、「もう」という意味以外でも使われます。文の中で使われている意味を瞬時に理解するためには中国語の文に慣れ親しむことが大切です。ここでは、「就」の代表的な「まさしく〜」という意味を紹介します。「まさしく〜」と肯定を強調するとき、「就」は「是（〜である）」と一緒に用いられます。

A ＋ 就是 ＋ **B**

Zài zhōngguó zuì zhòngyào de jiérì jiùshì chūnjié.
在 中国 最 重要 的 节日 就是 春节。

中国で最も重要な祭日はまさしく春節です。

練習　「就是」に注意して次の文を日本語に訳しましょう。

他每天到办公室的第一件事就是打开电脑, 看电子邮件。

解答

彼が毎日事務所へ着いて最初の仕事はまさしくコンピューターのスイッチを入れ、電子メールを見ることです。

Tā měitiān dào bàngōngshì de dìyī jiàn shì jiùshì dǎkāi diànnǎo, kàn diànzǐ yóujiàn.
他 每天 到 办公室 的 第一 件 事 就是 打开 电脑, 看 电子 邮件。

HSKの例文: 「就」と「才」が出てくる問題

聴解の第2部分の問題です。内容を正確に聞き取って、問題用紙に書かれている文が正しいかどうかを答えますが、ここでは、副詞の「就」「才」の意味がポイントになっています。

Wǒ yǐqián yǐwéi Běijīnghuà jiùshì pǔtōnghuà, dào Běijīng
我 以前 以为 北京话 就是 普通话, 到 北京
liǎngnián hòu, wǒ cái fāxiàn bú shì zhèyàng de.
两年 后, 我 才 发现 不 是 这样 的。
Běijīnghuà hé pǔtōnghuà shì xiāngtóng de.
★北京话 和 普通话 是 相同 的。

【答え】 ✕

私は以前、北京語は標準語だと思っていましたが、北京に来て2年後に、私はやっとそうではないことに気づきました。
★北京語は標準語と同じです。

● **ポイント!**

「就是」で「まさしく〜」という意味で、「才」は「やっと」という意味です。2年北京にいて「このようではない」つまり「北京語は標準語ではない」ということに気づいたので答えは✕です。

補充単語

☆	刚才	gāngcái	ついさっき
☆	关	guān	閉める
	担心	dānxīn	心配する
	刚	gāng	たった今・〜したばかり
△	超市	chāoshì	スーパーマーケット
	果汁	guǒzhī	果汁・ジュース
	开会	kāihuì	会議をする・会議に出る
○	会议	huìyì	会議
	久	jiǔ	久しい

UNIT 6　練習問題

1

次の1〜3の中国語と組み合わせて意味が通るものをA〜Cの中から選んでそれぞれ日本語に訳しましょう。

> A [*1]不好意思，我忘了。
> B 你到哪儿了？
> C 我先走了，别忘了关[*2]窗户。

1) 你为什么刚才不说，现在才说？
2) 不用担心，我知道！
3) 我刚下火车，还有半小时到家。

1) _____　訳 _____
2) _____　訳 _____
3) _____　訳 _____

*1　不好意思：ごめんなさい
*2　窗户（4級）：窓

2

（　　）に入る語をA〜Cの中から選び、完成した文を日本語に訳しましょう。

> A 已经　　B 就　　C 一直

1) 从上海来的飞机（　　）到了。
2) 做完作业了，我（　　）去。
3) A：我（　　）很喜欢你。
　　B：真的吗！我也很喜欢你。

1) _____　訳 _____
2) _____　訳 _____
3) _____　訳 A _____
　　　　　　　　　 B _____

3 文を読んで、★の質問に対する答えをA～Cの中から1つ選びましょう。

1) 昨天去新开的那家超市买东西了，卖的东西很[*1]全。给儿子买了他喜欢的蛋糕和果汁，还买了葡萄酒，水果等等，一共才花了五十块。
   ★ 那家超市：
   A 人很多　　B 刚开的　　C 不便宜

2) 大家都来了，准备开会吧！今天主要说说公司明年的[*2]计划。会议结束后，经理想请大家去吃饭。
   ★ 他们现在：
   A 在开会　　B 开完会了　　C 去吃饭

3) 这几年你都在忙些什么？过得还可以吧？有朋友了吗？我刚结婚，那个人你也认识，就是你同学李明。
   ★ 根据这段话，可以知道：
   A 他们结婚了　　B 他们好久没见了　　C 他们不认识

1) _____　2) _____　3) _____

　*1　全：もれなくそろっている
　*2　计划：計画・予定

UNIT 6 解答

1 会話文の組み合わせ問題

1) A 你 为什么 刚才 不 说，现在 才 说?
   Nǐ wèishénme gāngcái bù shuō, xiànzài cái shuō?
   あなたはなぜさっき言わないで今になって言うのですか？

   不好意思，我 忘 了。
   Bùhǎoyìsi, wǒ wàng le.
   ごめんなさい。忘れていました。

2) C 我 先 走了，别 忘 了 关 窗户。
   Wǒ xiān zǒu le, bié wàng le guān chuānghu.
   お先に失礼します。窓を閉めるのを忘れないでね。

   不用 担心，我 知道!
   Búyòng dānxīn, wǒ zhīdào!
   心配には及びません。私はわかっています！

3) B 你 到 哪儿 了?
   Nǐ dào nǎr le?
   あなたはどこに着いたのですか？

   我 刚 下 火车，还 有 半 小时 到 家。
   Wǒ gāng xià huǒchē, hái yǒu bàn xiǎoshí dào jiā.
   たった今汽車を降りましたので、あと30分で家に着きます。

1.「刚才」は「今しがた」という意味の名詞で、「才」は「ようやく」という意味の副詞です。「不好意思」は口語で謝るときによく使います。
2.「不用」は「～には及ばない」という意味です。「先走了」は口語では「お先に失礼します」という意味でよく使います。「别～了」は禁止の表現で「～しないで」の意味です。

2 空所補充問題

1) A 从 上海 来 的 飞机 (已经) 到 了。
   Cóng Shànghǎi lái de fēijī yǐjīng dào le.
   上海から来た飛行機はすでに着きました。

2) B 做完 作业 了，我 (就) 去。
   Zuòwán zuòyè le, wǒ jiù qù.
   宿題をやり終わったら、私はすぐに行きます。

3) C A：我 (一直) 很 喜欢 你。
   Wǒ yìzhí hěn xǐhuan nǐ.
   私はずっとあなたのことが好きです。

   B：真 的 吗! 我 也 很 喜欢 你。
   Zhēn de ma! Wǒ yě hěn xǐhuan nǐ.
   本当ですか！私もあなたが大好きです。

1.「已经～了」で「すでに～した」という意味になります。
2.「做完」は「動詞＋結果補語」の形（→UNIT12参照）で、「やり終わる」という意味になります。

3 読み取り問題

1) **B**
Zuótiān qù xīn kāi de nàjiā chāoshì mǎi dōngxi le, mài de dōngxi hěn quán.
昨天 去 新 开 的 那家 超市 买 东西 了，卖 的 东西 很 全。
Gěi érzi mǎi le tā xǐhuan de dàngāo hé guǒzhī, hái mǎi le pútao jiǔ,
给 儿子 买 了 他 喜欢 的 蛋糕 和 果汁，还 买 了 葡萄 酒，
shuǐguǒ děngděng, yígòng cái huā le wǔshí kuài.
水果 等等，一共 才 花 了 五十 块。
昨日新しく開店したそのスーパーへ買い物に行きました。売りものはもれなくそろっていました。息子のために彼が好きなケーキとジュース、それからワインに果物などを買いました。全部でわずか50元だけ使いました。

Nàjiā chāoshì:
★那家 超市:
そのスーパーは:

rén hěn duō
A 人 很 多
人がとても多い

gāng kāi de
B 刚 开 的
開店したばかり

bù piányi
C 不 便宜
安くない

2) **A**
Dàjiā dōu lái le, zhǔnbèi kāihuì ba! Jīntiān zhǔyào shuōshuo gōngsī
大家 都 来 了，准备 开会 吧！今天 主要 说说 公司
míngnián de jìhuà. Huìyì jiéshù hòu, jīnglǐ xiǎng qǐng dàjiā qù chīfàn.
明年 的 计划。会议 结束 后，经理 想 请 大家 去 吃饭。
皆さん来ましたので、会議をすることにしましょう！今日は主に会社の来年の予定をちょっと話します。会議が終わった後、社長が皆さんをご飯を食べに連れて行ってくれます。

Tāmen xiànzài:
★他们 现在:
彼らは今:

zài kāi huì
A 在 开会
会議をしているところ

kāiwán huì le
B 开完 会 了
会議が終わった

qù chīfàn
C 去 吃饭
ご飯を食べに行く

3) **B**
Zhè jǐ nián nǐ dōu zài máng xiē shénme? Guò de hái kěyǐ ba? Yǒu
这 几 年 你 都 在 忙 些 什么？过 得 还 可以 吧？有
péngyou le ma? Wǒ gāng jiéhūn, nàge rén nǐ yě rènshi, jiùshì nǐ tóngxué
朋友 了 吗？我 刚 结婚，那个 人 你 也 认识，就是 你 同学
Lǐ Míng.
李 明。
ここ数年あなたはずっと何か忙しいですか？無事にお過ごしですよね？友達はできましたか？私は結婚したばかりです。その人はあなたも知っている人で、あなたの同級生の李明さんです。

Gēnjù zhè duàn huà, kěyǐ zhīdào:
★根据 这 段 话，可以 知道:
この話からわかることは:

tāmen jiéhūn le
A 他们 结婚 了
彼らは結婚した

tāmen hǎojiǔ méi jiàn le
B 他们 好久 没 见 了
彼らは長い間会っていない

tāmen bú rènshi
C 他们 不 认识
彼らは知り合いではない

1、ここでの「才」は「わずかに」という意味の副詞です。
3、「过得还可以吧」は様態補語の構文です（→UNIT11参照）。「还可以」は「まあまあである」という意味です。

UNIT 7 語気・頻度の副詞

🎧 t3Q-07-U7

Nǐ zhōngyú huílai le, píjiǔ mǎi le ma?
你 终于 回来 了，啤酒 买 了 吗？

あなたはやっと帰ってきましたね、ビールは買いましたか？

これまで、動詞や形容詞や、名詞の前に置いて、それらを修飾する副詞の用法を学んできました。副詞には、この用法に加えて、語気を表すもの（語気副詞）や頻度を表すものがあります。このUNITでは語気と頻度を表す副詞を学びます。

覚えておきたい基本単語

	终于	zhōngyú	ついに・やっと	☆	东	dōng	東
○	啤酒	píjiǔ	ビール	○	见面	jiànmiàn	対面する
	音乐	yīnyuè	音楽		句子	jùzi	文
	其实	qíshí	実は		查	chá	調べる
	房子	fángzi	家		字典	zìdiǎn	漢字ごとに説明がある辞典（漢字の熟語を集めた辞書は「词典」）
	搬	bān	運ぶ（「搬家」で「引っ越す」）				
				△	习惯	xíguàn	慣れる・習慣
△	当然	dāngrán	もちろん・当然	○	如果	rúguǒ	もし〜
	怎么办	zěnmebàn	どうしたらいいか	☆	带	dài	持つ・連れて〜
☆	又	yòu	また		照相机	zhàoxiàngjī	カメラ
☆	胖	pàng	太る		脸	liǎn	顔
	练习	liànxí	練習・練習する		发烧	fāshāo	熱が出る
○	经常	jīngcháng	いつも	△	感冒	gǎnmào	風邪

POINT 1　語気を表す副詞

述べられた内容に対して「ついに」「実は」「もちろん」というような話者の態度（語気）を説明する役割をもつ副詞を語気副詞といいます。ここでは、3級で頻出する語気副詞とその用法を見ていきましょう。

語気副詞の用法

HSK 3級でしばしば出題される語気副詞の使い方を確認しましょう。

● 「其实」：実は
「其实」は前の内容を受けて、その真相を説明すべく「実は〜」と言うときに使います。そのため、文の最初に置くことが多いです。

Nǐ xǐhuan zhèzhǒng yīnyuè jiémù?
你 喜欢 这种 音乐 节目?
あなたはこういう音楽番組が好きなの？

Qíshí wǒ zhǐ xiǎng tīngting nàxiē lǎogē.
其实 我 只 想 听听 那些 老歌。
実はただあれらの古い歌を聞いてみたいだけなのです。

● 「终于」：ついに・やっと
主に文章語で用いられる表現です。「终于＋動詞/形容詞」の形で、「ついに〜」という意味を表します。

终于 ＋ 動詞/形容詞

Wǒ zhōngyú yǒu le zìjǐ de dàfángzi le,
我 终于 有 了 自己 的 大房子 了，
míngtiān jiù kěyǐ bānjiā le.
明天 就 可以 搬家 了。
私はついに自分の大きな家をもったので、明日には引っ越しできます。

● 「当然」：もちろん・当然
「当然」は「当然了（もちろんである）」という使い方のように、もともと形容詞で述語として使う語です。述語の前に置いて「もちろん〜」と副詞的に使うこともできます。話し手の気持ちを表すものなので、文頭にも述語の前にも置くことができます。

Wǒ dāngrán zhīdào zhège hànzì.
我 **当然** 知道 这个 汉字。
私はもちろんこの漢字を知っています。

89

POINT 2 頻度を表す副詞

> 3級で出題される頻度を表す副詞は「又」「再」「经常」などがあります。ここでは、中国語の2つの「また」、つまり「又」と「再」の使い方を見ていきましょう。

2つの「また」

中国語には「また」という頻度を表す副詞が2つあります。「又」と「再」です。これらは、意味は同じですが使い方が異なります。若干の例外的な使い方もありますが、ここではまず基本的な使い方の違いを確認しましょう。

● 「又」の使い方

「又」はすでに前にも繰り返されたことを言うときに使います。

怎么办 啊? 我 **又** 胖 了 两公斤。
Zěnmebàn a? Wǒ yòu pàng le liǎnggōngjīn.
どうしたらいいでしょう？私はまた2キロ太ってしまいました。

● 「再」の使い方

「再」はこれから繰り返されることを言うときに使います。

现在 我 在 练习 跳舞, 一会儿 **再** 见面 吧。
Xiànzài wǒ zài liànxí tiàowǔ, yíhuìr zài jiànmiàn ba.
今ダンスの練習をしてるから、後でまた会いましょう。

「经常」

「しょっちゅう・常に・よく」という意味で、動作・行為が何度も繰り返されることを言うときに使います。

他 **经常** 去 车站 东边 的 那个 图书馆。
Tā jīngcháng qù chēzhàn dōngbiān de nàge túshūguǎn.
彼はよく駅の東にあるあの図書館へ行きます。

> **発 展** 「就」の用法

時間を表す副詞として、「就（すぐに）」の使い方を前のUNITで学びました。ここでは、「就」の別の用法について紹介します。

● ～ならば…

「～＋(主語)＋就＋…」で、「～ならば…」という意味になります。前の文の内容を受けて後の文で「就」を使い、「～ならば…だ」という結論を述べる文を作ります。

就 ＋ 動詞/形容詞

Yǒu bù dǒng de jùzi, jiù chá zìdiǎn,
有 不 懂 的 句子, 就 查 字典,
zhè shì yíge bǐjiào hǎo de xuéxí xíguàn.
这 是 一个 比较 好 的 学习 习惯。

わからない文があれば、字典を調べてみる、これは比較的いい学習習慣です。

● 前に「如果」がある文

「～ならば…」という意味で使われる「就」は、仮定の意味を表しているので、前の文に「もし」という意味の「如果」をつけて、「如果～就…」のように用い、より明確に仮定の意味を表すこともあります。

如果 ＋ ～ ＋ 就 ＋ 動詞・形容詞

Rúguǒ dàishang zhàoxiàngjī jiù hǎo le.
如果 带上 照相机 就 好 了。

もしカメラを持っていたらよかったのに。

HSKの例文

頻度と時間を表す副詞が出てくる問題

聴解の第1部分からの問題です。会話を聞いて適当な写真を選びます。今回は、頻度の副詞と時間を表す副詞、それから語気を表す副詞が出てくる会話文です。

Nǐ de liǎnsè bú tài hǎo, yòu fāshāo le?
你 的 脸色 不 太 好, 又 发烧 了?

あなたの顔色はあまりよくないですが、また熱が出たのですか？

Shì, wǒ gǎnmào dōu kuài yíge xīngqī le, hái méi hǎo ne.
是, 我 感冒 都 快 一个星期 了, 还 没 好 呢。

はい、私の風邪はもうまもなく1週間にもなるのに、まだよくなりませんよ。

● ポイント！

「还」は「まだ」という意味の話し手の気持ち(語気)を表す副詞です。しばしば後ろに否定詞がつきます。

補充単語

| ○ | 爬山 | páshān | 山に登る |
| △ | 遇到 | yùdào | 出会う |

| | 脚 | jiǎo | 足 |
| ☆ | 长 | zhǎng | 成長する |

UNIT 7　練習問題

1　次の1〜3の中国語と組み合わせて意味が通るものをA〜Cの中から選んでそれぞれ日本語に訳しましょう。

> A ＊早就吃完了。
> B 我要回东京了，谢谢你的照顾。
> C 我也一样！

1) 大熊猫真可爱！我每年都想去看它。
2) 你一定还要来玩儿啊！
3) 昨天买的蛋糕还有吗？

1) _____　訳 _____
2) _____　訳 _____
3) _____　訳 _____

＊早就：とっくに

2　（　　）に入る語をA〜Dの中から選び、完成した文を日本語に訳しましょう。

> A 经常　　B 一直　　C 就　　D 一定

1) 如果你有什么问题，（　　）问我。
2) 这么晚了，小张（　　）不会来我家了。
3) A：你身体真好！
　　B：我（　　）去爬山。

1) _____　訳 _____
2) _____　訳 _____
3) _____　訳 A _____
　　　　　　　　B _____

3 文を読んで、★の質問に対する答えをA～Cの中から1つ選びましょう。

1) 这次去北京旅游真高兴。我遇到了很多有意思的人和事，让我*¹感到了中国人的热情。下次我还想去中国。

   ★ 他没说什么？

   A 中国人很热情　　B 北京有意思　　C 北京人很多

2) 孩子的脚长得快*²极了！这半年里，我已经给女儿换过三次鞋了，每次穿*³不了几天就变小了。

   ★ 根据这段话，可以知道：

   A 他女儿有很多鞋　　B 他女儿长得很快　　C 他女儿脚变小了

3) 这个房间怎么这么小啊！你和三个朋友一起住，能住下吗？我知道你是学生没有钱，但没想到这么*⁴辛苦！

   ★ 这个房间：

   A 一共五个人住　　B 不太小　　C 能住下四个人

1) _____　2) _____　3) _____

*1　感到：感じる
*2　极了：とても（→UNIT11参照）
*3　～不了：～しきれない
*4　辛苦(4級)：苦労だ

UNIT 7 解 答

1 会話文の組み合わせ問題

1) C　Dàxióngmāo zhēn kě'ài! Wǒ měinián dōu xiǎng qù kàn tā.
　　大熊猫 真 可爱！我 每年 都 想 去 看 它。
　　ジャイアントパンダは本当にかわいいです！私は毎年それを見に行きたいです。
　　Wǒ yě yíyàng!
　　我 也 一样！
　　私も同じです！

2) B　Wǒ yào huí Dōngjīng le, xièxie nǐ de zhàogù.
　　我 要 回 东京 了，谢谢 你 的 照顾。
　　私は東京へ帰らなければなりません。お世話になりありがとうございました。
　　Nǐ yídìng hái yào lái wánr a!
　　你 一定 还 要 来 玩儿 啊！
　　きっとまた遊びに来てくださいね！

3) A　Zuótiān mǎi de dàngāo hái yǒu ma?
　　昨天 买 的 蛋糕 还 有 吗？
　　昨日買ったケーキはまだありますか？
　　Zǎojiù chīwán le.
　　早就 吃完 了。
　　とっくに食べ終わりました。

2 空所補充問題

1) C　Rúguǒ nǐ yǒu shénme wèntí, jiù wèn wǒ.
　　如果 你 有 什么 问题，(就) 问 我。
　　もし何か質問があったら、私に聞いてください。

2) D　Zhème wǎn le, Xiǎo Zhāng yídìng búhuì lái wǒjiā le.
　　这么 晚 了，小 张 (一定) 不会 来 我家 了。
　　こんなに遅くなりました。張さんはきっと私の家に来ないことにしたのでしょう。

3) A　A：Nǐ shēntǐ zhēn hǎo!
　　A：你 身体 真 好！
　　あなたは体が本当に強いですね！
　　B：Wǒ jīngcháng qù páshān.
　　B：我 (经常) 去 爬山。
　　私はいつも山登りに行きます。

　2.「不〜了」で「〜しないことにした」という意味になります（→UNIT21 参照）。

3 読み取り問題

1) **C**

Zhècì qù Běijīng lǚyóu zhēn gāoxìng. Wǒ yùdào le hěnduō yǒu yìsi de rén hé shì, ràng wǒ gǎndào le Zhōngguórén de rèqíng. Xiàcì wǒ hái xiǎng qù Zhōngguó.
这次去北京旅游真高兴。我遇到了很多有意思的人和事，让我感到了中国人的热情。下次我还想去中国。

今回北京へ旅行に行き本当に楽しかったです。私はたくさんのおもしろい人と事柄に出会い、中国人の親切さを感じさせられました。次回私はまた中国へ行きたいです。

★ Tā méi shuō shénme?
他没说什么?
彼は何を言っていませんか?

A Zhōngguórén hěn rèqíng 中国人很热情
中国人は親切である

B Běijīng yǒuyìsi 北京有意思
北京はおもしろい

C Běijīngrén hěn duō 北京人很多
北京は人が多い

2) **B**

Háizi de jiǎo zhǎng de kuài jíle! Zhè bànnián lǐ, wǒ yǐjīng gěi nǚ'ér huànguo sāncì xié le, měicì chuān bu liǎo jǐtiān jiù biàn xiǎo le.
孩子的脚长得快极了! 这半年里，我已经给女儿换过三次鞋了，每次穿不了几天就变小了。

子供の足は成長するのが本当に早いです！この半年で私はもう娘のために3回も靴を換えました。毎回何日も履かないうちにすぐ小さくなってしまいます。

★ Gēnjù zhè duàn huà, kěyǐ zhīdào:
根据这段话，可以知道：
この話からわかることは：

A tā nǚ'ér yǒu hěn duō xié 他女儿有很多鞋
彼の娘はたくさんの靴を持っている

B tā nǚ'ér zhǎng de hěn kuài 他女儿长得很快
彼の娘は成長が早い

C tā nǚ'ér jiǎo biàn xiǎo le 他女儿脚变小了
彼の娘の足は小さくなってしまった

3) **C**

Zhège fángjiān zěnme zhème xiǎo a! Nǐ hé sānge péngyou yìqǐ zhù, néng zhùxià ma? Wǒ zhīdào nǐ shì xuésheng méiyǒu qián, dàn méi xiǎngdào zhème xīnkǔ!
这个房间怎么这么小啊! 你和三个朋友一起住，能住下吗? 我知道你是学生没有钱，但没想到这么辛苦!

この部屋はどうしてこんなに小さいのでしょう！あなたと3人の友達が一緒に住むことができるのですか？私はあなたが学生でお金がないことを知っていますが、こんなに苦労しているとは思いもよりませんでした！

★ Zhège fángjiān:
这个房间：
この部屋は：

A yígòng wǔge rén zhù 一共五个人住
全部で5人住んでいる

B bú tài xiǎo 不太小
あまり小さくない

C néng zhù xià sìge rén 能住下四个人
4人住むことができる

2.「长得快极了」は様態補語の構文（→UNIT11参照）で「极了(とても)」は後ろから「快」を修飾しています。「動詞＋不了」は「～しきれない」という意味です。

3.「住下」は「下」は方向補語の構文（→UNIT13参照）で、ここでは「動作の残存の様子」を表しています。「想到」の「到」は結果補語です（→UNIT12参照）。

Part 4

UNIT8 いろいろな介詞と用法

UNIT9 いろいろな能願動詞と用法

UNIT10 定語と状語

UNIT 8 いろいろな介詞と用法

t3Q-08-U8

Tā cóng xiǎo jiù duì yóuxì yǒu xìngqù.
他 从 小 就 对 游戏 有 兴趣。

彼は小さい頃からゲームに対して興味がありました。

日本語の「て・に・を・は」に当たる助詞は中国語にはありませんが、名詞の前に置いて、場所・時間・理由・比較などの意味を表す「介詞」というものがあります。介詞は名詞の前に置くので、英語の前置詞と構造が似ています。

覚えておきたい基本単語

	游戏	yóuxì	ゲーム
	黑板	hēibǎn	黒板
☆	画	huà	絵・描く
△	耳朵	ěrduo	耳
△	离开	líkāi	離れる・別れる
△	附近	fùjìn	近く
☆	借	jiè	借りる・貸す
	洗手间	xǐshǒujiān	トイレ
	葡萄	pútao	ブドウ（「葡萄酒」で「ワイン」）
	健康	jiànkāng	健康
	同意	tóngyì	同意する

	跟	gēn	～と
△	动物	dòngwù	動物
	为了	wèile	～のため
	解决	jiějué	解決する・片づける
△	环境	huánjìng	環境
	办法	bànfǎ	方法・手段
	担心	dānxīn	心配する
△	除了	chúle	～を除いて
	以外	yǐwài	～以外
	文化	wénhuà	文化
△	根据	gēnjù	～によると
△	遇到	yùdào	出会う

POINT 1 時間や場所を表す介詞

介詞は名詞の前に置き、「〜で」「〜に」「〜から」など、場所や時間などのいろいろな意味を表します。ここでは、地点や時点を表す「在」、空間や時間の距離を表す「从」と「离」、そして方向を表す「向」の使い方を学びましょう。

介詞を使った文の基本的な語順

介詞は「介詞＋名詞」のように名詞を後ろに伴ってフレーズを作ります。このフレーズは後ろにくる述語を修飾する働きがあります。語順は基本的に「介詞＋名詞＋動詞／形容詞」となります。

介詞 ＋ 場所 ＋ 動詞／形容詞

Tā zài hēibǎnshang huà yǎnjing hé ěrduo.
她 在 黑板上 画 眼睛 和 耳朵。
彼女は黒板に目と耳を描きます。

※ 場所を表す名詞には、「上」「里」などの方向を表す語をつけなければなりません（方位詞→UNIT15参照）。

「在」の用法

場所を表す「在」は、「在（介詞）＋場所＋動詞」という語順で文を作ります。

在 ＋ 場所 ＋ 動詞

Líkāi xuéxiào hòu, zhè duàn shíjiān tā zài jiāli xiūxi.
离开 学校 后, 这 段 时间 他 在 家里 休息。
学校を離れてから、この期間彼は家で休んでいました。

● 語順に注意する「在」の用法

「在」が結果補語（→UNIT12参照）として使われると、例外的に「動詞＋在＋場所」の語順になります。「在」が結果補語になれる動詞は「住（住む）」「坐（座る）」「站（立つ）」「写（書く）」「放（置く）」などに限られます。

動詞 ＋ 在（結果補語） ＋ 場所

Tā xiànzài zhù zài gōngsī fùjìn.
他 现在 住 在 公司 附近。
彼は今会社の近くに住んでいます。

99

2つの「～から」

中国語には「～から」という意味を表す介詞が2つあります。開始点（時間・場所）を表す「从」と、隔たり（時間・場所）を表す「离」です。それぞれの例文を確認してみましょう。

● 「从」の用法

「从」は「从＋名詞＋動詞」で「～から…する」のように開始点を表すことができます。名詞の部分には、場所や時刻を表す言葉が入ります。

从 ＋ 開始点（場所・時刻） ＋ 動詞

Wǒ cóng xuéxiào túshūguǎnli jiè le yìběn shū.
我 从 学校 图书馆里 借 了 一本 书。
私は学校の図書館から本を1冊借りました。

「从」は「从～到～」の形で「～から～まで」という文型をしばしば作ります。

Cóng wǒ jiā dào gōngsī zhǐ yào huā èrshí fēnzhōng.
从 我家 到 公司 只 要 花 20 分钟。
私の家から会社までたった20分かかるだけです。

● 「离」の用法

「离」は「离＋名詞＋形容詞など」で「～から（まで）は…」と、時間や時刻の隔たりがどのようであるか（遠い、長いなど）という表現になります。名詞の部分には場所や時刻を表す言葉、その後には隔たりを表現する形容詞がくることが多いです。

离 ＋ 場所・時刻 ＋ 形容詞

Nàge fànguǎnr lí zhèr yuǎn ma?
那个 饭馆儿 离 这儿 远 吗?
あのレストランはここから（まで）遠いですか？

POINT 2 方向や対象を表す介詞

「〜に」「〜へ」という方向を表す介詞と、「〜に対して」「〜と」という対象の意味を表す介詞について見ていきましょう。

「给」の用法

「给」は「〜のために・〜に」という意味の介詞で、ものを与えたり手渡したりする状況などで使います。

Tā gěi wǒ mǎi dàngāo le.
他 给 我 买 蛋糕 了。
彼は私にケーキを買ってくれました。

Wǒ gěi nǐ dǎ diànhuà.
我 给 你 打 电话。
私はあなたに電話をかけます。

「向」の用法

「向」は、「〜へ・〜に」と動作の向かう方向や目指すべき対象となる場所などを言うときに使います。語順は「向＋動作の向かう方向／対象＋動詞」となります。

向 ＋ 動作の方向／対象
Cóng zhèr xiàng nán zǒu jiùshì xǐshǒujiān.
从 这儿 向 南 走 就是 洗手间。
ここから南へ行くとそこがトイレです。

向 ＋ 動作の方向／対象
Nǐ yào xiàng tā xuéxí.
你 要 向 他 学习。
あなたは彼に学ばないといけません（彼を見習ってください）。

「対」の用法

「対」には「〜（対象になるもの）に向けて」「〜（影響を与えるもの）に対して」という2つのニュアンスがあります。

対 + 対象になるもの

Wǒ duì nǐ shuō le bānjiā de shìr.
我 对 你 说 了 搬家 的 事儿。
私はあなたに引っ越しのことを話しました。

対 + 影響を与えるもの

Nín měitiān hē bēi hóngpútaojiǔ, duì jiànkāng hěn yǒu bāngzhù.
您 每天 喝 杯 红葡萄酒, 对 健康 很 有 帮助。
あなたが毎日赤ワインを飲むことは、健康に役立っています。

「跟」の用法

「跟」は「〜と（一緒に）」「〜と（比較して）」「〜に対して（＝対）」などの意味があります。

● 〜と（一緒に）

跟 + 一緒に行動する人・もの

Bānián le, tā zhōngyú tóngyì gēn wǒ jiéhūn le.
8年 了, 她 终于 同意 跟 我 结婚 了。
8年して、彼女はついに私と結婚することに同意しました。

＊「结婚」は「结（動詞）＋婚（目的語）」という構造の動詞で、その後ろに目的語をつけることができません。そこで、「彼女は私と結婚する」というときは、介詞「跟」を使います。

× 她 结婚 我。　　○ 她 跟 我 结婚。

「结婚」のように動詞の中にすでに目的語が含まれている動詞のことを、離合詞（ＶＯ動詞）といいます。

「跟」が「〜と（一緒に）」という意味のとき、「一起」を用いて「跟＋名詞＋一起＋動詞」の形で使うことが多いです。

Wǒ gēn nǐ yìqǐ chī fàn.
我 跟 你 一起 吃 饭。
私はあなたと一緒にご飯を食べます。

● 〜と（比較して）

「跟」が「一样」を伴い、「〜と…は同じである」という表現でよく使われます。

Wǒ gēn tā yíyàng dà.
我 跟 他 一样 大。
私は彼と同じ年です。

介詞を使った文の否定副詞の位置に注意！

介詞のフレーズ（介詞＋名詞）の後ろが動詞の場合は、否定副詞（「不」や「没」など）は介詞の前に置きます。また、述語が形容詞などのように状態を表すものである場合、否定副詞はその直前に置きます。

否定副詞 ＋ 介詞 ＋ 名詞 ＋ 動詞

Wǒ bù gēn tā yìqǐ qù dòngwùyuán.
我 不 跟 他 一起 去 动物园。
私は彼と一緒に動物園に行きません。

介詞 ＋ 名詞 ＋ 否定副詞 ＋ 状態を表す表現

Tā duì lìshǐ méi yǒu xìngqù.
他 对 历史 没 （有） 兴趣。
彼は歴史に対して興味がありません。

POINT 3　2音節からなる介詞

「〜のために」「〜を除いて」「〜について」という意味を表す2音節の介詞を見ていきましょう。

「为了」：〜のために

「为了」は名詞や動詞（句）の前に置き、動作による恩恵の受け手や文の動詞が表す動作の目的を表します。

为了 ＋ 恩恵の受け手

Dàjiā dōu wèile nǐ bú shuìjiào.
大家 都 为了 你 不 睡觉。
みんなあなたのために寝ません。

为了 ＋ 動作の目的

Wèile jiějué huánjìng wèntí, rénmen xiǎng le hěn duō bànfǎ.
＊为了 解决 环境 问题，人们 想 了 很 多 办法。
環境問題を解決するために、人々は多くの方法を考えました。

＊「为」だけでも介詞として用いられ、原因や目的を表すことができます。

Zhè shì wèi nǐ mǎi de.　　　　　Yéye wèi nǐ dānxīn.
这 是 为 你 买 的。　　　　　爷爷 为 你 担心。
これはあなたのために買ったものです。　　おじいさんはあなたを心配しています。

「除了～（以外）」：～を除いて

「除了＋除外するもの＋（以外）」の「以外」は省略することができます。また「外」だけを残して使うこともできます。それ以外のことについて述べる時には、「还」「再」「也」などと呼応することが多いです。

除了 ＋ 除外するもの ＋ **（以外）**

Wǒ lái Zhōngguó, chúle xuéxí Hànyǔ yǐwài,
我 来 中国，除了 学习 汉语 以外，
hái xīwàng liǎojiě gèng duō de Zhōngguówénhuà.
还 希望 了解 更 多 的 中国文化。

私は中国へ来て、中国語を学ぶほか、また、さらに多くの中国文化を理解したいです。

「关于～」：～について

「关于～」は、「～」の部分に関係する事物や人を置いて、「～について…する」という意味を表します。また「关于～」のフレーズは名詞を修飾して「关于～的＋名詞」という形になります。

关于 ＋ 関係する事物

Guānyú dàxióngmāo, kěyǐ zhīdào shénme?
关于 大熊猫，可以 知道 什么？

ジャイアントパンダについて、何を知ることができますか？

「根据」：～によると

「根据～」で、ある事実のよりどころや根拠・基礎となるものを表します。

根据 ＋ 根拠となる事物

Gēnjù zhège bàozhǐ míngtiān xià yǔ.
根据 这个 报纸 明天 下 雨。

この新聞によると明日は雨が降ります。

「根据这段话（この話によれば）」という問題

読解第3部分からの問題です。この問題文には、理由を表す介詞「根据」と場所を表す介詞「在」を使った「在＋場所＋動詞」の文型（2箇所）が出てきます。HSKでは文を読ませて、それについて介詞「根据」を使って、「この話によれば〜」という質問がしばしば出されます。その例を見ていきましょう。

Xiàbān hòu, zài lùshang yùdào yíge lǎo tóngxué.
下班 后, 在 路上 遇到 一个 老 同学。
Hǎojiǔméijiàn, wǒmen jiù zài gōngsī pángbiān nàge kāfēiguǎn
好久没见,我们 就 在 公司 旁边 那个 咖啡馆
*1 zuòlezuò, *2 yìbiān hē kāfēi yìbiān shuō le xiē guòqù de shìqing,
*1 坐了坐, *2 一边 喝 咖啡 一边 说 了 些 过去 的 事情,
suǒyǐ huílai wǎn le.
所以 回来 晚 了。

Gēnjù zhè duàn huà, kěyǐ zhīdào:
★根据 这 段 话, 可以 知道：
tā huídao jiā le
A 他 回到 家 了
tā zhèngzài hē kāfēi
B 他 正在 喝 咖啡
kāfēiguǎn zài gōngyuán pángbiān
C 咖啡馆 在 公园 旁边

*1 動詞＋了＋動詞：ちょっと〜した。動詞の重ね型で、動作が完了しているとき、動詞の間に「了」を入れることができます。
*2 一边〜一边〜：〜しながら〜する（→UNIT23参照）

tā huídao jiā le
【答え】 A 他 回到 家 了 （彼は家に帰ってきた）

退社後、道で昔のクラスメートに出会いました。
久しぶりで、私たちはすぐに会社の横のそのコーヒー館でちょっと腰掛けて、コーヒーを飲みながら昔のことを話したので、帰ってくるのが遅くなりました。
★この話からわかることは：

● ポイント！

ほかの選択肢は、Bは「彼はちょうどコーヒーを飲んでいる」、Cは「コーヒー館は公園の隣にある」という意味です。

補充単語

○	骑	qí	（自転車などに）乗る
☆	马	mǎ	馬
△	照片	zhàopiàn	写真

☆	站	zhàn	駅・停留所
△	周末	zhōumò	週末
☆	方便	fāngbiàn	便利だ・都合がよい
	决定	juédìng	決める

105

UNIT 8　練習問題

1　次の1～3の中国語と組み合わせて意味が通るものをA～Cの中から選んでそれぞれ日本語に訳しましょう。

> A 他女朋友对人很热情，很多人喜欢她。
> B 我正在上网呢，等一下。
> C *美国。怎么样？不错吧！

1) 你这张骑马的照片在哪儿照的？
2) 他们是大学同学，已经认识好几年了。
3) 我想向你借电脑用用。

1) _____　訳 _____
2) _____　訳 _____
3) _____　訳 _____

＊美国：アメリカ

2　（　　）に入る語をA～Dの中から選び、完成した文を日本語に訳しましょう。

> A 为了　　B 跟　　C 离　　D 在

1) 我家（　　）学校只有两站路，10分钟就到了。
2) 他（　　）你一样，都是工作很努力的人。
3) A：（　　）你一个人，大家等了大半天。
　　B：真对不起，我记错时间了。

1) _____　訳 _____
2) _____　訳 _____
3) _____　訳 A _____
　　　　　　　　B _____

106

3 文を読んで、★の質問に対する答えをA～Cの中から1つ選びましょう。

1) 爬山是对健康很好的运动。现在有越来越多的人周末选择去爬山。爬山的时候除了要准备*1水分，还要准备*2合适的鞋子。

   ★ 爬山的时候要准备：

   A 水分　　B 鞋子　　C 水分和鞋子

2) 小李有很多朋友，大家都很喜欢她。小李经常说，做事要认真，对人要*3友好，这是非常重要的。

   ★ 小李是什么样的人？

   A 对别人不太好　　B 做事很认真　　C 朋友非常少

3) 我家离公司很远，要花2个半小时，每天我都觉得很累。为了方便去上班，我决定搬到离公司近一点儿的地方。

   ★ 他想住什么样的地方？

   A 离公司近一些的地方　　B 离公司远一些的地方
   C 不方便的地方

1) _____ 2) _____ 3) _____

*1 水分：水分
*2 合适（4级）：適切だ・ちょうどいい
*3 友好（4级）：友好的だ

UNIT 8　解　答

1　**会話文の組み合わせ問題**

1) C　Nǐ zhè zhāng qí mǎ de zhàopiàn zài nǎr zhào de?
　　　你 这 张 骑马的 照片 在哪儿照 的？
　　　あなたのこの馬に乗った写真はどこで撮ったのですか？
　　　Měiguó. Zěnmeyàng? búcuò ba!
　　　美国。 怎么样？ 不错 吧！
　　　アメリカです。どうですか？いいでしょう？

2) A　Tāmen shì dàxué tóngxué, yǐjīng rènshi hǎo jǐnián le.
　　　他们 是 大学 同学，已经 认识 好 几年 了。
　　　彼らは大学の同級生です。すでに知り合って何年にもなります。
　　　Tā nǚpéngyou duì rén hěn rèqíng, hěnduō rén xǐhuan tā.
　　　他 女朋友 对人 很 热情, 很多 人 喜欢 她。
　　　彼のガールフレンドはとても親切で、たくさんの人が彼女を好きです。

3) B　Wǒ xiǎng xiàng nǐ jiè diànnǎo yòngyong.
　　　我 想 向 你借 电脑 用用。
　　　私はあなたにコンピューターを借りてちょっと使いたいのですが。
　　　Wǒ zhèngzài shàngwǎng ne, děng yíxià.
　　　我 正在 上网 呢, 等 一下。
　　　私はちょうどインターネットをしています。ちょっと待ってください。

1．「在＋場所＋動詞（～で…する）」という介詞フレーズに注意しましょう。
2．「对＋人・もの＋程度副詞＋形容詞（～に対して…である）」という介詞フレーズに注意しましょう。
3．「向＋人・もの＋動詞（～へ…する）」という介詞フレーズに注意しましょう。「正在～呢（～しているところです）」は進行の構文です（→UNIT20参照）。

2　**空所補充問題**

1) C　Wǒ jiā lí xuéxiào zhǐyǒu liǎng zhàn lù, shí fēnzhōng jiù dào le.
　　　我 家（离）学校 只有 两 站 路，10 分钟 就 到 了。
　　　私の家は学校から2駅分だけで、10分ですぐ着きます。

2) B　Tā gēn nǐ yíyàng, dōu shì gōngzuò hěn nǔlì de rén.
　　　他（跟）你 一样，都 是 工作 很 努力 的 人。
　　　彼はあなたと同じように、仕事に一生懸命取り組む人です。

3) A　A：Wèile nǐ yíge rén, dàjiā děng le dàbàn tiān.
　　　A：（为了）你 一个 人，大家 等 了 大半 天。
　　　あなた1人のために、みんな長い時間待ちました。
　　　B：Zhēn duìbuqǐ, wǒ jìcuò shíjiān le.
　　　B：真 对不起，我 记错 时间 了。
　　　本当にすみません。私は時間を覚え間違えていました。

1．「A＋离＋B＋状態を表す表現」は「AはBから～隔たっている」という介詞の表現です。
2．「A＋跟＋B＋一样」は「AはBと同じである」という意味です。
3．「为了～（～のために）」に注意しましょう。「记错（覚え間違える）」は「動詞＋結果補語」という用法です（→UNIT12参照）。

3 読み取り問題

1) **C**
Páshān shì duì jiànkāng hěn hǎo de yùndòng. Xiànzài yǒu yuèláiyuè duō de rén zhōumò xuǎnzé qù páshān. Páshān de shíhou chúle yào zhǔnbèi shuǐfèn, hái yào zhǔnbèi héshì de xiézi.
爬山 是 对 健康 很 好 的 运动。现在 有 越来越 多 的 人 周末 选择 去 爬山。爬山 的 时候 除了 要 准备 水分，还 要 准备 合适 的 鞋子。
山に登ることは健康にとてもいい運動です。今、週末に山登りを選ぶ人が次第に多くなっています。山登りの時には、水分を用意しなければならないほか、ふさわしい靴を準備しなければなりません。

★ *Páshān de shíhou yào zhǔnbèi:*
爬山 的 时候 要 准备：
山登りの時に用意しなければならないことは：

A 水分 *shuǐfèn* 水分　　**B** 鞋子 *xiézi* 靴　　**C** 水分 和 鞋子 *shuǐfèn hé xiézi* 水分と靴

2) **B**
Xiǎo Lǐ yǒu hěn duō péngyou, dàjiā dōu hěn xīhuan tā. Xiǎo Lǐ jīngcháng shuō, zuò shì yào rènzhēn, duì rén yào yǒuhǎo, zhèshì fēicháng zhòngyào de.
小 李 有 很 多 朋友，大家 都 很 喜欢 她。小 李 经常 说，做 事 要 认真，对 人 要 友好，这是 非常 重要 的。
李さんはたくさんの友達がいて、みんな彼女のことがとても好きです。李さんはいつも言っているのですが、まじめに事に当たり、人に対して友好的にしなければなりません。これはとても重要なことです。

★ *Xiǎo Lǐ shì shénmeyàng de rén?*
小 李 是 什么样 的 人？
李さんはどのような人ですか？

A 对 别人 不 太 好 *duì biérén bú tài hǎo* 他人に対してあまりよくない
B 做 事 很 认真 *zuò shì hěn rènzhēn* まじめに事に当たる
C 朋友 非常 少 *péngyou fēicháng shǎo* 友達がとても少ない

3) **A**
Wǒ jiā lí gōngsī hěn yuǎn, yào huā liǎngge bàn xiǎoshí, měitiān wǒ dōu juéde hěn lèi. Wèile fāngbiàn qù shàngbān, wǒ juédìng bān dào lí gōngsī jìn yìdiǎnr de dìfang.
我 家 离 公司 很 远，要 花 2个 半 小时，每天 我 都 觉得 很 累。为了 方便 去 上班，我 决定 搬 到 离 公司 近 一点儿 的 地方。
私の家は会社からとても遠いです。2時間半もかかります。毎日とても疲れを感じます。出勤に都合がよいように、私は会社から少し近いところに引っ越すことを決めました。

★ *Tā xiǎng zhù shénmeyàng de dìfang?*
他 想 住 什么样 的 地方？
彼はどのようなところに住みたいですか？

A 离 公司 近 一些 的 地方 *lí gōngsī jìn yìxiē de dìfang* 会社から少し近いところ
B 离 公司 远 一些 的 地方 *lí gōngsī yuǎn yìxiē de dìfang* 会社から少し遠いところ
C 不 方便 的 地方 *bù fāngbiàn de dìfang* 便利ではないところ

UNIT 9 いろいろな能願動詞と用法

t3Q-09-U9

Nǐ yuànyì hé wǒ yìqǐ tiàowǔ ma?
你 愿意 和 我 一起 跳舞 吗?

私と一緒に踊りませんか？

中国語には助動詞に当たる能願動詞というものがあります。動詞の前に置いて、「～できる」「～したい」「～しなければならない」「～かもしれない」などの意味を表します。

覚えておきたい基本単語

○	愿意	yuànyì	進んで～する・～したいと思う
△	讲	jiǎng	話す
△	宾馆	bīnguǎn	ホテル
☆	应该	yīnggāi	～すべき・～のはずだ
○	换	huàn	交換する
○	一定	yídìng	きっと・必ず
	考上	kǎoshàng	合格する

☆	方便	fāngbiàn	便利だ・都合がよい
△	月亮	yuèliang	月
△	敢	gǎn	思い切って～する（能願動詞）
△	打算	dǎsuàn	～するつもりだ
△	参加	cānjiā	参加する
	刮风	guāfēng	風が吹く
○	一边	yìbiān	（一边～一边～の形で）～しながら～する

POINT 1 3つの「できる」

日本語では「〜できる」という1語で言い表せることを、中国語では、習得してできる、能力があってできる、許可されてできると3つのニュアンスを使い分けて表現します。

ニュアンスによって使い分ける中国語の「できる」

中国語では「できる」という表現を3つに使い分けます。

● 「(学習・習得した結果)できる」→「会」

会 + 動詞

Zuótiān kèshang jiǎng de nàxiē tí, nǐmen huì zuò le ma?
昨天 课上 讲 的 那些 题, 你们 会 做 了 吗?
昨日授業で話したそれらの問題を、あなたたちはできましたか？

※「会」には、「できる」以外に「〜かもしれない・はずだ」という意味もあります。

● 「(能力があって)できる」→「能」

能 + 動詞

Cídiǎn bú jièchu de, zhǐ néng zài zhèr yòng.
*1词典 不 *2借出 的, 只 能 在 这儿 用。
辞書は貸し出していません、ここで使うことができるだけです。

*1 词典（4級）：辞書
*2 借出：「出」は方向補語（→ UNIT13参照）

※「在这儿」は「用」を修飾していますので、「能」と動詞「用」の間に割り込んで入っています。

● 「(ある条件のもとで許されて)できる(＝〜てもいい)」→「可以」

可以 + 動詞

Nín kěyǐ xuǎnzé huǒchēzhàn fùjìn de bīnguǎn.
您 可以 选择 火车站 附近 的 宾馆。
あなたは駅近くのホテルを選べます(選んでいただけます)。

能力と許可の意味の「できる」は、「能」「可以」のどちらも使われています。

「〜できない」という不可能の意味を表すときには、「会」(学習した結果)は「不会」、「能」「可以」(能力があって)は「不能」で言い表します。

Wǒ búhuì yóuyǒng.　　　　Wǒ bùnéng hē jiǔ.
我 不会 游泳。 私は泳げません。 我 不能 喝 酒。 私はお酒が飲めません。

111

POINT 2 義務や推測の能願動詞

ここでは、「〜しなければならない」「〜するはずだ」「〜だろう」という意味の能願動詞の用法とあわせ、注意が必要な否定文の作り方を確認しましょう。

義務や推測の能願動詞の否定文に注意

中国語の否定表現は、述語に当たる語の前に否定副詞を置けばいいのですが、能願動詞を否定形にするとき、能願動詞自体を変えなければならないものがあります。特に「〜しなければならない」や「〜するはずだ」という意味の能願動詞の否定形は注意が必要です。表にまとめたので確認しましょう。

		肯定		否定	
義務		yīnggāi *应该	〜すべきだ	bù yīnggāi 不应该	〜してはならない 〜すべきではない
		yào 要	〜しなければならない	bú yòng 不用	〜しなくてもいい 〜する必要がない
推測・可能性		huì yào 会・要	〜するはずだ 〜だろう	bú huì 不会	〜ないだろう 〜するはずはない
		kěnéng 可能	〜かもしれない・ 〜する可能性がある	bù kěnéng 不可能	〜する可能性はない

＊「应该」には「〜するはずだ」という意味もあります。

112

「应该」「要」:「~すべきだ」「~しなければならない」とその否定

应该/要 + 動詞/形容詞

Wǒmen yīnggāi huàn yíge xīn de bīngxiāng.
我们 应该 换 一个 新 的 冰箱。
私たちは新しい冷蔵庫に換えるべきです。

● 「~すべきだ」の否定「~すべきではない」「~しなくてもいい」
表で確認したとおり、「~すべきだ」という意味の能願動詞「应该」「要」は、否定文を作るときには注意が必要です。

不应该 + 動詞/形容詞

Zài Zhōngguó nǐ bù yīnggāi sòng ge zhōng.
在 中国 你 不 应该 送 个 *钟。
中国では時計を贈るべきではありません。

*钟:置き時計

不用 + 動詞/形容詞

Nǐ yídìng néng kǎoshàng dàxué, bú yòng dānxīn.
你 一定 能 考上 大学, 不 用 担心。
あなたは大学に必ず合格できるから、心配する必要はありません。

「会」「要」「可能」「应该」:~するはずだ・~だろう・~かもしれない

会 + 動詞

Nín zhù nàr huì gèng fāngbiàn.
您 住 那儿 会 更 方便。
あなたはそこに泊まればもっと便利でしょう。

要 + 動詞

Nǐ zhème shuō, tā yào bù gāoxìng de.
你 这么 说, 他 要 不 高兴 的。
君がそんなふうに言ったら、彼は不機嫌になるでしょう。

可能 + 動詞

Wǒ kěnéng zài nàr kāihuì.
我 可能 在 那儿 开会。
私はおそらくそこで会議をするでしょう。

※ 「可能」は「可能+動詞」の形もとれますが、意味を明確にするために「可能会」のように、後ろに能願動詞をさらに付け加えて表現することもしばしばあります。
Tiān yīn le, kěnéng huì xiàyǔ.
天阴 了, 可能 会 下雨。　曇ってきたので、おそらく雨が降るでしょう。

应该 + 動詞

Hǎo duō le, xià ge xīngqī yīnggāi kěyǐ chūyuàn le.
好 多 了, 下 个 星期 应该 可以 出院 了。
ずっとよくなりましたので、来週退院することができるはずです。

● 否定の「～するはずはない」
表で確認したとおり、「～するはずだ」という意味の能願動詞「会」「要」「可能」も、「不」をつければその意味の否定になるわけではないので、否定文を作るときには注意が必要です。「要」については発展で詳しく学びます。

不会 + 動詞

Jīntiān de yuèliang hěn piàoliang, míngtiān búhuì xià xuě.
今天 的 月亮 很 漂亮, 明天 不会 下 雪。
今日の月はきれいだから、明日はおそらく雪は降らないでしょう。

不可能 + 動詞

Tā bùkěnéng zhīdào Rìběnrén yòng kuàizi chīfàn.
他 不可能 知道 日本人 用 筷子 吃饭。
彼は、日本人が箸を使ってご飯を食べることを知っているはずがない。

POINT 3 願望の能願動詞

願望を表す能願動詞も、様々なニュアンスをもつものがあります。ここでは3級で新しく出てくる「敢」「愿意」「打算」の意味と使い方を学びましょう。また、能願動詞の正反疑問文の作り方についても学びましょう。

「敢」：勇気をもって～する

「敢」は「勇気をもって～する」という意欲を表す能願動詞です。

敢 + 動詞

Tā gǎn yòng lěngshuǐ xǐzǎo.
她 敢 用 冷水 洗澡。
彼女はあえて冷水で入浴します。

「愿意」：すすんで～する

「愿意」は「同意する」という意味の動詞ですが、後ろに動詞や動詞句を置いて、願望を表す能願動詞のような働きをすることもできます。意味は「想」よりも強い願望を表し、「すすんで～する」という積極的な意味になります。

愿意 + 動詞

Wǒ yuànyì zuò fàn.
我 愿意 做 饭。
私はご飯を作りたいです。

「打算」：～するつもりだ

「打算」はもともと「計画する」という意味の動詞ですが、後ろに動詞や動詞句を置いて、願望を表す能願動詞の働きをすることもできます。意味は「～するつもりだ」という予定、心づもりを表します。

打算 + 動詞

Nǚ de dǎsuàn zěnme qù huǒchēzhàn?
女 的 打算 怎么 去 火车站?
女の人はどうやって駅へ行くつもりですか？

能願動詞の疑問文

能願動詞がある文も文末に「吗」を置くと疑問文を作れます。正反疑問文は、動詞部分ではなく能願動詞の部分を「肯定形＋否定形」にして作ります。

你 愿意 参加 比赛 吗？
Nǐ yuànyì cānjiā bǐsài ma?
あなたは試合に出ることに同意しますか（出たいですか）？

能願動詞 ＋ 否定副詞 ＋ 能願動詞 ＋ 動詞

你 愿意 不 愿意 参加 比赛？
Nǐ yuànyì bu yuànyì cānjiā bǐsài?
あなたは試合に出ることに同意しますか（出たいですか）？

発展　多義語の能願動詞「要」

能願動詞の「要」は文脈により様々な意味をもつ多義語で、①「〜したい＝想」（願望）、②「〜しなければならない＝応該」、③「〜のはずだ＝会」という意味があります。

● 意味は文脈で判断

能願動詞「要」がどの意味で使われているかは前後の文脈で判断しなければなりません。「要」が出てきたら、どの意味で使われているのかを正確に判断して訳すようにしましょう。

要／想 ＋ 動詞

① 我 要 买 这条 裤子, 不 想 买 那条 裤子。
Wǒ yào mǎi zhètiáo kùzi, bù xiǎng mǎi nàtiáo kùzi.
私はこのズボンが買いたいのであって、あのズボンは買いたくありません。

要／应该 ＋ 動詞

② 每天 都 要 洗 碗 和 盘子, 累不累？
Měitiān dōu yào xǐ wǎn hé pánzi, lèibulèi?
毎日お碗とお皿を洗わなければならないのは、疲れますか？

要／会 ＋ 動詞

③ 明天 要 刮 大风 吧。
Míngtiān yào guā dàfēng ba.
明日は大風が吹くでしょう。

● 「要」の否定
　能願動詞の否定は、否定副詞を前に置くだけではなく、場合によっては能願動詞も変えるということをこのUNITで学びました。それは、「要」のように多義語である能願動詞の否定形に、ただ否定副詞を前につけただけでは、いったいどの意味であるのかが判別できなくなるからです。「要」の否定の意味を表す時は、以下のようになりますので、1つ1つ覚えるようにしましょう。

①要（＝想）→不想　　〜したくない
②要（＝应该）→不用　〜しなくてもよい
③要（＝会）→不会　　〜するはずがない

「不要」は「〜してはいけない」という禁止の意味しかもっていません。

不要 一边 吃 一边 说话。
Búyào yìbiān chī yìbiān shuōhuà.
食べながら話をしてはいけません。

補充単語

| 疼 | téng | 痛い（「头疼」で「頭が痛い」） |
| 刷牙 | shuāyá | 歯を磨く（「牙」は「歯」） |

UNIT 9　練習問題

1　次の1～3の中国語と組み合わせて意味が通るものをA～Cの中から選んでそれぞれ日本語に訳しましょう。

> A 这么短的裙子，能穿吗?
> B 最近每天看电脑，觉得眼睛特别累。
> C 还没想好，有点儿头疼。

1) 现在*1流行，很多人穿呢。
2) 你可以*2试试这个，用着很舒服。
3) 这个问题你打算怎么解决?

1) _____　訳 _____
2) _____　訳 _____
3) _____　訳 _____

　＊1　流行（4級）：流行する
　＊2　试（4級）：試みる・試しに行う

2　（　　）に入る語をA～Cの中から選び、完成した文を日本語に訳しましょう。

> A 愿意　　B 应该　　C 会

1) 爸爸吃这个不（　　）胖。
2) 你（　　）和我一起去吗?
3) A：笑笑，你（　　）写完作业再玩游戏。
   B：对不起，我现在就去写作业。

1) _____　訳 _____
2) _____　訳 _____
3) _____　訳 A _____
　　　　　　　B _____

3 文を読んで、★の質問に対する答えをA～Cの中から１つ選びましょう。

1) 小明，要想让妈妈同意你去学踢球，只有一个可能的办法，就是下次考试[*1]取得好的成绩，别让妈妈担心你的学习。

   ★ 小明妈妈现在：

   A 不让小明学踢球　　B 希望小明学踢球　　C 同意小明学踢球

2) 李老师去年身体不太好，一直在家休息。经过每天锻炼身体，她的身体一天一天健康起来，已经可以来学校教课了。

   ★ 李老师现在：

   A 在家休息　　B 能上班　　C 身体比去年不好

3) 我儿子小的时候非常喜欢吃糖，但不愿意刷牙，所以他经常牙疼。现在他终于[*2]养成了天天刷牙的习惯。

   ★ 他儿子小的时候：

   A 不会刷牙　　B 天天刷牙　　C 不喜欢刷牙

1) ＿＿＿＿　　2) ＿＿＿＿　　3) ＿＿＿＿

*1　取得：得る・取得する
*2　养成（4級）：身につける

UNIT 9　解答

1　会話文の組み合わせ問題

1) A　这么 短 的裙子, 能 穿 吗?
Zhème duǎn de qúnzi, néng chuān ma?
こんな短いスカート、はくことができますか？

　　　现在 流行,很 多 人 穿 呢。
Xiànzài liúxíng, hěn duō rén chuān ne.
今流行していて、たくさんの人がはいています。

2) B　最近 每天 看 电脑, 觉得 眼睛 特别 累。
Zuìjìn měitiān kàn diànnǎo, juéde yǎnjing tèbié lèi.
最近毎日コンピューターを見ていて、目がとても疲れるように感じます。

　　　你 可以 试试 这个, 用着 很 舒服。
Nǐ kěyǐ shìshi zhège, yòngzhe hěn shūfu.
これをちょっと試してみてもいいですよ。使うと気分がいいです。

3) C　这个 问题 你 打算 怎么 解决?
Zhège wèntí nǐ dǎsuàn zěnme jiějué?
この問題をあなたはどうやって解決するつもりですか？

　　　还没 想 好,有点儿 头疼。
Háiméi xiǎng hǎo, yǒudiǎnr tóuténg.
まだしっかり考えていません。少し頭が痛いです。

1．「能」は「(能力があって)～できる」という能願動詞です。
2．「動詞＋着＋程度副詞＋形容詞」で「～してみると…である」(→UNIT20参照)。「可以」は許可の意味です。
3．「打算」は「～するつもりである」という意味です。「想好」は「動詞＋結果補語」で「しっかり考える」という意味です(→UNIT12参照)。「有点儿＋形容詞」は「少し～」という意味で、話者にとってよくない主観的感情を表現するときに使います。

2　空所補充問題

1) C　爸爸 吃 这个 不(会)胖。
Bàba chī zhège bú huì pàng.
お父さんはこれを食べても太りません。

2) A　你(愿意)和 我 一起 去 吗?
Nǐ yuànyi hé wǒ yìqǐ qù ma?
あなたは私と一緒に行きますか？

3) B　A：笑笑, 你(应该) 写完 作业 再 玩 游戏。
Xiàoxiao, nǐ yīnggāi xiěwán zuòyè zài wán yóuxì.
笑笑、あなたは宿題をしてからゲームをするべきです。

　　　B：对不起, 我 现在 就 去 写 作业。
Duìbuqǐ, wǒ xiànzài jiù qù xiě zuòyè.
すみません。私は今すぐ宿題をやりに行きます。

1．否定文で可能性がないことを表すのはこの中では「会」です。
2．「愿意」は「すすんで～する」という意味です。ここでは相手の意思を尋ねています。
3．「应该」は「～すべき」という意味です。

3 読み取り問題

1) **A**
Xiāo Míng, yào xiǎng ràng māma tóngyì nǐ qù xué tī qiú, zhǐyǒu yíge kěnéng de bànfǎ, jiùshì xiàcì kǎoshì qǔdé hǎo de chéngjì, bié ràng māma dānxīn nǐ de xuéxí.
小明，要想让妈妈同意你去学踢球，只有一个可能的办法，就是下次考试取得好的成绩，别让妈妈担心你的学习。

小明、お母さんにあなたがサッカーを習いに行くのを同意させたいなら、たった1つ可能性がある方法があります。すなわち次回のテストでいい成績を取り、お母さんにあなたの勉強の心配をさせないことです。

★ Xiāo Míng māma xiànzài:
小明 妈妈 现在：
小明のお母さんは今：

A bú ràng Xiāo Míng xué tīqiú
不让 小明 学 踢球
小明にサッカーを習いに行かせない

B xīwàng Xiāo Míng xué tīqiú
希望 小明 学 踢球
小明がサッカーを習うのを望んでいる

C tóngyì Xiāo Míng xué tīqiú
同意 小明 学 踢球
小明がサッカーを習うのに同意している

2) **B**
Lǐ lǎoshī qùnián shēntǐ bú tài hǎo, yìzhí zài jiā xiūxi. Jīngguò měitiān duànliàn shēntǐ, tā de shēntǐ yìtiān yìtiān jiànkāng qǐlai, yǐjīng kěyǐ lái xuéxiào jiāo kè le.
李老师去年身体不太好，一直在家休息。经过每天锻炼身体，她的身体一天一天健康起来，已经可以来学校教课了。

李先生は去年体があまりよくなく、ずっと家で休んでいました。毎日体を鍛えることを通じて、彼女の体は日一日と健康になってきて、すでに学校に来て授業ができるようになりました。

★ Lǐ lǎoshī xiànzài:
李 老师 现在：
李先生は今：

A zài jiā xiūxi
在 家 休息
家で休んでいる

B néng shàngbān
能 上班
出勤できる

C shēntǐ bǐ qùnián bùhǎo
身体 比 去年 不好
体が去年よりあまりよくない

3) **C**
Wǒ érzi xiǎo de shíhou fēicháng xǐhuan chī táng, dàn bú yuànyi shuāyá, suǒyǐ tā jīngcháng yá téng. Xiànzài tā zhōngyú yǎngchéng le tiāntian shuāyá de xíguàn.
我儿子小的时候非常喜欢吃糖，但不愿意刷牙，所以他经常牙疼。现在他终于养成了天天刷牙的习惯。

私の息子は小さい頃、とてもあめを食べるのが好きでしたが、歯磨きをしたがらず、そのため彼はいつも歯が痛かったです。今彼はついに毎日歯磨きをする習慣を身につけました。

★ Tā érzi xiǎo de shíhou:
他 儿子 小 的 时候：
彼の息子は小さかった時：

A búhuì shuāyá
不会 刷牙
歯磨きができなかった

B tiāntian shuāyá
天天 刷牙
毎日歯を磨いた

C bù xǐhuan shuāyá
不 喜欢 刷牙
歯磨きが嫌いだった

1．「让」は使役の動詞です（→ UNIT16参照）。

UNIT 10 定語と状語

t3Q-10-U10

Dìdi gāoxìng de xiào le.
弟弟 高兴 地 笑 了。

弟はうれしそうに笑いました。

例文では「高兴（うれしそうに）」が「笑（笑う）」という動詞を修飾しています。このUNITでは名詞を修飾する表現、動詞・形容詞を修飾する表現を学びます。また、修飾語に似た用法で、後ろから述語の様子を説明する様態補語についても触れます。これらの表現には発音が同じ「de」という3つの語（「的」「地」「得」）を使います。

覚えておきたい基本単語

☆	地	de	（連用修飾語を作る語）
△	冬	dōng	冬（「冬天」としても）
△	奇怪	qíguài	おかしい
△	衬衫	chènshān	シャツ
	面包	miànbāo	パン
○	声音	shēngyīn	声・音

	照顾	zhàogù	世話をする
	河	hé	川
	树	shù	樹木
☆	班	bān	クラス
○	简单	jiǎndān	簡単だ
△	清楚	qīngchu	はっきりしている
	安静	ānjìng	静かだ
	可爱	kě'ài	かわいい

POINT 1 名詞を修飾する「的」

名詞を修飾する語のことを日本語では「連体修飾語」といいますが、中国語では「定語」といいます。ここでは「的」を使った定語について学びましょう。

「的」の使い方の基本

「A 的 B」の形で「AのB」という意味を表し、Aには名詞のほかにも動詞・形容詞・文がくることがあります。まずは基本的な形である「名詞＋的＋名詞」の用法を確認しましょう。

名詞 ＋ 名詞

Jīnnián dōngtiān de tiānqì hěn qíguài.
今年 冬天 的 天气 很 奇怪。
今年の冬の天気はとてもおかしいです。

「人称代名詞＋的＋名詞」で、名詞が人称代名詞の人の親族関係者・所属機関などのときは「的」を省略します。
wǒmāma　　　　　tāgōngsī
我妈妈　私の母　她公司　彼女の会社

「的」の前には動詞・形容詞・文も置ける！

日本語を習いたての中国の方が、「美しいの人」や「うれしいのこと」などと話しているのをしばしば耳にします。この「の」を入れてしまう感覚こそが、中国語の定語の語感です。名詞を修飾する形容詞や動詞、または文の後ろにも「の」に当たる「的」を入れる感覚で、中国語の定語の表現をマスターしましょう。

● 「的」の前に動詞・形容詞がくる場合

日本語や英語では、動詞や形容詞が名詞を修飾するとき、「走る人」「美しい絵」というように、動詞や形容詞を名詞の前に直接置くことができます。しかし中国語の場合は、修飾語が動詞でも形容詞でも「的」を修飾語と名詞の間に置かなければなりません。

動詞／形容詞 ＋ 的 ＋ 名詞

Zuótiān lái de rén shì shéi?
昨天 来 的 人 是 谁？
昨日来た人は誰ですか？

「形容詞＋的＋名詞」の形のとき、語の組み合わせによっては習慣的に「的」が省略されることがあります。これらは一部の語ですので、出てくるたびに確認しましょう。
xīnyīfu　　　　　　lǎopéngyou　　　　　　báichènshān
新衣服　新しい服　老朋友　幼なじみ　白衬衫　白いシャツ

123

動詞句や形容詞句も、「的」を使って名詞を修飾できます。
mài miànbāo de shāngdiàn
卖 面包 的 商店　パンを売っている店　　quán shìjiè zuì piàoliang de rén
全 世界 最 漂亮 的 人　世界一美しい人

● 「的」の前に文がくる場合
中国語では、「主語＋述語」のような文の形も修飾語になることがあります。そのときも必ず名詞の前に「的」を置かなければなりません。

[主語＋述語] ＋ 的 ＋ [名詞]
Tā shuōhuà de shēngyīn duō hǎotīng a!
她 说话 的 声音 多 好听 啊！
彼女が話す声は何といい声なのでしょう！

[主語 ＋ 述語] ＋ 的 ＋ [名詞]
Tā zài wǒ shēngbìng de shíhou zhàogù guo wǒ.
他 在 我 生病 的 时候 照顾 过 我。
彼は私が病気になった時、面倒をみてくれたことがありました。

● 形容詞の重ね型が定語になる場合
形容詞の重ね型（→発展参照）は後ろに「的」をつけて、名詞を修飾することができます。

Tāmen jiā pángbiān yǒu yìtiáo hé, hébiān yǒu
他们 家 旁边 有 一条 河，河边 有
[形容詞の重ね型] ＋ 的 ＋ [名詞]
gāogāo de shù.
高高 的 树。
彼らの家のそばには川があり、川辺には高々と立つ木があります。

POINT 2　動詞・形容詞を修飾する「地」と形容詞の重ね型

形容詞や動詞を修飾する語のことを日本語では「連用修飾語」といいますが、中国語では「状語」といいます。ここでは「地」を使った状語と、状語になる形容詞の重ね型について学びましょう。

「地」の前に状語を置く

● 「地」が必要ない状語

「状語」すなわち述語になる動詞や形容詞を修飾するものには、副詞（→UNIT5、6、7参照）、能願動詞（→UNIT9参照）、1音節の形容詞、時間詞（「今天」「一点」「星期三」など）、介詞フレーズ（→UNIT8参照）などがありました。これらは、直接述語につなげることができます。

副詞
　我们 班 的 同学 都 去。
　Wǒmen bān de tóngxué dōu qù.
　私たちのクラスのクラスメートはみんな行きます。

1音節の形容詞
　快 走。
　Kuài zǒu.
　早く行きます。

時間詞
　你 三点 来。
　Nǐ sāndiǎn lái.
　あなたは3時に来ます（来てください）。

介詞フレーズ
　我 在家 看 电视。
　Wǒ zài jiā kàn diànshì.
　私は家でテレビを見ます。

● 「地」が必要な状語

「2音節の形容詞」や「形容詞の重ね型」が動詞・形容詞を修飾するときなどは、形容詞の後ろにふつう「地」を置きます。「地」は動詞・形容詞を前から修飾します。

2音節の形容詞
一般的には「地」をつけます。

　2音節の形容詞 ＋ 地 ＋ 動詞・形容詞

　我 简单 地 *说明 一下。
　Wǒ jiǎndān de shuōmíng yíxià.
　私は少し簡単に説明をします。
　*说明（4級）：説明する

しかし、慣用的につけない表現もあります。

[2音節の形容詞] + [動詞・形容詞]

Wǒ　　wánquán　　　tóngyì　　nǐ.
我 *完全　　同意　你。
私は完全にあなたに同意します。

＊完全 (4級)：完全だ

形容詞の前に程度の副詞がある場合
このときには、ふつう「地」を置きます。

[程度副詞] + [形容詞] + 地 + [動詞・形容詞]

Tā　　hěn　　rènzhēn　　de　　　xué　　Hànyǔ.
她　很　认真　地　　学　汉语。
彼女はとてもまじめに中国語を勉強します。

形容詞の重ね型
形容詞の重ね型（→発展参照）が状語になるときにもふつう「地」をつけますが、慣用的につけないこともあります。

[形容詞の重ね型] +（地）+ [動詞・形容詞]

Nǚ'ér　　mànmàn　　　de　　jiù　　shuìzháo　le.
女儿　慢慢　（地）就　睡着　了。
娘はゆっくりゆっくりと寝つきました。

状語を作る「地」と似た意味を表すものに、様態補語を作る「得」があります（→UNIT11参照）。
状語は、どのようにその行為が行われるかという、具体的なやり方を説明することに重点が置かれているのに対し、様態補語は、すでに完了したことや習慣的な行為を言うときに使います。

Nǐ　mànmàn　de　shuō　ba.
你 慢慢 地 说 吧。　ゆっくりと話してください。

Nǐ　shuō　de　hěn　màn.
你 说 得 很 慢。　あなたは話すのが遅いです。

| 発　　展 | 形容詞の重ね型（状態形容詞） |

形容詞には、その形状や様子などを客観的に伝える「性質形容詞」と、状態を生き生きと伝える「状態形容詞」があります。形容詞が状語になるとき、その状態が生き生きとしている様を強調するために、状態形容詞を使うことが多いです。また、性質形容詞を重ねると、状態形容詞を作ることができます。

pàng 胖	太っている	→	pàngpàng 胖胖	まるまる太っている
màn 慢	ゆっくりしている	→	mànmàn 慢慢	ゆっくりゆっくりと
qīngchu 清楚	はっきりしている	→	qīngqīngchǔchǔ 清清楚楚	とてもはっきりとした
gāoxìng 高兴	うれしい	→	gāogāoxìngxìng 高高兴兴	とてもうれしそうな

● 状態形容詞の特徴

状態形容詞が定語になる場合や状語になる場合について、それぞれPOINT1、2でふれましたが、そのほかに、状態形容詞の基本的な特徴があるので見てみましょう。

① 「不」や「很」を前に置けない

状態形容詞は、その状態を説明するものなので、否定形もありません。また、それ自体が具体的な内容を表しているので、程度副詞をつけてさらに説明する必要もありません。

× 我家 不 安安静静。　　× 我家 很 安安静静。

② 状態形容詞が述語になる場合

状態形容詞を述語にする場合、直後に「的」を置きます。

　　　主語　＋　状態形容詞　＋ 的

Zhège xiǎoháir pàngpàng de, zhēn kě'ài.
这个 小孩儿 胖胖 的，真 可爱。
この子供はまるまると太っていて、本当にかわいいです。

補充単語

○	公园	gōngyuán	公園
	绿	lǜ	緑
	突然	tūrán	突然だ・意外だ
○	年轻	niánqīng	（年齢が）若い

127

UNIT 10　練習問題

1

次の1～3の中国語と組み合わせて意味が通るものをA～Cの中から選んでそれぞれ日本語に訳しましょう。

> A 请再唱一次。
> B 请慢慢地说。
> C 她是王经理的小女儿。

1) 真是一个漂亮的女孩！
2) 你的声音多好听啊！
3) 你说什么，我没听清楚。

1) _____　訳 _____
2) _____　訳 _____
3) _____　訳 _____

2

(　　)に入る語をA～Cの中から選び、完成した文を日本語に訳しましょう。

> A 的　　B 得　　C 地

1) A：想喝什么果汁？
   B：来一杯葡萄（　　）。
2) 孩子们在公园里高高兴兴（　　）玩儿呢。
3) 他来（　　）很晚。

1) _____　訳 A _____
                  B _____
2) _____　訳 _____
3) _____　訳 _____

3 文を読んで、★の質問に対する答えをA～Cの中から1つ選びましょう。

1) 看见了吗？前面穿绿衣服的那个年轻女孩子，就是和小王准备结婚的人。她和小王都是上海人，*¹年龄也*²差不多。

   ★ 他们说的人是：

   A 小王　　B 小王的妻子　　C 小王的女朋友

2) 最近身体总是不太舒服。有时会突然地*³肚子疼，有时会觉得头疼。妈妈说我应该马上去医院看看，*⁴可我想等学校的考试结束后再去*⁵看病。

   ★ 说话人什么时候去看病？

   A 马上　　B 和妈妈说完后　　C 考试完后

3) 已经有三年没回*⁶老家了。这次春节我和丈夫一起回老家，看到*⁷熟悉的街道都有了很大的变化，不过朋友们都没变，使我非常地高兴。

   ★ 说话人：

   A 对老家的变化很高兴　　B 和丈夫一起回老家很高兴
   C 看到朋友很高兴

1) _____　　2) _____　　3) _____

*1　年龄(4级)：年
*2　差不多(4级)：大差がない・だいたい同じ
*3　肚子(4级)：お腹
*4　可(4级)：しかし（「可是」でよく使われる）
*5　看病：診察を受ける
*6　老家：故郷
*7　熟悉(4级)：よく知っている

UNIT 10　解 答

1　会話文の組み合わせ問題

1) C　Zhēn shì yíge piàoliang de nǚhái!
　　　真 是 一个 漂亮 的 女孩！
　　　本当にきれいな女の子ですね！

　　　Tā shì Wáng jīnglǐ de xiǎo nǚ'ér.
　　　她是 王 经理 的 小 女儿。
　　　彼女は王社長の娘さんです。

2) A　Nǐ de shēngyīn duō hǎo tīng a!
　　　你的 声音 多 好 听 啊！
　　　あなたの声は何といい声なのでしょう！

　　　Qǐng zài chàng yícì.
　　　请 再 唱 一次。
　　　もう一度歌って下さい。

3) B　Nǐ shuō shénme, wǒ méi tīng qīngchu.
　　　你 说 什么，我 没 听 清楚。
　　　あなたは何を言いましたか。私ははっきり聞こえませんでした。

　　　Qǐng mànmàn de shuō.
　　　请 慢慢 地 说。
　　　ゆっくり話してください。

3つの「de」の使い方に注意しましょう。
1．「名詞／動詞／形容詞＋的＋名詞」という定語の「的」です。
2．「動詞＋得＋様態補語」という様態補語の「得」です。
3．「形容詞＋地＋動詞」という状語の「地」です。「听清楚」は「動詞＋結果補語」(→UNIT12参照)で「はっきりと聞く」という意味です。

2　空所補充問題

1) A　Xiǎng hē shénme guǒzhī?
　　A：想 喝 什么 果汁？
　　　何ジュースが飲みたいですか？

　　　Lái yìbēi pútao de.
　　B：来 一杯 葡萄（的）。
　　　ブドウのを1杯ください。

2) C　Háizimen zài gōngyuán lǐ gāogāoxìngxìng de wánr ne.
　　　孩子们 在 公园 里 高高兴兴 （地）玩儿 呢。
　　　子供たちは公園でうれしそうに遊んでいます。

3) B　Tā lái de hěn wǎn.
　　　他 来 （得）很 晚。
　　　彼は来るのが遅い。

2．「高兴」の重ね型です。形容詞の重ね型は「ＡＡＢＢ」の形で繰り返し、状態を表す形容詞になります。

3　読み取り問題

1) C　Kànjiàn le ma? Qiánmiàn chuān lǜ yīfu de nàge niánqīng nǚháizǐ, jiùshì
　　　看见 了 吗？ 前面 穿 绿 衣服 的 那个 年轻 女孩子，就是
　　　hé XiǎoWáng zhǔnbèi jiéhūn de rén. Tā hé XiǎoWáng dōu shì Shànghǎirén,
　　　和 小王 准备 结婚 的 人。她 和 小王 都 是 上海人，
　　　niánlíng yě chàbuduō.
　　　年龄 也 差不多。
　　　見ましたか？前の緑の服を着ているあの若い女の子は王さんと結婚する予定の人です。彼女と王さんはともに上海出身で、年齢もだいたい同じです。

　　　　　Tāmen shuō de rén shì:
★ 他们　说　的 人 是：
　　彼らが話題にしている人は：
　　XiǎoWáng　　　　　Xiǎo Wáng de qīzi
A 小王　　　　　 B 小　王　的　妻子
　　王さん　　　　　　　　王さんの奥さん
　　XiǎoWáng de nǚpéngyou
C 小王　　的　女朋友
　　王さんのガールフレンド

2) C　Zuìjìn shēntǐ zōngshì bútài shūfu. Yǒu shí huì tūrán de dùzi téng, yǒu
　　　最近　身体　总是　不太　舒服。有　时 会　突然　地 肚子　疼，有
　　　shí huì juéde tóuténg. Māma shuō wǒ yīnggāi mǎshàng qù yīyuàn kànkan,
　　　时 会　觉得　头疼。妈妈　说　我　应该　马上　去　医院　看看，
　　　kě wǒ xiǎng děng xuéxiào de kǎoshì jiéshù hòu zài qù kànbìng.
　　　可 我　想　等　学校　的　考试　结束　后 再 去　看病。
　　　最近体がいつもあまり調子よくありません。ある時は突然お腹が痛くなり、ある時は頭痛を感じたり
　　　します。母はすぐ病院へ行ってちょっとみてもらってくるべきだと言いますが、私は学校の試験
　　　が終わってから病院へ行きたいです。

　　　　　Shuōhuà rén shénme shíhòu qù kànbìng?
★ 说话　人　什么　时候　去　看病？
　　話している人はいつ病院へ行きますか？
　　mǎshàng　　　　　hé māma shuōwán hòu　　　　kǎoshì wán hòu
A 马上　　　　　 B 和 妈妈　说完　后　　　 C 考试　完 后
　　すぐに　　　　　　　お母さんと話したあと　　　　　テストが終わってから

3) C　Yǐjīng yǒu sānnián méi huí lǎojiā le. Zhècì chūnjié wǒ hé zhàngfu yìqǐ
　　　已经　有　三年　没　回　老家 了。这次　春节　我 和　丈夫　一起
　　　huí lǎojiā, kàndào shúxī de jiēdào dōu yǒu le hěn dà de biànhuà, búguò
　　　回 老家，看到　熟悉　的 街道　都　有 了 很 大 的　变化，不过
　　　péngyoumen dōu méibiàn, shǐ wǒ fēicháng de gāoxìng.
　　　朋友们　　都　没变，使 我　非常　地 高兴。
　　　もう３年も実家に帰っていません。今回の春節に私と夫は一緒に実家へ帰り、よく知っている通りが
　　　皆大きな変化がありましたが、友達は変わりなく、私を十分に喜ばせました。

　　　　　Shuōhuà rén:
★ 说话　人：
　　話している人：
　　duì lǎojiā de biànhuà hěn gāoxìng
A 对 老家 的　变化　很　高兴
　　実家の変化に感動した
　　hé zhàngfu yìqǐ huí lǎojiā hěn gāoxìng
B 和　丈夫　一起 回 老家 很　高兴
　　夫と一緒に実家に帰り感動した
　　kàndào péngyou hěn gāoxìng
C 看到　朋友　很　高兴
　　友達に会って感動した

1. 「差不多」は「差が大きくない」、つまり「だいたい同じ」という言い方で、口語でしばしば使う表現です。
2. 「看病」は日本語と違い、自分が診察を受けに行く意味、医者が診察する意味で使います。

131

Part 2～4　実践問題　t3Q-11-P2-4

一、听　力

1　音声を聞いて、その内容に合う写真を選び記号で答えましょう。

第1-5题

A 　　　　　　　　B 　　　　　　　　C

D 　　　　　　　　E

1) _____　2) _____　3) _____　4) _____　5) _____

2　音声を聞いて、★の文が内容と合致する場合は「✓」、合致しない場合は「×」で答えましょう。

1) ★ 他经常早饭吃鸡蛋。　　　　　_____

2) ★ 他身体不好。　　　　　　　　_____

3) ★ 他可能是学生。　　　　　　　_____

4) ★ 小赵喜欢帮助人。　　　　　　_____

5) ★ 妈妈晚上在家做饭。　　　　　_____

3

会話を聞いて、質問に対する答えをA～Cの中から1つ選びましょう。

1) A 不认为男人的决定是个好的决定
   B 担心这个男人的事情　　C 同意男的决定
2) A 对小王有*1好感　B 和小王结婚　　C 准备和别人结婚
3) A 发烧了　　　　B 玩得很热　　　C 生病了
4) A 敢冬天游泳　　B 没有在冬天去过游泳　C 不会游泳
5) A 吃北京的面条　B 吃*2北京烤鸭　　C 去北京

*1 好感：好意
*2 北京烤鸭：北京ダック

4

会話を聞いて、質問に対する答えをA～Cの中から1つ選びましょう。

1) A 打电话　　　B 锻炼身体　　C 买东西
2) A 去图书馆　　B 给女的介绍书　C 让女的给介绍书
3) A 学习　　　　B 吃饭　　　　C 做饭
4) A 看房子　　　B 买东西　　　C 做运动
5) A 打扫房间　　B 做饭　　　　C 看比赛

Part 2～4　実践問題

二、阅 读

1 次の1～5の中国語と組み合わせて意味が通るものをA～Eの中から選びましょう。

第1-5题

> A 别担心，今天不忙，我早点儿回来。
> B 他已经离开北京回国了。是2年前的时候的事了。
> C 不好意思，我起晚了。
> D 我也是，心里一直不舒服。
> E 是那个奶奶吗？住我楼上的 *1邻居。

1) 晚上可能会下大雪。　　　　　　　　　　　_____

2) 我们几乎等了你一个小时。　　　　　　　　_____

3) 刚才跟你说话的人是谁啊？　　　　　　　　_____

4) 你知道他现在怎么样了吗？　　　　　　　　_____

5) 为这件事，我 *2难过了好久。　　　　　　　_____

　　*1　邻居：隣近所・ご近所さん
　　*2　难过：つらい

2 （　　）に入る語をA～Eの中から選びましょう。

第1-5题

> A 对　　B 应该　　C 奇怪　　D 地　　E 离

1) 我们学校（　　）地铁站非常近。
2) 他（　　）中国的历史很 *感兴趣。
3) 你不（　　）让妈妈生气。
4) 这件事太（　　）了！
5) 那个小孩高高兴兴（　　）跑了过来。

*感：感じる・(～の感情を)もつ

第6-10题

> A 跟　　B 节日　　C 为了　　D 的　　E 地

6) A：你的裙子在哪儿买（　　）？
   B：就是前面那家商店。

7) A：（　　）让你满意，我每天都在努力。
   B：我一直很相信你。

8) A：你很干净（　　）打扫房间！
   B：我喜欢干干净净的。

9) A：今天我（　　）朋友一起去吃饭。
   B：是吗？你们去哪儿吃？

10) A：春节是中国最重要的（　　）！
    B：我很想去中国过春节。

135

Part 2〜4　実践問題

3　文を読んで、★の質問に対する答えをA〜Cの中から1つ選びましょう。

1) 妈妈，今天下课后，我在公园里遇到了小时候经常一起玩的朋友。我们有好几年没见面了，他说准备去中国。

   ★ 说话人现在可能：

   A 在公园　　B 在和朋友玩　　C 在家

2) 经常有人说我长得像妈妈。但是我觉得自己像爸爸，也像妈妈。鼻子和头发像爸爸，耳朵和眼睛像妈妈。

   ★ 根据这段话，可以知道：

   A 他不像爸爸　　B 他眼睛像爸爸　　C 他像爸爸妈妈

3) 我妈妈是个汉语老师，每天教外国人学习汉语。她的学生都说汉语很难，特别是*发音和汉字。我妈妈常说，其实学习外语的环境很重要，汉语也一样，留学是一个学习的好办法。

   ★ 她妈妈说什么？

   A 汉语很难　　B 发音和汉字很重要　　C 留学对学习汉语有帮助

4) 李老师很关心她的学生，总是在我们遇到问题时帮助我们解决。我们都说，李老师就像我们的妈妈一样。

   ★ 我们可以知道李老师：

   A 是个男的　　B 有很多问题　　C 对学生很好

5) 现在有很多中小学生经常上网玩儿游戏，影响了休息时间和学习成绩，而且眼睛也越来越不好。让我们大人很头疼，很担心。

   ★ 关于现在的中小学生，可以知道什么？

   A 喜欢上网　　B 喜欢学习　　C 眼睛很好

   *发音：発音

三、书　写

1 語句を並べかえて正しい文を作りましょう。

1) 不 / 我 / 谁 / 她 / 认识 / 是
2) 时候 / 的 / 要 / 休息 / 多 / 生病
3) 刮 / 可能 / 明天 / 大风 / 会
4) 打扫 / 我 / 房间 / 愿意
5) 的 / 这 / 关于 / 环境 / 会议 / 是

1) _____
2) _____
3) _____
4) _____
5) _____

2 （　　）に入る語をピンインを参考に書きましょう。

1) 你的字怎么这么不清楚，（　jīhū　）看不懂。
2) 我以为来的人是你，（　qíshí　）不是。
3) 最近总是觉得身体不太（　shūfu　）。
4) （　Wèile　）成绩好，我每天做练习。
5) 等了半天，她（　zhōngyú　）来了。

137

Part 2〜4 解答

一、听　力

1　聞き取り問題（第 1 部分）

1) C　男：_{Gāoxìng ma?}　_{Zhè shì nǐ yìzhí xiǎngyào de zhàoxiàngjī.}
　　　　高兴 吗？ 这 是 你 一直 想要 的 照相机。
　　　　うれしいですか？これはあなたがずっとほしがっていたカメラです。

　　　女：_{Tài hǎo le, dànshì wǒ bù xǐhuan hēisè de.}
　　　　太 好 了，但是 我 不 喜欢 黑色 的。
　　　　本当にすばらしい、でも私は黒色が好きではありません。

2) A　男：_{Shuāyá yào rènzhēn de shuā, bié wánr le.}
　　　　刷牙 要 认真 地 刷，别 玩儿 了。
　　　　歯磨きはまじめにしなさい。遊んではいけません。

　　　女：_{Zhīdàole, bàba!}
　　　　知道了，爸爸！
　　　　わかりました、お父さん！

3) B　男：_{Nǐ zuò de zhèjiàn qúnzi zhēn shì tài kě'ài le!}
　　　　你 做 的 这件 裙子 真 是 太 可爱 了！
　　　　あなたが作ったこのスカートは本当にとてもかわいいですね！

　　　女：_{Bú shì wǒ zuò de, shì mǎi de.}
　　　　不 是 我 做 的，是 买 的。
　　　　私が作ったのではありません、買ったのです。

4) E　男：_{Nǐ zài nǎr ne?}
　　　　你 在 哪儿 呢？
　　　　あなたはどこにいますか？

　　　女：_{Wǒ gāng xià huǒchē, mǎshàng dào jiā.}
　　　　我 刚 下 火车，马上 到 家。
　　　　私はたった今汽車を降りたところで、もうすぐ家に着きます。

5) D　男：_{Zhèshuāng kuàizi xīn mǎi de, zěnmeyàng?}
　　　　这双 筷子 新 买 的，怎么样？
　　　　この箸は新しく買ったものです、どうですか？

　　　女：_{Hái kěyǐ ba.}
　　　　还 可以 吧。
　　　　まあまあですね。

2　聞き取り問題（第 2 部分）

1) ✓　_{Tā jīngcháng zǎofàn chī jīdàn.}
　　　★他 经常 早饭 吃 鸡蛋。
　　　彼はいつも朝ご飯に卵を食べます。

　　　_{Jīntiān de zǎofàn hěn hǎochī, dōu shì wǒ xǐhuan de. Wǒ tèbié xǐhuan}
　　　今天 的 早饭 很 好吃，都 是 我 喜欢 的。我 特别 喜欢
　　　_{jīdàn, měitiān chīwán yíge jīdàn hòu chūmén.}
　　　鸡蛋，每天 吃完 一个 鸡蛋 后 出门。
　　　今日の朝食はおいしいです。みんな私が好きなものです。私は特に卵が好きで、毎日卵を 1 つ食べてから出かけます。

138

2) ✗ ★他 身体 不好。
Tā shēntǐ bùhǎo.
彼は体がよくありません。

Wèile shēntǐ jiànkāng, wǒ měitiān zǎoshang dōu qù gōngyuán zuò yùndòng.
为了 身体 健康，我 每天 早上 都 去 公园 做 运动。
体の健康のために、私は毎朝公園へ行って運動をしています。

3) ✓ ★他 可能 是 学生。
Tā kěnéng shì xuésheng.
彼はおそらく学生です。

Míngtiān cóng zǎoshang shídiǎn yǒu kǎoshì, wèile kǎoshì jīntiān wǒ bìxū yào rènzhēn de xuéxí.
明天 从 早上 十点 有 考试，为了 考试 今天 我 必须 要 认真 地 学习。
明日の朝10時からテストがあるので、今日私はテストのためにまじめに勉強しなければなりません。

4) ✓ ★小 赵 喜欢 帮助 人。
Xiǎo Zhào xǐhuan bāngzhù rén.
趙さんは人助けが好きです。

Xiǎo Zhào hěn rèqíng, jīngcháng gěi biérén bāngmáng. Suǒyǐ tā yǒu hěn duō péngyou.
小 赵 很 热情，经常 给 别 人 帮忙。所以 他 有 很 多 朋友。
趙さんは親切で、いつもほかの人を手伝っています。そのため、彼はたくさんの友達がいます。

5) ✗ ★妈妈 晚上 在 家 做饭。
Māma wǎnshang zài jiā zuòfàn.
母は夜、家でご飯を作ります。

Nǐ mā wǎnshang zài wàimian yǒu shì. Wǒmen yào zìjǐ zuòfàn le.
你 妈 晚上 在 外面 有 事。我们 要 自己 做饭 了。
Nǐ kànkan jiāli yǒu shénme chī de.
你 看看 家里 有 什么 吃 的。
あなたのお母さんは夜外で用事があります。私たちは自分たちでご飯を作らなければなりません。ちょっと、家に何か食べるものがあるか見てください。

3 聞き取り問題（第3部分）

1) C 男：妈妈，你 同意 不 同意 我 的 选择？
Māma, nǐ tóngyì bu tóngyì wǒ de xuǎnzé?
お母さん、あなたは私の選択に同意しますか？

女：我 相信 你 的 决定，也 相信 你 的 决定 一定 是 好 的 决定。别 担心，要 相信 自己。
Wǒ xiāngxìn nǐ de juédìng, yě xiāngxìn nǐ de juédìng yídìng shì hǎo de juédìng. Bié dānxīn, yào xiāngxìn zìjǐ.
私はあなたの決定を信じています、あなたの決定が必ずよい決定であると信じてもいますよ。心配しないで、自分を信じなさい。

Part 2〜4　解答

　　　　　　　Nǚ de shuō shénme?
問：女 的 说 什么?
　　　女の人は何と言いましたか？

　　bú rènwéi nánrén de juédìng shì gè hǎo de juédìng
A 不 认为 男人 的 决定 是 个 好 的 决定
　　男の人の決定がよいと思っていない

　　dānxīn zhège nánrén de shìqing　　　　　tóngyì nán de juédìng
B 担心 这个 男人 的 事情　　　　C 同意 男 的 决定
　　男の人を心配している　　　　　　　　男の人の決定に同意する

　　　　　XiǎoWáng sòng nǐ huār shìbushì biǎoshì duì nǐ yǒu hǎogǎn a?
2) C 男：小王 送 你 花儿 是不是 表示 对 你 有 好感 啊?
　　　　王さんがあなたに花をあげたことは、あなたに興味があることを示しているんじゃない？

　　　　Wǒ yě bù qīngchu. Dànshì wǒ yǐjing yǒu xǐhuan de rén le, wǒmen
　　女：我 也 不 清楚。但是 我 已经 有 喜欢 的 人 了, 我们
　　　　zhǔnbèi jiéhūn ne.
　　　　准备 结婚 呢。
　　　　私もよくわからないです。しかし、私はすでに好きな人がいて、私たちは結婚するつもりですよ。

　　　　Nǚ de shuō shénme?
問：女 的 说 什么?
　　　女の人は何と言いましたか？

　　duì Xiǎo Wáng yǒu hǎogǎn　　　　hé Xiǎo Wáng jiéhūn
A 对 小 王 有 好感　　　　B 和 小 王 结婚
　　王さんに好意をもっている　　　　王さんと結婚する

　　zhǔnbèi hé biérén jiéhūn
C 准备 和 别人 结婚
　　ほかの人と結婚するつもりである

　　　　　Xiàoxiao, nǐ shìbushì fāshāo le? Liǎn hé ěrduo zhème hóng!
3) B 女：笑笑，你 是不是 发烧 了? 脸 和 耳朵 这么 红!
　　　　笑笑、熱があるんじゃない？　顔と耳がこんなに赤いですよ！

　　　　Wǒ gāng hé tóngxué tī zúqiú, fēicháng rè!
　　男：我 刚 和 同学 踢 足球, 非常 热!
　　　　私はクラスメートとサッカーをしてきたばかりで、暑くて死にそうだよ！

　　　　Xiàoxiao zěnme le?
問：笑笑 怎么 了?
　　　笑笑はどうしましたか？

　　fāshāo le　　　　wán de hěn rè　　　　shēngbìng le
A 发烧 了　　B 玩 得 很 热　　C 生病 了
　　熱が出た　　　遊んで暑くなった　　　病気になった

140

4) B 男：<ruby>你<rt>Nǐ</rt></ruby> <ruby>敢不敢<rt>gǎnbugǎn</rt></ruby> <ruby>冬天<rt>dōngtiān</rt></ruby> <ruby>游泳<rt>yóuyǒng</rt></ruby>？
あなたはあえて冬に水泳をする勇気がありますか？

女：<ruby>不敢<rt>Bù gǎn</rt></ruby>，<ruby>而且<rt>érqiě</rt></ruby> <ruby>我<rt>wǒ</rt></ruby> <ruby>不太<rt>bú tài</rt></ruby> <ruby>会<rt>huì</rt></ruby> <ruby>游泳<rt>yóuyǒng</rt></ruby>。
ありません。それに私はあまり泳げません。

问：<ruby>女的<rt>Nǚ de</rt></ruby> <ruby>说<rt>shuō</rt></ruby> <ruby>什么<rt>shénme</rt></ruby>？
女の人は何と言いましたか？

A <ruby>敢<rt>gǎn</rt></ruby> <ruby>冬天<rt>dōngtiān</rt></ruby> <ruby>游泳<rt>yóuyǒng</rt></ruby>
あえて冬に泳ぐ

B <ruby>没有<rt>méi yǒu</rt></ruby> <ruby>在<rt>zài</rt></ruby> <ruby>冬天<rt>dōngtiān</rt></ruby> <ruby>去过<rt>qùguo</rt></ruby> <ruby>游泳<rt>yóuyǒng</rt></ruby>
冬に泳ぎに行ったことがない

C <ruby>不会<rt>bú huì</rt></ruby> <ruby>游泳<rt>yóuyǒng</rt></ruby>
泳げない

5) A 男：<ruby>北京<rt>Běijīng</rt></ruby> <ruby>烤鸭<rt>kǎoyā</rt></ruby> <ruby>很<rt>hěn</rt></ruby> <ruby>有名<rt>yǒumíng</rt></ruby>，<ruby>其实<rt>qíshí</rt></ruby> <ruby>北京<rt>Běijīng</rt></ruby> <ruby>的<rt>de</rt></ruby> <ruby>面条<rt>miàntiáo</rt></ruby> <ruby>也<rt>yě</rt></ruby> <ruby>非常<rt>fēicháng</rt></ruby> <ruby>好吃<rt>hǎochī</rt></ruby>。
北京ダックは有名ですが、実は北京の麺もとてもおいしいですよ。

女：<ruby>真的吗<rt>Zhēn de ma</rt></ruby>？<ruby>你<rt>Nǐ</rt></ruby> <ruby>一定<rt>yídìng</rt></ruby> <ruby>要<rt>yào</rt></ruby> <ruby>带<rt>dài</rt></ruby> <ruby>我<rt>wǒ</rt></ruby> <ruby>去<rt>qù</rt></ruby> <ruby>吃<rt>chī</rt></ruby> <ruby>啊<rt>a</rt></ruby>！
本当ですか？きっと私を食べに連れて行ってください！

问：<ruby>女的<rt>Nǚ de</rt></ruby> <ruby>想<rt>xiǎng</rt></ruby> <ruby>做<rt>zuò</rt></ruby> <ruby>什么<rt>shénme</rt></ruby>？
女の人は何がしたいですか？

A <ruby>吃<rt>chī</rt></ruby> <ruby>北京<rt>Běijīng</rt></ruby> <ruby>的<rt>de</rt></ruby> <ruby>面条<rt>miàntiáo</rt></ruby>
北京の麺を食べる

B <ruby>吃<rt>chī</rt></ruby> <ruby>北京<rt>Běijīng</rt></ruby> <ruby>烤鸭<rt>kǎoyā</rt></ruby>
北京ダックを食べる

C <ruby>去<rt>qù</rt></ruby> <ruby>北京<rt>Běijīng</rt></ruby>
北京に行く

4 聞き取り問題（第4部分）

1) B 男：<ruby>喂<rt>Wéi</rt></ruby>，<ruby>您好<rt>nínhǎo</rt></ruby>！<ruby>请问<rt>Qǐngwèn</rt></ruby> <ruby>老赵<rt>lǎo Zhào</rt></ruby> <ruby>在<rt>zài</rt></ruby> <ruby>家<rt>jiā</rt></ruby> <ruby>吗<rt>ma</rt></ruby>？
もしもし、こんにちは！趙さんはご在宅ですか？

女：<ruby>他<rt>Tā</rt></ruby> <ruby>刚刚<rt>gānggāng</rt></ruby> <ruby>出去<rt>chūqù</rt></ruby> <ruby>了<rt>le</rt></ruby>，<ruby>有事<rt>yǒushì</rt></ruby> <ruby>吗<rt>ma</rt></ruby>？
彼はたった今外出したばかりです、ご用ですか？

男：<ruby>我<rt>Wǒ</rt></ruby> <ruby>是<rt>shì</rt></ruby> <ruby>他<rt>tā</rt></ruby> <ruby>朋友<rt>péngyou</rt></ruby>，<ruby>一个<rt>yíge</rt></ruby> <ruby>小时<rt>xiǎoshí</rt></ruby> <ruby>后<rt>hòu</rt></ruby> <ruby>我<rt>wǒ</rt></ruby> <ruby>再<rt>zài</rt></ruby> <ruby>打<rt>dǎ</rt></ruby> <ruby>电话<rt>diànhuà</rt></ruby>，<ruby>行<rt>xíng</rt></ruby> <ruby>吗<rt>ma</rt></ruby>？
私は彼の友達ですが、1時間後にまたお電話します。よろしいですか？

女：<ruby>他<rt>Tā</rt></ruby> <ruby>去<rt>qù</rt></ruby> <ruby>锻炼<rt>duànliàn</rt></ruby> <ruby>身体<rt>shēntǐ</rt></ruby> <ruby>了<rt>le</rt></ruby>，<ruby>一个<rt>yíge</rt></ruby> <ruby>小时<rt>xiǎoshí</rt></ruby> <ruby>后<rt>hòu</rt></ruby> <ruby>应该<rt>yīnggāi</rt></ruby> <ruby>能<rt>néng</rt></ruby> <ruby>回来<rt>huílai</rt></ruby> <ruby>了<rt>le</rt></ruby>。
彼はトレーニングに行きましたので、1時間後でしたら帰ってきているはずです。

Part 2〜4 解答

問：*Lǎo Zhào xiànzài zuì kěnéng zài zuò shénme?*
老 赵 现在 最 可能 在 做 什么？
趙さんは今最も何をしている可能性がありますか？

A *dǎ diànhuà* 打 电话
電話をしている

B *duànliàn shēntǐ* 锻炼 身体
トレーニングをしている

C *mǎi dōngxi* 买 东西
買い物をしている

2) C 男：*Nǐ zhīdào de dōngxi zhēn duō.*
你 知道 的 东西 真 多。
あなたは知っていることが本当に多いです。

女：*Kěnéng yīnwèi wǒ xǐhuan kàn shū ba.*
可能 因为 我 喜欢 看 书 吧。
おそらく私は読書が好きだからでしょう。

男：*Gěi wǒ jièshàojieshao, yǒu shénme yǒu yìsi de shū?*
给 我 介绍介绍, 有 什么 有 意思 的 书？
私に、何かおもしろい本があるか、ちょっと紹介してくれませんか？

女：*Hǎo de, míngtiān wǒ dài nǐ qù túshūguǎn ba.*
好 的, 明天 我 带 你 去 图书馆 吧。
いいですよ。明日私はあなたを連れて図書館へ行きましょう。

問：*Nán de xiǎng zuò shénme?*
男 的 想 做 什么？
男の人は何がしたいですか？

A *qù túshūguǎn* 去 图书馆
図書館へ行く

B *gěi nǚ de jièshào shū* 给 女 的 介绍 书
女の人に本を紹介する

C *ràng nǚ de gěi jièshào shū* 让 女 的 给 介绍 书
女の人に本を紹介させる

3) A 男：*Fàn hǎo le, kěyǐ chīfàn le.*
饭 好 了, 可以 吃饭 了。
ご飯ができました。ご飯が食べられますよ。

女：*Wǒ děng yíhuìr chī, zuòyè mǎshàng jiù zuò wán le.*
我 等 一会儿 吃, 作业 马上 就 做 完 了。
ちょっとしてから食べます。宿題はもうすぐやり終わります。

男：*Chī fàn de shíhou yào chīfàn a.*
吃 饭 的 时候 要 吃饭 啊。
ご飯を食べるときにはちゃんと食べなきゃだめよ。

女：*Zhīdào le, mǎshàng de.*
知道 了, 马上 的。
わかりました。すぐです。

问：<ruby>女<rt>Nǚ</rt></ruby> <ruby>的<rt>de</rt></ruby> <ruby>在<rt>zài</rt></ruby> <ruby>做<rt>zuò</rt></ruby> <ruby>什么?<rt>shénme?</rt></ruby>
女の人は何をしていますか？

A <ruby>学习<rt>xuéxí</rt></ruby>　　　　　B <ruby>吃饭<rt>chīfàn</rt></ruby>　　　　　C <ruby>做饭<rt>zuòfàn</rt></ruby>
　勉強をしている　　　　ご飯を食べている　　　　ご飯を作っている

4) B 女：<ruby>这件<rt>Zhèjiàn</rt></ruby> <ruby>衣服<rt>yīfu</rt></ruby> <ruby>有点儿<rt>yǒudiǎnr</rt></ruby> <ruby>小,<rt>xiǎo,</rt></ruby> <ruby>不<rt>bú</rt></ruby> <ruby>太<rt>tài</rt></ruby> <ruby>舒服。<rt>shūfu.</rt></ruby>
　　　　この服は少し小さいので、あまり心地よくありません。

　　男：<ruby>我们<rt>Wǒmen</rt></ruby> <ruby>再<rt>zài</rt></ruby> <ruby>去<rt>qù</rt></ruby> <ruby>二楼<rt>èrlóu</rt></ruby> <ruby>看看<rt>kànkan</rt></ruby> <ruby>吧!<rt>ba!</rt></ruby>
　　　　私たちはまた2階に行ってちょっと見ましょう！

　　女：<ruby>好。<rt>Hǎo.</rt></ruby> <ruby>你<rt>Nǐ</rt></ruby> <ruby>要不要<rt>yàobuyào</rt></ruby> <ruby>买?<rt>mǎi?</rt></ruby> <ruby>现在<rt>Xiànzài</rt></ruby> <ruby>都<rt>dōu</rt></ruby> <ruby>便宜<rt>piányi</rt></ruby> <ruby>了。<rt>le.</rt></ruby>
　　　　いいですよ。あなたは買いたいのですか？今は皆安くなりましたよ。

　　男：<ruby>有<rt>Yǒu</rt></ruby> <ruby>喜欢<rt>xǐhuan</rt></ruby> <ruby>的<rt>de</rt></ruby> <ruby>我<rt>wǒ</rt></ruby> <ruby>就<rt>jiù</rt></ruby> <ruby>买。<rt>mǎi.</rt></ruby>
　　　　ちょうどいいのがあったら買います。

　　问：<ruby>他们<rt>Tāmen</rt></ruby> <ruby>可能<rt>kěnéng</rt></ruby> <ruby>在<rt>zài</rt></ruby> <ruby>做<rt>zuò</rt></ruby> <ruby>什么?<rt>shénme?</rt></ruby>
　　　　彼らは何をしている可能性がありますか？

A <ruby>看 房子<rt>kàn fángzi</rt></ruby>　　B <ruby>买 东西<rt>mǎi dōngxi</rt></ruby>　　C <ruby>做 运动<rt>zuò yùndòng</rt></ruby>
　家を見ている　　　　　買い物をしている　　　　運動をしている

5) A 男：<ruby>你<rt>Nǐ</rt></ruby> <ruby>刚才<rt>gāngcái</rt></ruby> <ruby>没<rt>méi</rt></ruby> <ruby>在<rt>zài</rt></ruby> <ruby>家<rt>jiā</rt></ruby> <ruby>吗?<rt>ma?</rt></ruby> <ruby>给<rt>Gěi</rt></ruby> <ruby>你<rt>nǐ</rt></ruby> <ruby>打<rt>dǎ</rt></ruby> <ruby>电话<rt>diànhuà</rt></ruby> <ruby>没<rt>méi</rt></ruby> <ruby>人<rt>rén</rt></ruby> <ruby>在。<rt>zài.</rt></ruby>
　　　　あなたはたった今家にいませんでしたか？電話をしましたが、誰もいませんでした。

　　女：<ruby>我<rt>Wǒ</rt></ruby> <ruby>刚才<rt>gāngcái</rt></ruby> <ruby>打扫<rt>dǎsǎo</rt></ruby> <ruby>房间<rt>fángjiān</rt></ruby> <ruby>了,<rt>le,</rt></ruby> <ruby>没<rt>méi</rt></ruby> <ruby>听见。<rt>tīngjiàn.</rt></ruby>
　　　　私はちょうど掃除をしていて、聞こえませんでした。

　　男：<ruby>晚上<rt>Wǎnshang</rt></ruby> <ruby>我<rt>wǒ</rt></ruby> <ruby>去<rt>qù</rt></ruby> <ruby>看<rt>kàn</rt></ruby> <ruby>比赛,<rt>bǐsài,</rt></ruby> <ruby>不<rt>bù</rt></ruby> <ruby>回家<rt>huíjiā</rt></ruby> <ruby>吃饭<rt>chīfàn</rt></ruby> <ruby>了。<rt>le.</rt></ruby>
　　　　夜私は試合を見に行きますので、家に帰ってご飯を食べません。

　　女：<ruby>知道<rt>Zhīdào</rt></ruby> <ruby>了,<rt>le,</rt></ruby> <ruby>别<rt>bié</rt></ruby> <ruby>回来<rt>huílai</rt></ruby> <ruby>太<rt>tài</rt></ruby> <ruby>晚<rt>wǎn</rt></ruby> <ruby>了!<rt>le!</rt></ruby>
　　　　わかりました。遅くなりすぎないでね！

　　问：<ruby>女<rt>Nǚ</rt></ruby> <ruby>的<rt>de</rt></ruby> <ruby>刚才<rt>gāngcái</rt></ruby> <ruby>做<rt>zuò</rt></ruby> <ruby>什么<rt>shénme</rt></ruby> <ruby>了?<rt>le?</rt></ruby>
　　　　女の人はたった今何をしていましたか？

A <ruby>打扫 房间<rt>dǎsǎo fángjiān</rt></ruby>　B <ruby>做饭<rt>zuòfàn</rt></ruby>　　C <ruby>看 比赛<rt>kàn bǐsài</rt></ruby>
　部屋を掃除していた　　ご飯を作っていた　　　試合を見ていた

Part 2〜4 解答

二、阅读

1 読解問題（第1部分）

1) **A** 晚上 可能 会 下 大雪。
Wǎnshang kěnéng huì xià dàxuě.
夜おそらく大雪が降るでしょう。
别 担心，今天 不忙，我 早点儿 回来。
Bié dānxīn, jīntiān bùmáng, wǒ zǎodiǎnr huílai.
心配しないで。今日は忙しくないので、私は早めに帰ってきます。

2) **C** 我们 几乎 等 了 你 一个 小时。
Wǒmen jīhū děng le nǐ yíge xiǎoshí.
私たちはあなたをほぼ1時間待ちました。
不好 意思，我 起 晚 了。
Bùhǎo yìsī, wǒ qǐ wǎn le.
すみません。寝坊しました。

3) **E** 刚才 跟 你 说话 的 人 是 谁 啊?
Gāngcái gēn nǐ shuōhuà de rén shì shéi a?
たった今あなたと話していた人は誰ですか？
是 那个 奶奶 吗? 住 我 楼上 的 邻居。
Shì nàge nǎinai ma? Zhù wǒ lóushang de línjū.
あのおばあさんですか？私の階上に住むご近所さんです。

4) **B** 你 知道 他 现在 怎么样 了 吗?
Nǐ zhīdào tā xiànzài zěnmeyàng le ma?
あなたは彼がどのようになったか知っていますか？
他 已经 离开 北京 回国 了。是 2年 前 的 时候 的 事 了。
Tā yǐjīng líkāi Běijīng huíguó le. Shì liǎngnián qián de shíhou de shì le.
彼はすでに北京を離れて帰国しました。もう2年も前です。

5) **D** 为 这件 事，我 难过 了 好久。
Wèi zhèjiàn shì, wǒ nánguò le hǎojiǔ.
このことのために、私は長いことつらい思いをしました。
我 也 是，心里 一直 不 舒服。
Wǒ yě shì, xīnlǐ yìzhí bù shūfu.
私もです、気持ちがずっとよくありませんでした。

2 読解問題（第2部分）

1) **E** 我们 学校（离）地铁 站 非常 近。
Wǒmen xuéxiào lí dìtiě zhàn fēicháng jìn.
私たちの学校は地下鉄の駅からとても近いです。

2) **A** 他（对）中国 的 历史 很 感 兴趣。
Tā duì Zhōngguó de lìshǐ hěn gǎn xìngqù.
彼は中国の歴史に対してとても興味があります。

144

3) B 　Nǐ bù yīnggāi ràng māma shēngqì.
你 不（应该）让 妈妈 生气。
あなたはお母さんを怒らせるべきではありません。

4) C 　Zhèjiàn shì tài qíguài le!
这件 事 太（奇怪）了！
このことはとてもおかしいです！

5) D 　Nàge xiǎohái gāogāoxìngxìng de pǎo le guòlai.
那个 小孩 高高兴兴（地）跑 了 过来。
あの子供はうれしそうに走ってやって来ました。

6) D 　A：Nǐ de qúnzi zài nǎr mǎi de?
你 的 裙子 在 哪儿 买（的）？
あなたのスカートはどこで買ったのですか？
　　B：Jiùshì qiánmiàn nàjiā shāngdiàn.
就是 前面 那家 商店。
すぐ前のあの店です。

7) C 　A：Wèile ràng nǐ mǎnyì, wǒ měitiān dōu zài nǔlì.
（为了）让 你 满意，我 每天 都 在 努力。
あなたを満足させるために、私は毎日努力をしています。
　　B：Wǒ yìzhí hěn xiāngxìn nǐ.
我 一直 很 相信 你。
私はずっとあなたをとても信じています。

8) E 　A：Nǐ hěn gānjìng de dǎsǎo fángjiān!
你 很 干净（地）打扫 房间！
あなたの部屋はきれいに掃除されていますね！
　　B：Wǒ xǐhuan gāngānjìngjìng de.
我 喜欢 干干净净 的。
私は清潔であることが好きです。

9) A 　A：Jīntiān wǒ gēn péngyou yìqǐ qù chīfàn.
今天 我（跟）朋友 一起 去 吃饭。
今日私は友達とご飯を食べに行きます。
　　B：Shìma? Nǐmen qù nǎér?
是吗？你们 去 哪儿？
そうなんですか？どこに食べに行くのですか？

10) B 　A：Chūnjié shì Zhōngguó zuì zhòngyào de jiérì!
春节 是 中国 最 重要 的（节日）！
春節は中国で最も重要な祝日です！
　　B：Wǒ hěn xiǎng qù Zhōngguó guò chūnjié.
我 很 想 去 中国 过 春节。
私は中国へ行って春節を過ごしたいです。

Part 2〜4 解答

3 読解問題（第3部分）

1) **C**
   Māma, jīntiān xiàkè hòu, wǒ zài gōngyuán li yùdào le xiǎo shíhou
   妈妈，今天 下课 后，我 在 公园 里 遇到 了 小 时候
   jīngcháng yìqǐ wán de péngyou. Wǒmen yǒu hǎo jǐnián méi jiànmiàn le,
   经常 一起 玩 的 朋友。我们 有 好 几年 没 见面 了，
   tā shuō zhǔnbèi qù Zhōngguó.
   他说 准备 去 中国。
   お母さん、今日授業が終わった後、私は公園でたまたま子供の頃いつも一緒に遊んでいた友達に会いました。私たちは何年も会っていなかったのですが、彼は中国へ行くつもりだと言っていました。

   Shuōhuàrén xiànzài kěnéng:
   ★说话人 现在 可能：
   話し手は今おそらく：

   zài gōngyuán   zài hé péngyou wán   zài jiā
   A 在 公园   B 在 和 朋友 玩   C 在 家
   　公園にいる　　　　　友達と遊んでいる　　　　家にいる

2) **C**
   Jīngcháng yǒu rén shuō wǒ zhǎng de xiàng māma. Dànshì wǒ juéde zìjǐ
   经常 有 人 说 我 长 得 像 妈妈。但是 我 觉得 自己
   xiàng bàba, yě xiàng māma. Bízi hé tóufa xiàng bàba, ěrduo hé
   像 爸爸，也 像 妈妈。鼻子 和 头发 像 爸爸，耳朵 和
   yǎnjing xiàng māma.
   眼睛 像 妈妈。
   いつも人は私がお母さんに似ていると言います。しかし私は自分ではお父さんにもお母さんにも似ていると思います。鼻と頭髪はお父さん似で、耳と目はお母さん似です。

   Gēnjù zhè duàn huà, kěyǐ zhīdào:
   ★根据 这 段 话，可以 知道：
   この話からわかることは：

   tā bú xiàng bàba   tā yǎnjing xiàng bàba
   A 他 不 像 爸爸   B 他 眼睛 像 爸爸
   　彼はお父さんに似ていない　　　彼の目はお父さんに似ている

   tā xiàng bàba māma
   C 他 像 爸爸 妈妈
   　彼はお父さんとお母さんに似ている

3) **C**
   Wǒ māma shì ge Hànyǔ lǎoshī, měitiān jiāo wàiguó rén xuéxí Hànyǔ. Tā
   我 妈妈 是 个 汉语 老师，每天 教 外国 人 学习 汉语。她
   de xuésheng dōu shuō Hànyǔ hěn nán, tèbié shì fāyīn hé hànzì. Wǒ
   的 学生 都 说 汉语 很 难，特别 是 发音 和 汉字。我
   māma cháng shuō, qíshí xuéxí wàiyǔ de huánjìng hěn zhòngyào, Hànyǔ
   妈妈 常 说，其实 学习 外语 的 环境 很 重要，汉语
   yě yíyàng, liúxué shì yíge xuéxí de hǎo bànfǎ.
   也 一样，留学 是 一个 学习 的 好 办法。

私のお母さんは中国語の先生で、毎日外国人が中国語を学ぶのを教えています。彼女の学生はみんな中国語が難しいと言います。特に発音と漢字です。私のお母さんはいつも言います。実は外国語を勉強する環境はとても大事で、中国語とて同じで、留学は勉強のいい方法だと。

★ Tā māma shuō shénme?
★ 她 妈妈 说 什么?
お母さんは何と言いましたか？

A Hànyǔ hěn nán
A 汉语 很 难
中国語はとても難しい

B fāyīn hé hànzì hěn zhòngyào
B 发音 和 汉字 很 重要
発音と漢字がとても重要

C liúxué duì xuéxí Hànyǔ yǒu bāngzhù
C 留学 对 学习 汉语 有 帮助
留学は中国語を勉強するのに役立つ

4) C Lǐ lǎoshī hěn guānxīn tā de xuéshēng, zǒngshì zài wǒmen yùdào wèntí shí bāngzhù wǒmen jiějué. Wǒmen dōu shuō, Lǐ lǎoshī jiù xiàng wǒmen de māma yíyàng.
李 老师 很 关心 她 的 学生, 总是 在 我们 遇到 问题 时 帮助 我们 解决。我们 都 说, 李 老师 就 像 我们 的 妈妈 一样。
李先生は彼女の学生をとてもよく気にかけていて、いつも私たちが問題に直面したときに解決するのを手助けしてくれます。私たちは皆言います。李先生はまるで私たちのお母さんみたいだと。

★ Wǒmen kěyǐ zhīdào Lǐ lǎoshī:
★ 我们 可以 知道 李 老师:
私たちが李先生についてわかることは：

A shì ge nán de
A 是 个 男 的
男性である

B yǒu hěn duō wèntí
B 有 很 多 问题
問題が多い

C duì xuésheng hěn hǎo
C 对 学生 很 好
学生に対してとてもいい

5) A Xiànzài yǒu hěn duō zhōngxiǎo xuésheng jīngcháng shàngwǎng wánr yóuxì, yǐngxiǎng le xiūxi shíjiān hé xuéxí chéngjì, érqiě yǎnjing yě yuèláiyuè bùhǎo. Ràng wǒmen dàrén hěn tóuténg, hěn dānxīn.
现在 有 很 多 中小 学生 经常 上网 玩儿 游戏, 影响 了 休息 时间 和 学习 成绩, 而且 眼睛 也 越来越 不好。让 我们 大人 很 头疼, 很 担心。
今多くの小中学生がいつもインターネットでゲームをしていて、休みの時間と学業成績に影響を及ぼしています。そのうえ、目も次第に悪くなっています。私たち大人の頭痛の種で、とても心配です。

★ Guānyú xiànzài de zhōngxiǎo xuésheng, kěyǐ zhīdào shénme?
★ 关于 现在 的 中小 学生, 可以 知道 什么?
今の小中学生について、何がわかりますか？

A xǐhuan shàngwǎng
A 喜欢 上网
インターネットが好き

B xǐhuan xuéxí
B 喜欢 学习
勉強が好き

C yǎnjing hěn hǎo
C 眼睛 很 好
目がとてもよい

147

Part 2〜4 解答

三、书写

1 書き取り問題（第1部分）

1) Wǒ bú rènshi tā shì shéi.
   我 不 认识 她 是 谁。
   私は彼女が誰だか知りません。

2) Shēngbìng de shíhou yào duō xiūxi.
   生病 的 时候 要 多 休息。
   病気になったときはたくさん休むことが必要です。

3) Míngtiān kěnéng huì guā dà fēng.
   明天 可能 会 刮 大 风。
   明日おそらく大風が吹くでしょう。

4) Wǒ yuànyì dǎsǎo fángjiān.
   我 愿意 打扫 房间。
   私は部屋の掃除がしたいです。

5) Zhè shì guānyú huánjìng de huìyì.
   这 是 关于 环境 的 会议。
   これは環境に関する会議です。

2 書き取り問題（第2部分）

1) Nǐ de zì zěnme zhème bù qīngchu, jīhū kàn bu dǒng.
   你 的 字 怎么 这么 不 清楚,(几乎)看 不 懂。
   あなたの字はどうしてこんなに不明瞭なのですか、ほとんど読んで理解できません。

2) Wǒ yǐwéi lái de rén shì nǐ, qíshí bú shì.
   我 以为 来 的 人 是 你,(其实)不 是。
   私は来た人があなたであると思いましたが、実はそうではありませんでした。

3) Zuìjìn zǒngshì juéde shēntǐ bú tài shūfu.
   最近 总是 觉得 身体 不 太 (舒服)。
   最近いつも体の調子があまりよくないと感じます。

4) Wèile chéngjì hǎo, wǒ měitiān zuò liànxí.
   (为了)成绩 好,我 每天 做 练习。
   成績をよくするために、私は毎日練習をします。

5) Děng le bàntiān, tā zhōngyú lái le.
   等 了 半天,她(终于)来 了。
   半日（長い時間）待って、ようやく彼女は来ました。

Part 5

UNIT11　様態補語と程度補語

UNIT12　結果補語

UNIT13　方向補語

UNIT 11 様態補語と程度補語

t3Q-12-U11

Zuótiān yǔ xià de fēicháng dà, wǒ méi dài yǔsǎn.
昨天 雨 下 得 非常 大，我 没 带 雨伞。

昨日雨がとてもたくさん降ったのに、私は傘を持っていませんでした。

中国語には述語の後ろに置いて、その状態・性質などを説明する「補語」というものがあります。この UNIT では最初に動作の様子などを表す様態補語について、それから状態の程度を表す程度補語について学びます。

覚えておきたい基本単語

△	伞	sǎn	傘
△	虽然	suīrán	〜ではあるが（→UNIT23参照）
○	年轻	niánqīng	（年齢が）若い
	讲课	jiǎngkè	講義する
☆	长	zhǎng	成長する
☆	像	xiàng	似る・〜のようだ
△	香蕉	xiāngjiāo	バナナ

	新鲜	xīnxiān	新鮮だ
	干净	gānjìng	きれいだ
	爷爷	yéye	おじいさん（父方）（母方は「老爷」）
○	爬山	páshān	山を登る（「爬」で「登る」）
	表演	biǎoyǎn	演ずる・上演する

POINT 1 様態補語

「〜するのがどうである」と動作の様態を表現したいときに使うのが様態補語です。通常は形容詞が様態補語になりますが、動詞がなる場合もありますので確認しましょう。

動作の様態を表す様態補語

様態補語は動作の様態を表すので、ふつう「得」の前には動詞がきます。例えば、「走るのが速い」「食べるのが遅い」と表現するときには、それぞれ「走る」と「速い」の間、「食べる」と「遅い」の間、つまり動詞と後ろの様態補語の間に「得」を置きます。

[動詞] + 得 + 様態補語

Tā pǎo de hěn kuài.
他 跑 得 很 快。
彼は走るのがとても速いです。

「得」の前にくる動詞に目的語がある場合、「動詞＋目的語＋動詞」のように動詞を繰り返して表現します。そのとき、前の動詞を省略することも可能です。

[動詞] + [目的語] + [動詞] + 得 + 様態補語

Tā dǎ lánqiú dǎ de hěn hǎo.
他（打）篮球 打 得 很 好。
彼はバスケットボールをするのが上手です。

HSKでは、次のような問題が出題されています。
Wàimiàn fēng guā de tèbié dà, hěn lěng.
外面 风 刮 得 特别 大，很 冷。　外は風がとても強く吹いていて、寒いです。
この文は「风」の前に「刮（吹く）」という動詞が省略された形です。

● 様態補語が形容詞（句）である場合

様態補語が形容詞（句）であるとき、その形容詞は形容詞述語文と同じ規則で使われます。つまり、原則として「程度副詞＋形容詞」の形になります。

[目的語] + [動詞] + 得 + [程度副詞＋形容詞]

Tā suīrán hěn niánqīng, dànshì kè jiǎng de hěn hǎo.
他 虽然 很 年轻，但是 课 讲 得 很 好。
彼はとても若いけれど、講義をするのがうまいです。

この文は、「得」の前にきている動詞に目的語がある場合で、「讲课讲得很好」という形の前の動詞「讲」が省略されています。

● 様態補語が動詞(句)である場合
様態補語は、ほとんどの場合形容詞で表現しますが、動詞が様態補語になることもあります。HSKで出題される動詞の様態補語を見ていきましょう。

動詞 + 得 + 動詞(句)

Nǚ'ér zhǎng de xiàng māma.
女儿 长 得 像 妈妈。
娘はお母さんそっくりに成長した(そっくりだ)。

「长得像」はHSKの問題でよく出題されます。
Yǒurén wèn wǒ zhǎng de xiàng shéi.
有人 问 我 长 得 像 谁。　　ある人が私に誰に似ているのかと聞きます。
Tā hé māma zhǎng de zhēn xiàng a!
她 和 妈妈 长 得 真 像啊！　　彼女とお母さんは本当に似ていますね！

POINT 2 程度補語

様態補語と同じく「得」を使う表現に程度補語があります。これは形容詞や状態を表す動詞の状態がどの程度なのかを説明するものです。

状態の程度を表す程度補語

程度を表す表現として、程度副詞を形容詞や動詞の前に置く方法を学びました。ここではもう1つの方法、形容詞や動詞の後ろに程度補語を置く表現を学びます。程度補語では「得」の前に形容詞や状態を表す動詞がきます。

形容詞 + 得 + 很

Zhège xiāngjiāo xīnxiān de hěn. Zhège xiāngjiāo hěn xīnxiān.
这个 香蕉 新鲜 得 很。 ＝ 这个 香蕉 很 新鲜。
このバナナはとても新鮮です。

● 「得」を使わない程度補語の表現
「〜极了」「〜多了」「〜坏了」などは、「得」を使わずに形容詞や動詞の後ろに置いて使う表現です。

　　　　　　　Zhège xīshǒujiān gānjìng jíle.
〜极了　　　这个 洗手间 干净 极了。
　　　　　　　このトイレはこの上なくきれいです。

～多了	爷爷 的 病 好 多了。
	Yéye de bìng hǎo duōle.
	おじいさんの病気はずっとよくなりました。
～坏了	我 爬山 累 坏了。
	Wǒ páshān lèi huàile.
	私は山に登って疲れ果てました。

発 展　様態補語の疑問文

様態補語の疑問文は文末に「吗」をつければ簡単に作ることができます。ここでは、正反疑問文と、様態自体を疑問代詞を使って聞く表現について学びましょう。

● 様態補語の正反疑問文

正反疑問文を作る場合は、動詞部分ではなく様態補語の部分を「肯定＋否定」の形にして作ります。否定文は様態補語の直前に否定副詞を置いて作ります。

動詞 ＋ 得 ＋ 様態補語 ＋ 否定副詞 ＋ 様態補語

昨天 的 雨 下 得 大 不 大?
Zuótiān de yǔ xià de dà bu dà?
昨日の雨は強く降りましたか？

● 様態の具合を聞くとき

様態の具合を具体的に尋ねるときには、様態補語の部分を「怎么样」に置き換えます。

我们 明天 上午 要 表演 的 节目，你
Wǒmen Míngtiān shàngwǔ yào biǎoyǎn de jiémù, nǐ

動詞 ＋ 得 ＋ 怎么样

准备 得 怎么样 了?
Zhǔnbèi de zěnmeyàng le?
私たちは明日の午前に出し物の公演がありますが、あなたは準備のほどはどうですか？

HSKの例文：様態補語が出てくる問題

読解の第3部分の問題です。様態補語の意味が正しくつかめているかどうかが問われる問題です。この問題には、既習事項の能願動詞「愿意」「可以」も出てきます。また、副詞「都」「更」「关于」が出てきますので、その意味と使い方をもう一度復習しましょう。

Zhèliàng chē yǒu shàngxià liǎngcéng, hěnduō rén dōu yuànyì zuò shàngbian nàcéng,
这辆 车 有 上下 两层，很多 人 都 愿意 坐 上边 那层，
yīnwèi zuò de gāo, yǎnjing kàn de yuǎn, yílùshang jīngguò de dìfang, nǐ
因为 坐 得 高，眼睛 看 得 远，一路上 经过 的 地方，你
dōu kěyǐ kàn de gèng qīngchu.
都 可以 看 得 更 清楚。

guānyú zhèliàng chē, kěyǐ zhīdào:
★关于 这辆 车，可以 知道：

　　sījī hěn rèqíng
A 司机 很 热情
　　yígòng yǒu liǎngcéng
B 一共 有 两层
　　xiàcéng bù néng zuò rén
C 下层 不 能 坐 人

【答え】 B 一共 有 两层　（全部で2階ある）

この車は上下2階建てで、多くの人が皆、上のその階に乗りたがります。
座るところが高いので、遠くまで見え、途中通る所を、すべてよりはっきりと見ることができます。
★この車についてわかるのは：

● ポイント！

これは内容に合うものを選ぶ問題です。正確に文を読み取ることが大切です。選択肢には本文に書かれていないものが紛らわしく並んでいることが多いです。ほかの選択肢はAは「運転手が親切である」、Cは「下の階は人が乗れない」という意味です。

補充単語

☆	一会儿	yíhuìr	少ししたら
☆	包	bāo	包む
	要求	yāoqiú	要求・要求する
	害怕	hàipà	怖がる・恐れる（「怕」は「心配する」という意味）
	放心	fàngxīn	安心する
△	司机	sījī	運転手

UNIT 11　練習問題

1 次の1～3の中国語と組み合わせて意味が通るものをA～Cの中から選んでそれぞれ日本語に訳しましょう。

> A 谢谢妈妈。
> B 一会儿可能会下雨。
> C 可能因为他喜欢喝牛奶吧！

1) 你儿子长得很高啊！
2) 笑笑，这几个字写得真漂亮。
3) 天变得越来越阴了。

1) _____　訳 _____
2) _____　訳 _____
3) _____　訳 _____

2 （　　）に入る語をA～Dの中から選び、完成した文を日本語に訳しましょう。

> A 得　　B 的　　C 太　　D 刮

1) 昨晚的风（　　）得真大！
2) 今天的菜做得（　　）甜了。
3) 他汉语说（　　）很好。

1) _____　訳 _____
2) _____　訳 _____
3) _____　訳 _____

3 文を読んで、★の質問に対する答えをA～Cの中から1つ選びましょう。

1) 很多人都说我的 *1饺子包得很可爱，其实我去中国 *2留学以前都不会包饺子呢！吃自己做的饺子总是觉得很 *3香。

   ★ 说话人：

   A 不会包饺子　　B 不喜欢吃饺子　　C 饺子包得很好

2) 体育老师对我们要求得很 *4严格。要我们大声地问好，*5互相帮助，认真地打扫。我们虽然有点儿怕他，但都很喜欢他。

   ★ 根据这段话，可以知道他们：

   A 害怕体育老师　　B 不太喜欢体育老师

   C 不愿意跟体育老师在一起

3) 老王开车开得特别认真，大家都喜欢坐他开的车。他每天从早上九点，到下午四点给经理开车，经理对他很放心。

   ★ 老王：

   A 不喜欢开车　　B 开车开得很慢　　C 是个司机

1) _____　　2) _____　　3) _____

*1 饺子（4级）：餃子
*2 留学（4级）：留学
*3 香（4级）：料理がおいしい
*4 严格（4级）：厳しい
*5 互相（4级）：相互に・互いに

UNIT 11　解 答

1　会話文の組み合わせ問題

1) **C**　Nǐ érzi zhǎng de hěn gāo a!
　　你儿子 长 得很 高 啊！
　　あなたの息子さんは背が高くなりましたね！

　　Kěnéng yīnwèi tā xǐhuan hē niúnǎi ba!
　　可能 因为他喜欢 喝牛奶 吧！
　　おそらく彼は牛乳を飲むのが好きだからです！

2) **A**　Xiàoxiao, zhè jǐ ge zì xiě de zhēn piàoliang.
　　笑笑，这几个字写得 真 漂亮。
　　笑笑、このいくつかの字はとてもきれいに書いてあります。

　　Xièxie māma.
　　谢谢 妈妈。
　　ありがとう、お母さん。

3) **B**　Tiān biàn de yuèláiyuè yīn le.
　　天 变 得越来越 阴 了。
　　空がますます曇ってきました。

　　Yíhuìr kěnéng huì xiàyǔ.
　　一会儿 可能 会 下雨。
　　しばらくしたらおそらく雨が降るでしょう。

様態補語の構文の問題です。「動詞＋得＋形容詞」の形に注意しましょう。
1．「长得很高」は「背が高くなる」、「长」は「成長する」という意味。「因为」は「〜なので」という表現です（→UNIT23参照）。
3．「越来越」は「次第に・よりいっそう・ますます」の意味です。

2　空所補充問題

1) **D**　Zuówǎn de fēng guā de zhēn dà!
　　昨晚 的 风（刮）得 真 大！
　　昨晚の風は本当に強く吹きました！

2) **C**　Jīntiān de cài zuò de tài tián le.
　　今天 的 菜 做得（太）甜 了。
　　今日の料理はとても甘くしすぎました。

3) **A**　Tā Hànyǔ shuō de hěnhǎo.
　　他 汉语 说（得）很好。
　　彼は中国語を上手に話します。

様態補語が性質を表す形容詞のとき、原則として形容詞の前に程度副詞（「真」「太」「很」など）が必要です。

160

3 読み取り問題

1) C
Hěn duō rén dōu shuō wǒ de jiǎozi bāo de hěn kě'ài, qíshí wǒ qù
很 多 人 都 说 我 的 饺子 包 得 很 可爱, 其实 我 去
Zhōngguó liúxué yǐqián dōu búhuì bāo jiǎozi ne! Chī zìjǐ zuò de jiǎozi
中国 留学 以前 都 不会 包 饺子 呢! 吃 自己 做 的 饺子
zǒngshì juéde hěn xiāng.
总是 觉得 很 香。

多くの人は私の餃子はかわいく包めていると言いますが、本当は中国へ留学する前はまったく餃子を包むことができませんでした!自分の作った餃子を食べるといつもおいしく感じます。

Shuōhuà rén:
★ 说话 人：
話している人は：

búhuì bāo jiǎozi
A 不会 包 饺子
餃子を包むことができない

bù xǐhuan chī jiǎozi
B 不 喜欢 吃 饺子
餃子を食べるのが好きではない

jiǎozi bāo de hěnhǎo
C 饺子 包 得 很好
餃子を上手に包む

2) A
Tǐyù lǎoshī duì wǒmen yāoqiú de hěn yángé. Yào wǒmen dàshēng de wèn
体育 老师 对 我们 要求 得 很 严格。要 我们 大声 地 问
hǎo, hùxiāng bāngzhù, rènzhēn de dǎsǎo. Wǒmen suīrán yǒudiǎnr pà tā,
好, 互相 帮助, 认真 地 打扫。我们 虽然 有点儿 怕 他,
dàn dōu hěn xǐhuan tā.
但 都 很 喜欢 他。

体育教師は私たちに厳しく要求をします。大きな声であいさつをし、お互いに助け合い、まじめに掃除をするよう私たちに求めています。私たちは少し彼が怖いけれども、彼が大好きです。

Gēnjù zhè duàn huà, kěyǐ zhīdào tāmen:
★ 根据 这 段 话, 可以 知道 他们：
この話からわかることは彼らが：

hàipà tǐyù lǎoshī
A 害怕 体育 老师
体育教師を恐れている

bú tài xǐhuan tǐyù lǎoshī
B 不 太 喜欢 体育 老师
体育教師があまり好きでない

bú yuànyì gēn tǐyù lǎoshī zài yìqǐ
C 不 愿意 跟 体育 老师 在 一起
体育教師と一緒にいたくない

3) C
LǎoWáng kāichē kāi de tèbié rènzhēn, dàjiā dōu xǐhuan zuò tā kāi de
老王 开车 开 得 特别 认真, 大家 都 喜欢 坐 他 开 的
chē. Tā měitiān cóng zǎoshang jiǔdiǎn dào xiàwǔ sìdiǎn gěi jīnglǐ kāichē,
车。他 每天 从 早上 九点 到 下午 四点 给 经理 开车,
jīnglǐ duì tā hěn fàngxīn.
经理 对 他 很 放心。

王さんは車を運転するのがとても丁寧で、みんな彼が運転する車に乗るのが好きです。彼は毎日朝9時から午後4時まで社長のために運転しますが、社長は彼に安心しています。

Lǎo Wáng:
★ 老 王：
王さんは：

bù xǐhuan kāichē
A 不 喜欢 开车
車を運転するのが好きではない

kāichē kāi de hěn màn
B 开车 开 得 很 慢
車を運転するのがゆっくりである

shì ge sījī
C 是 个 司机
運転手である

1.「包饺子」で「餃子を包む」という意味です。「其实」は「本当は・実は」という意味の副詞で3級で頻出の重要単語です。
2.「虽然~但(是)…」は「~だけれどもしかし…」という表現です(→UNIT23参照)。

161

UNIT 12 結果補語

t3Q-13-U12

Wǒ gāngcái méi tīng qīngchu nǐ zài shuō shénme.
我 刚才 没 听 清楚 你 在 说 什么。

私はさっきあなたが何を言っているのかはっきり聞こえませんでした。

結果補語とは、ある動詞がその行為の結果どのようになったのかを表すものです。この UNIT では結果補語の用法と、それを使った可能補語について学びます。

覚えておきたい基本単語

☆	刚才	gāngcái	ついさっき
△	耳朵	ěrduo	耳
	该	gāi	〜すべきだ・〜しなければならない
	脚	jiǎo	足・足首から下（腿は足首から上、もも・ひざすべて）
	忘	wàng	忘れる（「忘记」としても使われる）
△	年级	niánjí	学年

△	礼物	lǐwù	プレゼント
	记住	jìzhù	覚えこむ
	地图	dìtú	地図
	帽子	màozi	帽子
	总(是)	zǒng	ずっと・いつも
△	记得	jìde	覚えている
☆	包	bāo	かばん
○	着急	zháojí	慌てる（「急」だけでも用いられる）

POINT 1 結果補語の用法

動詞が表す動作の結果を説明する表現に、結果補語というものがあります。結果補語は動詞の直後について、その動作の結果を説明します。動詞や形容詞が結果補語になりますが、結果補語になることができるものは限られています。それらを少しずつ覚えていくようにしましょう。

結果補語になることができる動詞と形容詞

結果補語になることができる動詞や形容詞は限られたものです。1つ1つ覚えていかなければなりませんが、ここでは3級で出題されるものを中心に紹介しますので、例文で確認しましょう。

動詞 + 結果補語（動詞）

Ěrduo, bízi dōu huà wán le, xiànzài gāi huà zhèzhī xióngmāo de jiǎo le.
耳朵，鼻子 都 画 完 了，现在 该 画 这只 熊猫 的 脚 了。
耳も鼻もみんな描き終わりました。今からこのパンダの足を描かなければなりません。

動詞 + 結果補語（形容詞）

Nǐ bié wàng le zhàogù hǎo wǒmen de xiǎogǒu.
你 别 忘 了 照顾 好 我们 的 小狗。
私たちの子犬の面倒をしっかりみることを忘れないでください。

● 結果補語になる動詞

結果補語	意味	動詞との組み合わせ例	例文
dào 到	獲得する 到達する	kàndào 看到 見かける・見える shuōdào 说到 言い及ぶ xiǎngdào 想到 思いつく zhǎodào 找到 探し当てる	Tā shūshu zhǎodào gōngzuò le. 她 叔叔 找到 工作 了。 彼女のおじさんは仕事がみつかりました。
dǒng 懂	わかる	kàndǒng 看懂 読んでわかる tīngdǒng 听懂 聞いてわかる	Tā érzi kàndǒng sān niánjí de kèběn. 她 儿子 看懂 三 年级 的 课本。 彼女の息子は3年生の教科書が読んでわかります。
gěi 给	あげる	sònggěi 送给 〜に贈る	Tā sònggěi wǒ lǐwù le. 她 送给 我 礼物 了。 彼女は私にプレゼントをくれました。
kāi 开	はなれる	dǎkāi 打开 開ける スイッチを入れる	Wǒ dǎkāi diànnǎo. 我 打开 电脑。 私はコンピューターをつけました。
huì 会	習得する	xuéhuì 学会 マスターする	Wǒ xuéhuì le Hànyǔ. 我 学会 了 汉语。 私は中国語をマスターしました。
jiàn 见	知覚で感じとる	kànjiàn 看见 見える tīngjiàn 听见 聞こえる	Wàimiàn tīngjiàn hǎo tīng de yīnyuè. 外面 听见 好听的 音乐。 外ではいい音楽が聞こえます。
wán 完	完了する	chīwán 吃完 食べ終わる huàwán 画完 描き終わる kànwán 看完 見終わる／読み終わる zuòwán 做完 やり終わる	Wǒ kànwán le zhège jiémù. 我 看完 了 这个 节目。 私はこの番組を見終わりました。
zài 在	ある いる	fàngzài 放在 〜に置く xiězài 写在 〜に書く zhùzài 住在 〜に住む	Wǒ zhùzài Běijīng. 我 住在 北京。 私は北京に住んでいます。
zhù 住	しっかり固定する	jìzhù 记住 しっかり覚える	Zhèxiē cíyǔ, nǐ jìzhù le ma? 这些 词语,你 记住 了 吗? これらの語句を覚えましたか?

● 結果補語になる形容詞

結果補語	意味	動詞との組み合わせ例	例文
cuò 错	間違える	kàncuò 看错 見間違える shuōcuò 说错 言い間違える tīngcuò 听错 聞き間違える dǎcuò 打错 電話をかけ間違える zǒucuò 走错 行き間違える	Nǐ kàncuò le dìtú. 你 看错 了 地图。 あなたは地図を見間違えました。
gānjìng 干净	きれいになる	dǎsǎogānjìng 打扫干净 掃除してきれいにする xǐgānjìng 洗干净 洗ってきれいにする	Tā de màozi xǐ gānjìng le. 她 的 帽子 洗 干净 了。 彼女の帽子をきれいに洗いました。
hǎo 好	完成する 満足した状態になる	zuòhǎo 做好 できあがる・うまくやる zhǔnbèihǎo 准备好 よく準備する	Wǎnfàn zuòhǎo le. 晚饭 做好 了。 晩ご飯ができあがりました。
qīngchu 清楚	はっきりする	tīngqīngchu 听清楚 はっきりと聞こえる	Wǒ tīng qīngchu lǎoshī shuō de huà. 我 听 清楚 老师 说 的 话。 私は先生の話がはっきり聞こえます。

結果補語の否定文と疑問文

● 否定文

結果補語の表現は、その動作がすでに完了していることを表しているので、否定副詞は「没」を使います。「不」を使わない点に注意しましょう。

没（有）＋ 動詞 ＋ 結果補語

Wǒ méi zhǎo dào nǐ shuō de shūdiàn.
我 没　　找　 到　 你 说 的 书店。
私はあなたが言った本屋を探し当てていません。

● 疑問文

疑問文は文末に「吗」をつければ作ることができます。

動詞 ＋ 結果補語 ＋ 〜 ＋ 吗

Pánzi li de dàngāo nǐ chī wán le ma?
盘子里 的 蛋糕 你 吃 完 了 吗？
お皿のケーキをあなたは食べ終わりましたか？

※ 結果補語はすでに完了したことを表現しているので、完了を表す「了」や経験を表す「过」(→UNIT21、22参照) を結果補語の後ろにつけることがよくあります。

● 結果補語の正反疑問文

結果補語の正反疑問文は、「動詞＋結果補語（＋了）＋没（有）＋（動詞）」となります。通常、否定形の動詞は省略し、「動詞＋結果補語（＋了）＋没（有）」の形で使われます。

動詞 ＋ 結果補語 ＋（了）＋ 没（有）

Nǐ zuòyè xiě wán le méi?
你 作业 写 完 （了） 没？
あなたは宿題をやり終わりましたか？

POINT 2 可能補語

結果補語の表現をもとに、可能と不可能を表す補語を作ることができます。ここでは、その可能補語の表現を学びましょう。

結果補語から可能を表す「可能補語」

「動詞＋結果補語」の表現で、動詞と結果補語の間に「得」「不」を挿入すると、それぞれ可能・不可能の意味をもたせることができます。このような用法の補語を「可能補語」といいます。可能補語は方向補語（→UNIT13参照）からも作ることができますが、それは次のUNITで詳しく学びます。結果補語と可能補語の意味の違いに注意して例文を確認してみましょう。

	結果補語の表現	可能補語の表現
肯定形	tīngdǒng 听懂　聞いて理解する（した）	tīngdedǒng 听得懂　聞いて理解できる
否定形	méitīngdǒng 没听懂　聞いて理解しない（しなかった）	tīngbudǒng 听不懂　聞いて理解できない

● 結果補語を使って可能を表す

【動詞】＋ 得 ＋ 結果補語

Wǒ shuō de Hànyǔ nǐ tīng de dǒng ma?
我 说 的 汉语 你 听 得 懂 吗?
私が話す中国語をあなたは聞いて理解することができますか？

● 結果補語を使って不可能を表す

【動詞】＋ 不 ＋ 結果補語

Tā de yīfu xǐ bu gānjìng.
他 的 衣服 洗 不 干净。
彼の服はきれいに洗えません。

結果補語から作る可能補語は、否定形で表現されることが多いです。

● 可能補語の文の正反疑問文

可能補語の正反疑問文は、可能・不可能の補語を並べて作ります。

Wǒ shuō de Hànyǔ nǐ tīngdedǒng tīngbudǒng?
我 说 的 汉语 你 听得懂 听不懂?
私が話す中国語をあなたは聞いて理解することができますか？

また、前の動詞だけを繰り返す、次の形もあります。

Wǒ shuō de Hànyǔ nǐ tīng bu tīng de dǒng?
我 说 的 汉语 你 听 不 听 得 懂?
私が話す中国語をあなたは聞いて理解することができますか？

> 発 展　「能＋動詞＋結果補語」

● 「できる」は「能」と可能補語

「動詞＋得＋結果補語」の形で可能補語になることを学びましたが、可能を意味する能願動詞「能」を、「動詞＋結果補語」の前に置いて可能の意味を表現することもできます。

Háizi zǒngshì yìbiān tīng yīnyuè yìbiān kàn shū,
孩子 总是 一边 听 音乐 一边 看 书，

能 ＋ 動詞 ＋ 結果補語
tā néng jì zhù le ma?
她 能 记 住 了 吗?

動詞 ＋ 得 ＋ 結果補語
Tā jì de zhù le ma?
＝ 她 记 得 住 了 吗?

子供はいつも音楽を聞きながら本を読みますが、彼女は覚えられるのですか？

● 「できない」は可能補語

結果補語を伴う動詞を用いて不可能の意味を表すときには、原則的に「動詞＋不＋結果補語」の形で表現します。「不能＋動詞＋結果補語」という形は「〜してはいけない」という禁止の意味を含んでしまう場合もあるので、文脈によって判断できるようにしましょう。

動詞 ＋ 不 ＋ 結果補語
Nǐ dǎ bu kāi diànnǎo.
你 打 不 开 电脑。
あなたはコンピューターをつけることができません。

不能 ＋ 動詞 ＋ 結果補語
Nǐ bùnéng dǎ kāi diànnǎo.
你 不能 打 开 电脑。
（あなたは）コンピューターをつけてはいけません。

HSKの例文　結果補語を使った会話の問題

結果補語とその否定形・疑問文が出てくる問題です。すべてこのUNITで学んだ文法事項ですので、それを正確に聞き取れるように何度も聞いてみましょう。会話を聞いて写真の中から適当なものを選ぶ問題です。カメラを探している内容を聞き取り、写真の中からふさわしいものを探し出しましょう。

女：你 看见 我 的 照相机 了 吗？我 记得 放在 包里
　　Nǐ kànjiàn wǒ de zhàoxiàngjī le ma? Wǒ jìde fàngzài bāoli
　　了 啊。
　　le a.

男：没 看见。别 着急，*慢慢 找。
　　Méi kànjiàn. Bié zháojí, mànmàn zhǎo.

*慢慢の2番目の音は第一声でも元の声調である第三声でも読まれることがあります。

女：私のカメラを見ませんでしたか？鞄の中に入れたと覚えているのですが。
男：見ていませんよ。慌てないで、ゆっくり探してください。

補充単語

	行李箱	xínglixiāng	スーツケース
△	明白	míngbai	理解する

UNIT 12 練習問題

1 次の1〜3の中国語と組み合わせて意味が通るものをA〜Cの中から選んでそれぞれ日本語に訳しましょう。

> A 太难了，我不会。
> B 可能在前面吧。
> C 我还没听懂呢。

1) 作业还没写完吗？已经10点了。
2) 今天的*内容都记住了吗？
3) 找到电梯在哪儿了吗？

1) _____ 訳 _____
2) _____ 訳 _____
3) _____ 訳 _____

*内容（4級）：内容

2 （　　）に入る語をA〜Cの中から選び、完成した文を日本語に訳しましょう。

> A 清楚　　B 完　　C 开

1) 请打（　　）房门。
2) 喂，请大点儿声说，我听不（　　）。
3) A：那本书我还没看（　　），过两天再还给你*行吗？
   B：好的，没问题！

1) _____ 訳 _____
2) _____ 訳 _____
3) _____ 訳 A _____
              B _____

*行（4級）：よろしい・すばらしい・十分だ

3

文を読んで、★の質問に対する答えをＡ～Ｃの中から１つ選びましょう。

1) 这张地图你能看懂吗？ 我 [*1]一看地图就头疼，所以有人说女人看不懂地图，我觉得说得很对。我们该怎么走才能走到地铁站呢？

    ★ 说话的人可能：

    A 在地铁站　　B 是女的　　C 会看地图

2) 不好，我拿错了行李箱。这个行李箱[*2]和我的一样都是[*3]深蓝色的。我该怎么办啊？

    ★ 他怎么了？

    A 拿了别人的行李箱　　B 行李箱没了

    C 想买深蓝色的行李箱

3) 现在[*4]高中的课是越来越难了，儿子的作业我都读不明白。看着儿子每天学得那么晚，很担心他的身体。

    ★ 他说什么？

    A 儿子身体不好　　B 儿子的作业很难　　C 儿子听不懂课

1) _____　　2) _____　　3) _____

*1　一～就…：～するとすぐ…（→UNIT23参照）
*2　「Ａ＋和＋Ｂ＋一样」：ＡとＢは同じ（比較表現→UNIT19参照）
*3　深（4級）：深い・濃い
*4　高中：高級中学（日本の高校）

UNIT 12　解答

1　会話文の組み合わせ問題

1) **A**　Zuòyè hái méi xiěwán ma?　Yǐjīng shí diǎn le.
作业 还 没 写完 吗? 已经 10 点 了。
宿題はまだやり終わっていないのですか？もう10時ですよ。

Tài nán le, wǒ búhuì.
太 难 了, 我 不会。
とても難しくて、私はできません。

2) **C**　Jīntiān de nèiróng dōu jìzhù le ma?
今天 的 内容 都 记住 了 吗?
今日の内容はみんな覚えましたか？

Wǒ hái méi tīngdǒng ne.
我 还 没 听懂 呢。
私はまだ聞いてわかっていません。

3) **B**　Zhǎodào diàntī zài nǎr le ma?
找到 电梯 在 哪儿 了 吗?
エレベーターがどこにあるのか見つかりましたか？

Kěnéng zài qiánmiàn ba.
可能 在 前面 吧。
おそらく前にあるでしょう。

結果補語に注意しましょう。
1.「写完（書き終わる）」、結果補語の否定は「没」を使います。
2.「记住（しっかりと覚える）」、「听懂（聞いてわかる）」
3.「找到（みつかる）」

2　空所補充問題

1) **C**　Qǐng dǎkāi fángmén.
请 打(开) 房门。
家のドアを開けてください。

2) **A**　Wèi, qǐng dà diǎnr shēng shuō, wǒ tīng bu qīngchu.
喂, 请 大 点儿 声 说, 我 听 不 (清楚)。
すみません、少し大きな声で言ってください。私ははっきりと聞き取れません。

3) **B**　A: Nàběn shū wǒ hái méi kànwán, guò liǎngtiān zài huán gěi nǐ xíng ma?
A: 那本 书 我 还 没 看(完), 过 两天 再 还 给 你 行 吗?
その本を私はまだ読み終わっていません。2日後にまたあなたに返してもいいですか？

Hǎo de, méi wèntí!
B: 好 的, 没 问题!
いいですよ。大丈夫です！

1.「動詞＋不／得＋結果補語」は可能の意味を表します。「听不清楚」は「はっきりと聞き取ることができない」という意味です。
2.「还huán」は「返す」意味です。「还」には発音が2通りあり、「hái」と発音すると「まだ」の意味です。

172

3 読み取り問題

1) **B**
Zhèzhāng dìtú nǐ néng kàndǒng ma? Wǒ yí kàn dìtú jiù tóuténg, suǒyǐ yǒu
这张 地图 你 能 看懂 吗？我 一 看 地图 就 头疼，所以 有
rén shuō nǚrén kàn budǒng dìtú, wǒ juéde shuō de hěn duì. Wǒmen gāi
人 说 女人 看 不 懂 地图，我 觉得 说 得 很 对。我们 该
zěnme zǒu cái néng zǒudào dìtiě zhàn ne?
怎么 走 才 能 走到 地铁 站 呢？

この地図、あなたは見てわかりますか？私は地図を見ると頭が痛くなります。だからある人が女性は地図を見て理解できないと言っていますが、私はその言っていることは正しいと思います。私たちはどうやって行ったら地下鉄の駅にたどり着けるの？

Shuōhuà de rén kěnéng:
★ 说话 的 人 可能：
話している人はおそらく：

zài dìtiě zhàn　　　　　　shì nǚ de　　　　　　huì kàn dìtú
A 在 地铁 站　　　　　B 是 女 的　　　　　C 会 看 地图
地下鉄の駅にいる　　　　女の人　　　　　　　地図を読むことができる

2) **A**
Bùhǎo, wǒ nácuò le xínglixiāng. Zhège xínglixiāng hé wǒ de yíyàng dōu shì
不好，我 拿错 了 行李箱。这个 行李箱 和 我 的 一样 都 是
shēnlánsè de. Wǒ gāi zěnmebàn a?
深蓝色 的。我 该 怎么办 啊？

いけません。私はスーツケースを持ち間違えてしまいました。このスーツケースは私のと同じ紺色です。私はどうすべきでしょうか？

Tā zěnme le?
★ 他 怎么 了？
彼はどうしましたか？

ná le biérén de xínglixiāng　　　　　　xínglixiāng méi le
A 拿 了 别人 的 行李箱　　　　　B 行李箱 没 了
ほかの人のスーツケースを持った　　　　スーツケースをなくした

xiǎng mǎi shēnlánsè de xínglixiāng
C 想 买 深蓝色 的 行李箱
紺色のスーツケースが買いたい

3) **B**
Xiànzài gāozhōng de kè shì yuèláiyuè nán le, érzi de zuòyè wǒ dōu
现在 高中 的 课 是 越来越 难 了，儿子 的 作业 我 都
dú bu míngbai. Kànzhe érzi měitiān xué de nàme wǎn, hěn dānxīn tā de
读 不 明白。看着 儿子 每天 学 得 那么 晚，很 担心 他 的
shēntǐ.
身体。

今高校の授業はだんだん難しくなり、息子の宿題を私はまったく理解できません。息子が毎日あんなに遅くまで勉強しているのを見ていると、彼の体がとても心配になります。

Tā shuō shénme?
★ 他 说 什么？
彼は何を言っていますか？

érzi shēntǐ bùhǎo　　　　　　érzi de zuòyè hěn nán
A 儿子 身体 不好　　　　　B 儿子 的 作业 很 难
息子の体がよくない　　　　　　息子の宿題は難しい

érzi tīng bu dǒng kè
C 儿子 听 不 懂 课
息子は授業を聞いて理解できない

UNIT 13 方向補語

Tàiyáng cóng xībian chūlai ma?
太阳 从 西边 出来 吗?
太陽は西から出てくるのですか？

動詞の後ろにつけて、その動作の方向を説明するのが方向補語です。この例文では「出来（出てくる）」の「来」が方向補語です。このUNITでは、方向補語の用法や注意点を確認します。

覚えておきたい基本単語

☆	西	xī	西
○	口	kǒu	出入り口
	行李箱	xínglixiāng	スーツケース（「行李」で「荷物」）
△	周末	zhōumò	週末
	突然	tūrán	突然に・突然だ
○	最近	zuìjìn	最近
	选	xuǎn	選ぶ
	铅笔	qiānbǐ	鉛筆
△	护照	hùzhào	パスポート
△	容易	róngyì	簡単だ
○	难	nán	難しい

POINT 1　動詞＋方向補語

方向補語になれる語は、もともと動詞として単独でも使えるものです。方向補語として使われるときには、それらの語が動詞の後ろについて、動作の方向を表す役割を果たしています。

方向補語の基本用法

方向補語には、大別すると、動詞の後ろに「去・来」をつけるもの、「上・下・進・出・回・过・起・开」という8つの補語をつけるものの、2通りのパターンがあります。
まずはそれぞれの意味を確認してみましょう。動詞の直後につく方向補語は軽声で発音されます。

「去・来」	qu 去	自分から離れていく動作を表す	náqu 拿去 持っていく
	lai 来	自分に近づいてくる動作を表す	nálai 拿来 持ってくる
「去・来」以外の方向補語	shang 上	「のぼる」動作を表す	Tā páshang le nà zuò shān. 他 爬上 了那*座 山。 彼はその山を登りました。
	xia 下	「おりる」動作を表す	Tā zǒuxia yìcéng. 他 走下 一层。 彼は1階へおりていきました。
	jin 进	「はいる」動作を表す	Wǒ zǒujin le jiàoshì. 我 走进 了 教室。 私は教室へ入っていきました。
	chu 出	「でる」動作を表す	Wǒ zǒuchu le jiàoshì. 我 走出 了 教室。 私は教室を出ていきました。
	hui 回	「帰る」動作を表す	Wǒ pǎohui jiā le. 我 跑回 家 了。 私は家に走って帰りました。
	guo 过（4級）	「すぎる」動作を表す	Tā zǒuguo wǒ jiā de ménkǒu. 她 走过 我 家 的 门口。 彼女は私の家の入り口を通り過ぎました。
	qi 起	「起きる」動作を表す	Tā bānqi xínglixiāng. 他 搬起 行李箱。 彼はスーツケースを持ち上げました。
	kai 开	「開ける・離れる」動作を表す	Tā zǒukai le. 他 走开 了。 彼は（その場を）立ち去りました。

＊座（4級）：大きくて動かないもの（山や建物など）を数える量詞

- 方向補語「去・来」

動詞 + 方向補語

Kěnéng zhège zhōumò tā cái néng huí lai.
可能 这个 周末 她 才 能 回 来。
おそらく今週末に彼女はようやく帰ってくることができるでしょう。

- 方向補語「上・下・进・出・回・过・起・开」

動詞 + 方向補語

Gāngcái tiānqì duō hǎo a, tūrán jiù guā qi dàfēng le.
刚才 天气 多 好 啊, 突然 就 刮 起 大风 了。
たった今天気が何ともよかったのに、突然大風が吹き始めました。

方向補語と目的語の位置

方向補語を伴う動詞に目的語があるとき、目的語の位置は、「去・来」とそのほかの方向補語で異なりますので注意しましょう。

- 方向補語「去・来」の場合

目的語は方向補語の前に置きます。動詞と方向補語の間に目的語が入るため、動詞と方向補語が離れてしまうことに注意しましょう。

動詞 + **目的語** + 方向補語

Zuìjìn tā huí Zhōngguó qù le.
最近 他 回 中国 去 了。
最近、彼は中国へ帰っていきました。

- 方向補語「上・下・进・出・回・过・起・开」の場合

目的語は方向補語の後ろに置きます。

動詞 + 方向補語 + **目的語**

Wǒ zǒu jin le xǐshǒujiān.
我 走 进 了 洗手间。
私はトイレに入っていきました。

方向補語を可能補語にする方法

UNIT12で、結果補語を可能補語にする方法を学びました。動詞と結果補語の間に「得」を置くと可能の意味、「不」を置くと不可能の意味を表しました。方向補語も同じように、動詞と方向補語の間に、「得」または「不」を置くことで、それぞれ可能または不可能の意味を表すことができます。

- 方向補語で可能を表す

動詞 + 得 + 方向補語

Wǒ ná de qù.
我 拿 得 去。
私は持っていけます。

● 方向補語で不可能を表す

動詞 ＋ 不 ＋ 方向補語

Wǒ　ná　bu　qù.
我　拿　不　去。
私は持っていくことができません。

POINT 2 複合方向補語の用法

方向補語には、「駆け出してくる＝「駆け」＋「出して」＋「くる」」や「持ち帰っていく＝「持ち」＋「帰って」＋「いく」」などというように、動詞の後に2種類の方向補語を重ねて表現する用法があります。これを複合方向補語といいます。

複合方向補語の語順

方向補語を2つ重ねて表現する複合方向補語は、その語順にルールがあります。基本的に「動詞＋方向補語A＋方向補語B」のように並べますが、「方向補語A」は「去・来」以外の方向補語を置き、「方向補語B」には「去」か「来」を置きます。

動詞 ＋方向補語A＋方向補語B（去／来）

Wǒ　xuǎn　le　jǐzhāng　xǐ　chu　lai　le.
我　选　了　几张　＊洗　出　来　了。
私は何枚か選んで、現像しました。

＊洗：現像する

※ この「出来」は「完成する」という意味です。これは「出てくる」という本来の意味から派生して抽象的な意味を表すようになった例です（→発展参照）。

● 動詞に目的語がある場合の語順

動詞に目的語がある場合、「去・来」の前に置くというルールはすでに学びました。このルールに基づき、目的語は2つの方向補語の間（つまり「去／来」の前）に置きます。

動詞 ＋方向補語A＋ 目的語 ＋方向補語B（去／来）

Tā　pǎo　chu　bàngōngshì　lai　le.
他　跑　出　办公室　来　了。
彼は事務所から駆け出してきました。

177

目的語をとる動詞に複合方向補語がつく場合のうち、目的語が持ち運び可能のもので、後ろの方向補語が「来」のときに限り、「動詞＋方向補語A＋方向補語B（来）＋目的語」の語順になることがあります。しかし、これは例外なので、原則のルールをまず覚えるようにしましょう。

動詞 ＋ 方向補語A ＋ 方向補語B（去／来）＋ 目的語

Dàjiā ná chu lai qiānbǐ ba.
大家 拿 出 来 铅笔 吧。
みなさん鉛筆を取り出してください。

動詞 ＋ 方向補語A ＋ 目的語 ＋ 方向補語B（去／来）

Dàjiā ná chu qiānbǐ lái ba.
大家 拿 出 铅笔 来 吧。

● 方向補語の文の否定

方向補語の文の否定形は、すべて「没」を使います。

没 ＋ 動詞 ＋ 方向補語

Lùshang wǒ fāxiàn méi dài hùzhào lai.
路上 我 发现 没 带 护照 来。
途中で私はパスポートを持ってきていないことに気がつきました。

※ 方向補語「来」を用いる場合、動詞の目的語は方向補語の前にきます。この場合は「护照」という目的語があるので、「来」を後ろに置きます。

発展　方向補語の派生的な意味

方向補語はもともと動作の方向を表す意味がありますが、そこから派生して、方向以外の意味をもつことがあります。そのいくつかの例を見てみましょう。

● 「〜起来」

もともとは「起き上がる」という意味ですが、物事や動作が始まるという意味もあります。

Nǐ zěnme tūrán xiǎng qilai mǎi chē le?
你 怎么 突然 想 起来 买 车 了?
どうして突然車を買おうと考え出したのですか？

● 「〜出来」

もともとは「出てくる」という意味ですが、「（明らかな状態になって）わかる」という意味を表すこともあります。

Tā kàn chu hěn dà de wèntí lái.
他 看 出 很 大 的 问题 来。
彼は大きな問題に気づきました。

178

HSKの例文 方向補語の派生的意味の問題

「出来」という複合方向補語が派生的な意味で用いられている文が出てくる問題です。もともとの「出てくる」という意味ではないので、聞き取りながら、それを正確に理解するようにしましょう。
聴解の第2部分の問題です。単文が読み上げられ、その内容に関する説明文が正しいかどうかを判断しましょう。

Nǐ kànkan zhège tí? Kāishǐ dàjiā yǐwéi hěn róngyì, méi xiǎngdào, dào xiàkè yě méi zuòchulai.
你 看看 这个 题? 开始 大家 以为 很 容易, 没 想到, 到 下课 也 没 做出来。

Zhège tí hěn nán.
★这个 题 很 难。

【答え】 ✓

この問題ちょっと見てくれる？始めた時、みんな簡単だと思っていましたが、思いも及びませんでした。授業が終わってもできないとは。
★この問題は難しいです。

● **ポイント!**

「想到」は「動詞＋結果補語」、「做出来」は「動詞＋複合方向補語」の形となっています。結果補語も方向補語も否定形は「没」を使っていることに注意しましょう。

補充単語

△	校长	xiàozhǎng	校長
	看上去	kànshangqu	「見たところ」という意味の慣用表現

UNIT 13　練習問題

1　次の1～3の中国語と組み合わせて意味が通るものをA～Cの中から選んでそれぞれ日本語に訳しましょう。

> A 你喜欢，就拿回去吧。
> B 想起来再告诉你。
> C 他看上去很年轻。

1) 妈妈，我的游戏机放在哪儿了？
2) 你这*¹幅画画得真好！
3) *²咱们校长今年已经60了。

1) _____ 訳 _____
2) _____ 訳 _____
3) _____ 訳 _____

＊1　幅（5級）：（布地や絵画を数える）幅・枚
＊2　咱们（4級）：私たち（相手も含む）

2　(　　)に入る語をA～Dの中から選び、完成した文を日本語に訳しましょう。

> A 下来　　B 起来　　C 上去　　D 回

1) 他是我小学同学，但是他的名字我怎么想也想不（　　）了。
2) 赵小姐看（　　）很像日本人。
3) A：经理，我想跟您*谈谈工作的事。
   B：好，坐（　　）说吧！

1) _____ 訳 _____
2) _____ 訳 _____
3) _____ 訳 A _____
　　　　　　　　B _____

＊谈（4級）：語る・話し合う

180

3 文を読んで、★の質問に対する答えをA～Cの中から１つ選びましょう。

1) 李老师在我们大学很有名。她*1不但教课教得好，关心学生，而且人长得很漂亮。她的女儿已经上高中了，但她看上去只有20多岁的*2样子。学生们都很喜欢她。

   ★ 李老师是什么样的人？

   A 女儿很漂亮　　B 20多岁　　C 很关心学生

2) 昨天在花园*3散步时，听到有人叫我，我想了半天才想起来那个人是我小学同学赵明笑。十多年没见，他的变化太大了。

   ★ 根据这段话，可以知道：

   A 说话人不认识那个人　　B 说话人叫赵明笑

   C 说话人可能不到30岁

3) 不知道是不是*4年龄的关系，我最近非常容易忘事，而且自己想说的事也经常说不上来。真有点儿担心。

   ★ 他怎么了？

   A 经常生病　　B 记不住事　　C 不敢说话

1) ＿＿＿＿　　2) ＿＿＿＿　　3) ＿＿＿＿

*1　不但～, 而且…：～のみならず…（→UNIT23参照）
*2　样子（4級）：様子
*3　散步（4級）：散歩する
*4　年龄（4級）：年齢

UNIT 13　解答

1　会話文の組み合わせ問題

1) B　Māma, wǒ de yóuxìjī fàng zài nǎr le?
　　　妈妈，我 的 游戏机 放 在 哪儿 了？
　　　お母さん、私のゲーム機をどこに置いたのですか？

　　　Xiǎng qilai zài gàosu nǐ.
　　　想 起来 再 告诉 你。
　　　思い出したらまたあなたに言います。

2) A　Nǐ zhè fú huà huà de zhēnhǎo!
　　　你 这 幅画 画 得 真好！
　　　あなたのこの絵はとてもよく描かれています！

　　　Nǐ xǐhuan, jiù ná huiqu ba.
　　　你 喜欢，就 拿 回去 吧。
　　　気に入ったら、持って帰ってください。

3) C　Zánmen xiàozhǎng jīnnián yǐjīng liùshí le.
　　　咱们　 校长 　今年 已经 60 了。
　　　私たちの校長は今年もう60歳です。

　　　Tā kànshàngqu hěn niánqīng.
　　　他 看上去 很 年轻。
　　　見たところ彼は若いです。

方向補語に注意しましょう。
1．「～起来（起きてくる）」、「想起来・想起」で「思い出す、思いつく」という意味です。
2．「～回去（帰って行く）」という表現です。
3．「看上去」は慣用的に「見たところ」という意味になります。

2　空所補充問題

1) B　Tā shì wǒ xiǎoxué tóngxué, dànshì tā de míngzi wǒ zěnme xiǎng yě xiǎng
　　　他 是 我 小学 同学，但是 他 的 名字 我 怎么 想 也 想
　　　buqǐlái le.
　　　不（起来）了。
　　　彼は私の小学校の同級生ですが、彼の名前を私はどう考えても思い出せませんでした。

2) C　Zhào xiǎojiě kànshàngqu hěn xiàng Rìběnrén.
　　　赵 小姐 看（上去）很 像 日本人。
　　　趙さんは見たところまるで日本人のようです。

3) A　Jīnglǐ, wǒ xiǎng gēn nín tántan gōngzuò de shì.
　　A：经理，我 想 跟 您 谈谈 工作 的 事。
　　　社長、私はあなたと仕事のことで少しお話ししたいのですが。

　　　Hǎo, zuò xialai shuō ba!
　　B：好，坐（下来）说 吧！
　　　いいですよ。腰掛けて話してください！

1．「動詞＋不＋方向補語」は不可能の意味を表します。
3．「～下来」は動作の方向が上から下に移ることを意味します。

3 読み取り問題

1) **C**
Lǐ lǎoshī zài wǒmen dàxué hěn yǒumíng. Tā búdàn jiāokè jiāodehǎo,
李 老师 在 我们 大学 很 有名。 她 不但 教课 教得好，
guānxīn xuésheng, érqiě rén zhǎng de hěn piàoliang. Tā de nǚ'ér yǐjīng shàng
关心 学生，而且 人 长 得 很 漂亮。 她 的 女儿 已经 上
gāozhōng le, dàn tā kànshàngqu zhǐyǒu èrshíduō suì de yàngzi. Xuésheng
高中 了，但 她 看上去 只有 20 多 岁 的 样子。 学生
men dōu hěn xǐhuan tā.
们 都 很 喜欢 她。

李先生は私たちの大学で有名です。彼女は授業をするのがうまく、学生の面倒見がいいばかりでなく、とてもきれいな人です。彼女の娘さんはすでに高校に通っているのに、彼女は見たところわずか20歳あまりのように見えます。学生たちは皆彼女が好きです。

Lǐ lǎoshī shì shénmeyàng de rén?
★ 李 老师 是 什么样 的 人？
李先生はどのような人ですか？

A 女儿 很 漂亮 (nǚ'ér hěn piàoliang)
娘さんがきれい
B 20 多岁 (èrshíduōsuì)
20歳あまりである
C 很 关心 学生 (hěn guānxīn xuésheng)
学生の面倒をみる

2) **C**
Zuótiān zài huāyuán sànbù shí, tīngdào yǒu rén jiào wǒ, wǒ xiǎng le bàntiān
昨天 在 花园 散步 时，听到 有 人 叫 我，我 想 了 半天
cái xiǎng qǐlai nàge rén shì wǒ xiǎoxué tóngxué Zhào Míngxiào. Shíduōnián
才 想 起来 那个 人 是 我 小学 同学 赵明笑。 十多年
méi jiàn, tā de biànhuà tài dà le.
没 见，他 的 变化 太 大 了。

昨日、花園で散歩をしていた時、私を呼ぶ声を耳にしました。私はしばらく考えて、その人が私の小学校の同級生趙明笑であることをやっと思い出しました。10数年会っていなかったので、彼はずいぶんと変わっていました。

Gēnjù zhè duàn huà kěyǐ zhīdào:
★ 根据 这 段 话，可以 知道：
この話からわかることは：

A 说话人 不 认识 那个 人 (shuōhuàrén bú rènshi nàge rén)
話している人はその人を知らない
B 说话人 叫 赵 明笑 (shuōhuàrén jiào Zhào Míngxiào)
話している人は趙明笑という
C 说话人 可能 不到 30 岁 (shuōhuàrén kěnéng búdào sānshísuì)
話している人はおそらく30歳になっていない

3) **B**
Bùzhīdào shìbushì niánlíng de guānxi, wǒ zuìjìn fēicháng róngyì wàngshì,
不知道 是不是 年龄 的 关系，我 最近 非常 容易 忘事，
érqiě zìjǐ xiǎng shuō de shì yě jīngcháng shuōbushànglái. Zhēn yǒudiǎnr
而且 自己 想 说 的 事 也 经常 说不上来。 真 有点儿
dānxīn.
担心。

年齢と関係があるかどうかわかりませんが、私は最近とてもものを忘れやすく、さらに自分が言いたいことも常に言い出すことができません。本当にちょっと心配です。

Tā zěnme le?
★ 他 怎么 了？
彼はどうしましたか？

A 经常 生病 (jīngcháng shēngbìng)
いつも病気をする
B 记不住 事 (jìbuzhù shì)
ものをしっかりと覚えられない
C 不敢 说话 (bùgǎn shuōhuà)
話をする勇気がない

1、3.「不但～、而且…」で「であるばかりか、さらに…」（→UNIT23参照）。3のように前の「不但」は省略することもある。

183

Part 5　実践問題　🎧 t3Q-15-P5

一、听　力

1　音声を聞いて、その内容に合う写真を選び記号で答えましょう。

第1-5題

A 　　　　　　　B 　　　　　　　C

D 　　　　　　　E

1) _____　2) _____　3) _____　4) _____　5) _____

2　音声を聞いて、★の文が内容と合致する場合は「✓」、合致しない場合は「×」で答えましょう。

1) ★ 他爸爸唱歌唱得不好。　　　　　_____

2) ★ 他记得那个人的名字。　　　　　_____

3) ★ 他不是中国人。　　　　　　　　_____

4) ★ 笑笑吃得很快。　　　　　　　　_____

5) ★ 他们都是上海人。　　　　　　　_____

3 会話を聞いて、質問に対する答えをA～Cの中から1つ選びましょう。

1) A 女的孩子很可爱　　B 女的弟弟很可爱　　C 女的有弟弟
2) A 三楼　　　　　　　B 女的家　　　　　　C 女的家以外的地方
3) A 要多穿衣服　　　　B 衣服太多了　　　　C 不冷
4) A 是朋友　　　　　　B 以前没有见过　　　C 很早以前见过
5) A 发烧了　　　　　　B 累了　　　　　　　C 不舒服

4 会話を聞いて、質問に対する答えをA～Cの中から1つ選びましょう。

1) A 女的表演得好　　　B 女的照得好　　　　C 男的跳得好
2) A 妈妈和儿子　　　　B 爸爸和女儿　　　　C 姐姐和弟弟
3) A 开车　　　　　　　B 坐车　　　　　　　C 在医院
4) A 他们走错路了　　　B 他们在等客人
   C 他们打电话给王老师了
5) A 女的儿子不喜欢学习
   B 女的丈夫知道的东西很多
   C 女的儿子想做老师

185

Part 5　実践問題

二、阅　读

1　次の1～5の中国語と組み合わせて意味が通るものをA～Eの中から選びましょう。

第1-5题

> A 我看完电视就写。
> B 可能走错路了。
> C 同学们好！昨天的作业都做完了吗？
> D 像她妈妈。
> E 这么长，我记不住！

1）他女儿长得真漂亮。　　　　　_____

2）是这么走吗？你没记错吧？　_____

3）作业还没写完吗？　　　　　　_____

4）这是你弟弟现在住的地方，记好了。　_____

5）大家快坐好，老师要来了！　_____

2 （　　）に入る語をA〜Eの中から選びましょう。

第1-5题

> A 错　　B 没　　C 清楚　　D 得　　E 好

1) 你儿子跑（　　）太快了。
2) 准备（　　）了，可以走了。
3) 太小声了。我听不（　　）。
4) 对不起，我拿（　　）了行李！
5) 请再说一次，我（　　）听明白。

第6-10题

> A 完　　B 懂　　C 不好　　D 没　　E 好

6) A：你儿子找（　　）找到工作呢？
   B：已经找到了。
7) A：饭做（　　）了，我们一起吃吧。
   B：谢谢你。
8) A：写（　　）作业，妈妈带你去公园！
   B：太好了。
9) A：这本书看得（　　）吗？
   B：有一点儿难。
10) A：我这次考试考得（　　）！
    B：没关系，下次努力吧。

Part 5　実践問題

3　文を読んで、★の質問に対する答えをA～Cの中から1つ選びましょう。

1) 老师，这个词的意思我没听懂，请您再给我讲一下，好吗？

   ★ 说话人可能是：

   A 老师　　B 学生　　C 医生

2) 请大家带好护照等重要东西，记住我的手机*号码。如果走错了，找不到宾馆时，就给我打电话。

   ★ 他们可能：

   A 在旅游　　B 在宾馆　　C 在打电话

3) 昨晚的雪下得很大，地铁和公共汽车也都开不了了。上海很少下大雪，所以很多上海人都不习惯。

   ★ 昨晚怎么了？

   A 地铁坏了　　B 公共汽车很多　　C 下大雪了

4) 喂，妈，我是小明。我已经下飞机了。什么？听不清楚我说的话？我在机场呢，人很多。我马上回去，给我准备点吃的，我饿了。

   ★ 他在做什么？

   A 吃饭　　B 打电话　　C 坐飞机

5) 中国人很喜欢喝热茶，因为热茶喝得舒服。冬天喝，可以使身体暖起来，夏天喝，可以帮助身体去热。

   ★ 根据这段话，可以知道：

   A 中国人经常喝茶　　B 茶要冬天喝　　C 茶要夏天喝

*号码（4级）：番号

三、书　写

1 語句を並べ替えて正しい文を作りましょう。

1) 手机 / 他 / 错 / 了 / 拿
2) 住 / 我 / 名字 / 记 / 那个人 / 的 / 没
3) 越来越 / 雨 / 了 / 下 / 得 / 大
4) 他 / 你弟弟 / 没 / 到 / 是 / 想
5) 踢球 / 踢 / 你儿子 / 真 / 好 / 得

1) _____
2) _____
3) _____
4) _____
5) _____

2 （　　）に入る語をピンインを参考に書きましょう。

1) 你记（ cuò ）路了吧？
2) 这个孩子长得越（ lái ）越高了。
3) 你说话的声音太小了，我听不（ qīngchu ）。
4) 作业写（ wán ）了再去玩儿！
5) 这个门怎么打不（ kāi ）呢？

Part 5 解答

一、听力

1 聞き取り問題（第1部分）

1) D 女：Wǒ tīngshuō jīntiān huì xiàyǔ, dàn tiān biàn de yuèláiyuè qíng le.
我 听说 今天 会 下雨，但 天 变 得 越来越 晴 了。
今日は雨だと聞いていましたが、空がだんだん晴れてきました。

男：Shì a, tàiyáng chūlai le.
是 啊，太阳 出来 了。
そうですね。太陽が出てきました。

2) C 男：Jīntiān báitiān shénme dōu méi chī, wǒ è huàile, fàn hǎo le ma?
今天 白天 什么 都 没 吃，我 饿 坏了，饭 好 了 吗？
今日はお昼に何も食べていないので、お腹が空いて死にそうです。ご飯はできましたか？

女：Zuò hǎo le, kěyǐ chī le.
做 好 了，可以 吃 了。
できました。食べられますよ。

3) E 男：Zhè shì nǐ de zhàopiàn ma? Nǐ xiǎo de shíhou zhǎng de zhēn pàng!
这 是 你 的 照片 吗？你 小 的 时候 长 得 真 胖！
これはあなたの写真ですか？　あなたは小さい頃本当に太っていましたね！

女：Hěn duō rén zhème shuō.
很 多 人 这么 说。
多くの人がそう言います。

4) A 男：Duìbuqǐ, wǒ xiěcuò le.
对不起，我 写错 了。
すみません。私は書き間違えました。

女：Méi guānxi, wǒ zài gěi nǐ yìzhāng, nǐ zài xiě yícì.
没 关系，我 再 给 你 一张，你 再 写 一次。
大丈夫、もう1枚あげますから、もう一度書いてください。

5) B 男：Māma, wǒ zuòyè xiě wán le. Fàn zuò hǎo le ma?
妈妈，我 作业 写 完 了。饭 做 好 了 吗？
お母さん、宿題終わったよ。ご飯はできた？

女：Kuài hǎo le, děng yíhuìr.
快 好 了，等 一会儿。
もうすぐできるよ、ちょっとまってね。

2 聞き取り問題（第2部分）

1) ✗ ★ Tā bàba chànggē chàng de bùhǎo.
他 爸爸 唱歌 唱 得 不好。
彼のお父さんは歌を歌うのが上手ではありません。

Wǒ bàba zài xué chànggē, chàng de hái búcuò. Zài jiā tiāntiān dōu chàng.
我 爸爸 在 学 唱歌，唱 得 还 不错。在 家 天天 都 唱。
私の父は歌を歌うのを習っていて、歌うのがまあまあ上手です。家で毎日歌っています。

2) ✗ ★ *Tā jìde nàge rén de míngzi.*
他 记得 那个 人 的 名字。
彼はその人の名前を覚えています。

Nǐ jiào shénme míngzi? Wǒ méi tīng qīngchu. Néng zài shuō yícì ma?
你 叫 什么 名字？我 没 听 清楚。能 再 说 一次 吗？
あなたは何という名前ですか？はっきり聞こえませんでした。もう一度言ってもらえませんか？

3) ✓ ★ *Tā bú shì Zhōngguórén.*
他 不 是 中国人。
彼は中国人ではありません。

Tā Hànyǔ shuō de fēicháng hǎo, hěn duō rén yǐwéi tā shì Zhōngguórén ne.
他 汉语 说 得 非常 好，很 多 人 以为 他 是 中国人 呢。
彼は中国語を話すのがとてもうまいです。多くの人は彼が中国人だと思っています。

4) ✓ ★ *Xiàoxiao chī de hěn kuài.*
笑笑 吃 得 很 快。
笑笑は食べるのが早いです。

Xiàoxiao, bié jí, chī màn diǎnr, miànbāo háiyǒu ne. Chī wánle hái néng zài mǎi.
笑笑，别 急，吃 慢 点儿，面包 还有 呢。吃 完了 还 能 再 买。
笑笑、急がないで。もう少しゆっくり食べて。パンはまだありますよ。食べてしまっても、また買ってくればいいんだから。

5) ✓ ★ *Tāmen dōu shì Shànghǎirén.*
他们 都 是 上海人。
彼らは皆、上海出身です。

Nǐmen zhǎng de zhème gāo, méi xiǎngdào hé wǒ yíyàng shì Shànghǎirén.
你们 长 得 这么 高，没 想到 和 我 一样 是 上海人。
あなた方はこんなにも背が高いので、私と同じ上海出身とは思いもよりませんでした。

3 聞き取り問題（第3部分）

1) C 男：*Nǐ nǚ'ér zhǎngde zhēn kě'ài!*
你 女儿 长 得 真 可爱！
あなたの娘さんは本当にかわいいですね！

女：*Tā shì wǒ dìdi de háizi.*
她 是 我 弟弟 的 孩子。
彼女は私の弟の子供です。

问：*Gēnjù zhèduàn huà, kěyǐ zhīdào:*
根据 这段 话，可以 知道：
この話からわかることは：

Part 5　解答

A 女的孩子很可爱
<small>nǚ de háizi hěn kě'ài</small>
女の人の子供はかわいい

B 女的弟弟很可爱
<small>nǚ de dìdi hěn kě'ài</small>
女の人の弟はかわいい

C 女的有弟弟
<small>nǚ de yǒu dìdi</small>
女の人には弟がいる

2) C　女：我住三楼，302号。
<small>Wǒ zhù sānlóu, sānlíngèr hào.</small>
私は3階に住んでいます。302号室です。

　　　男：知道了，我走错路了。再3分钟就到你家。
<small>Zhīdào le, wǒ zǒucuò lù le. Zài sān fēnzhōng jiù dào nǐ jiā.</small>
わかりました。道を間違えました。あと3分であなたの家に着きます。

　　　问：男的现在可能在哪儿？
<small>Nán de xiànzài kěnéng zài nǎr?</small>
男の人は今どこにいる可能性がありますか？

A 三楼　　B 女的家　　C 女的家以外的地方
<small>sān lóu　　　nǚ de jiā　　　　nǚ de jiā yǐwài de dìfang</small>
3階　　　　女の人の家　　女性の家以外の所

3) A　男：天变冷了，多穿些衣服吧！
<small>Tiān biàn lěng le, duō chuān xiē yīfu ba!</small>
寒くなりました。多めに服を着てください！

　　　女：没事儿，我不冷。
<small>Méi shìr, wǒ bù lěng.</small>
大丈夫、私は寒くありません。

　　　问：男的说什么？
<small>Nán de shuō shénme?</small>
男の人は何と言いましたか？

A 要多穿衣服　　B 衣服太多了　　C 不冷
<small>yào duō chuān yīfu　　　yīfu tài duō le　　　bù lěng</small>
多く服を着なければならない　服が多すぎる　寒くない

4) B　男：初次见面，我叫张明！
<small>Chūcì jiànmiàn, wǒ jiào ZhāngMíng!</small>
初めまして、私は張明と言います！

　　　女：我记住了，欢迎你！
<small>Wǒ jìzhù le, huānyíng nǐ!</small>
私は覚えました、ようこそ！

　　　问：他们可能：
<small>Tāmen kěnéng</small>
彼らはおそらく：

　　　　　　shì péngyou　　　　yǐqián méiyǒu jiànguo
　　　A 是 朋友　　　B 以前 没有 见过
　　　　友達である　　　　以前に会ったことがない
　　　　　hěn zǎo yǐqián jiànguo
　　　C 很 早 以前 见过
　　　　ずっと前に会ったことがある

5) B 　　　　Nǐ zěnme le, liǎnsè kànshangqu bútài hǎo, shēntǐ bù shūfu ma?
　　　女：你 怎么 了，脸色 看上去 不太 好，身体 不 舒服 吗？
　　　　　どうしましたか。顔色が悪いようですが、体の具合が悪いのですか？
　　　　　　Méi shénme, zhǐ shì xuéxí xuélèi le.
　　　男：没 什么，只 是 学习 学累 了。
　　　　　何でもありません。ただ勉強で疲れています。
　　　　　Nán de zěnme le?
　　　问：男 的 怎么 了？
　　　　　男の人はどうしましたか？
　　　　　fāshāo le　　　　　lèi le　　　　　　bù shūfu
　　　A 发烧 了　　　B 累 了　　　C 不 舒服
　　　　熱が出た　　　　　疲れた　　　　　　気分が悪い

4　聞き取り問題（第4部分）

1) A 　　　Zhè shì nǐ biǎoyǎn shí de zhàopiàn, duō piàoliang.
　　　男：这 是 你 表演 时 的 照片，多 漂亮。
　　　　　これはあなたの公演の時の写真です。何ともきれいですね。
　　　　　Shì nǐ zhào de hǎo.
　　　女：是 你 照 得 好。
　　　　　あなたが写すのがうまいんですよ。
　　　　　Dàjiā dōu shuō nǐ biǎoyǎn de hěn hǎo ne.
　　　男：大家 都 说 你 表演 得 很 好 呢。
　　　　　みんなあなたのステージはとてもうまくいったと言っていたよ。
　　　　　Wǒ zhēn gāoxìng, xièxie.
　　　女：我 真 高兴，谢谢。
　　　　　私は本当にうれしいです。ありがとう。
　　　　　Tāmen zài shuō shénme?
　　　问：他们 在 说 什么？
　　　　　彼らは何を話していますか？
　　　　　nǚ de biǎoyǎn de hǎo　　　　nǚ de zhào de hǎo
　　　A 女 的 表演 得 好　　　B 女 的 照 得 好
　　　　女の人はうまく演じた　　　　女の人は写真をうまく撮った
　　　　　nán de tiào de hǎo
　　　C 男 的 跳 得 好
　　　　男の人はうまく踊った

193

Part 5　解 答

2) B　男：*Māma bú shì zuótiān gāng jiāo gěi nǐ ma, wàng de tài kuài le!*
妈妈 不 是 昨天 刚 教给 你 吗, 忘 得 太 快 了！
お母さんが昨日あなたに教えたばかりじゃない。忘れるのが早すぎるよ！

　　　女：*Bú shì zuótiān, shì qiántiān!*
不 是 昨天, 是 前天！
昨日ではなく一昨日だよ！

　　　男：*Láilailai, wǒ zài jiāo nǐ yícì!*
来来来, 我 再 教 你 一次！
さあさあ来て、私がもう一度教えるから！

　　　女：*Wǒ bù xiǎng xuéxí, wǒ xiǎng qù gōngyuán wánr!*
我 不 想 学习, 我 想 去 公园 玩儿！
でも私は勉強したくない、公園に遊びに行きたい！

　　　问：*Tāmen zuì kěnéng shì shénme guānxi?*
他们 最 可能 是 什么 关系？
彼らはどのような関係である可能性が最も高いですか？

　　　māma hé érzi　　　　*bàba hé nǚ'ér*　　　　*jiějie hé dìdi*
　　A 妈妈 和 儿子　　B 爸爸 和 女儿　　C 姐姐 和 弟弟
　　　お母さんと息子　　　お父さんと娘　　　　お姉さんと弟

3) B　女：*Xiānsheng, wǒ yào qù dì sān yīyuàn.*
先生, 我 要 去 第 三 医院。
運転手さん、私は第三病院へ行きたいのですが。

　　　男：*Hǎo de! Qǐng zuòhǎo!*
好 的！ 请 坐好！
いいですよ！しっかり座ってください！

　　　女：*Wǒ bù jí, qǐng kāi màn diǎnr.*
我 不 急, 请 开 慢 点儿。
私は急がないから、ゆっくり運転してください。

　　　男：*Míngbai, wǒ bú huì kāi kuài chē.*
明白, 我 不 会 开 快 车。
わかりました。私はスピードを上げません。

　　　问：*Nǚ de zài zuò shénme?*
女 的 在 做 什么？
女の人は何をしていますか？

　　　kāichē　　　　　　*zuòchē*　　　　　　*zài yīyuàn*
　　A 开车　　　　　B 坐车　　　　　C 在 医院
　　　車を運転している　　車に乗っている　　　病院にいる

4) B　男：*Xiànzài jǐ diǎn le? Wánglǎoshī kuài dào le ba?*
现在 几 点 了？王老师 快 到 了 吧？
今何時になりましたか？王先生はもうすぐ着くでしょう？

　　　女：*Bié jí, háiyǒu èrshí duō fēnzhōng ne.*
别 急, 还有 二十 多 分钟 呢。
慌てないで。まだ20分あまりあります。

　　　男：*Wánglǎoshī dìyīcì lái wǒmen jiā, wǒ dānxīn tā zǒucuò lù.*
王老师 第一次 来 我们 家, 我 担心 她 走错 路。

194

女：*Bié dānxīn, zhǎobudào tā yīnggāi dǎ diànhuà gěi wǒmen de.*
别 担心，找不到 她 应该 打 电话 给 我们 的。
王先生は初めて私たちの家に来ますから、私は彼女が道をまちがえるのではと心配しています。
心配しないで。見つからなければ、彼女は私たちに電話をしてくるはずです。

问：*Gēnjù zhè duàn huà, kěyǐ zhīdào:*
根据 这 段 话，可以 知道：
この話からわかることは：

A *tāmen zǒucuò lù le*
他们 走错 路 了
彼らは道をまちがえて行った

B *tāmen zài děng kèren*
他们 在 等 客人
彼らは客を待っている

C *tāmen dǎ diànhuà gěi Wáng lǎoshī le*
他们 打 电话 给 王 老师 了
彼らは王先生に電話をかけた

5) B 男：*Nǐ érzi jǐ niánjí le?*
你 儿子 几 年级 了？
あなたの息子さんは何年生ですか？

女：*Yǐjīng wǔ niánjí le, měitiān dōu zài rènzhēn xuéxí.*
已经 五 年级 了，每天 都 在 认真 学习。
もう５年生です。毎日まじめに勉強をしています。

男：*Yǐhòu kěnéng huì bǐ tā bàba zhīdào de dōngxi hái duō ba, zuò lǎoshī ba.*
以后 可能 会 比 他 爸爸 知道 的 东西 还 多 吧，做 老师 吧。
これからお父さんよりもっと物知りになるでしょう。先生になりましょう（なるのがいいのではないですか）。

女：*Tā xiǎng zuò yīshēng ne.*
他 想 做 医生 呢。
彼は医者になりたがっているのよ。

问：*Gēnjù zhèduàn huà, kěyǐ zhīdào:*
根据 这段 话，可以 知道：
この話からわかることは：

A *nǚ de érzi bù xǐhuan xuéxí*
女 的 儿子 不 喜欢 学习
女の人の息子は勉強をするのが好きではない

B *nǚ de zhàngfu zhīdào de dōngxi hěn duō*
女 的 丈夫 知道 的 东西 很 多
女の人の夫は物知りである

C *nǚ de érzi xiǎng zuò lǎoshī*
女 的 儿子 想 做 老师
女の人の息子は先生になりたい

Part 5 　解　答

二、阅　读

1　読解問題（第1部分）

1) D 　Tā nǚ'ér zhǎng de zhēn piàoliang.
　　　他女儿长得真漂亮。
　　　彼の娘さんは本当にきれいですね。

　　　Xiàng tā māma.
　　　像她妈妈。
　　　彼女のお母さんにそっくりです。

2) B 　Shì zhème zǒu ma? Nǐ méi jìcuò ba?
　　　是这么走吗？你没记错吧？
　　　このように行くのですか？覚え間違えじゃないですよね？

　　　Kěnéng zǒucuò lù le.
　　　可能走错路了。
　　　おそらく道を行き間違えました。

3) A 　Zuòyè hái méi xiěwán ma?
　　　作业还没写完吗？
　　　宿題はまだ終わっていませんか？

　　　Wǒ kànwán diànshì jiù xiě.
　　　我看完电视就写。
　　　テレビを見終わったらやります。

4) E 　Zhè shì nǐ dìdi xiànzài zhù de dìfang, jì hǎo le.
　　　这是你弟弟现在住的地方，记好了。
　　　これはあなたの弟が今住んでいる場所です。よく覚えてね。

　　　Zhème cháng, wǒ jì bu zhù!
　　　这么长，我记不住！
　　　こんなに長いの、私はしっかり覚えられません！

5) C 　Dàjiā kuài zuò hǎo, lǎoshī yào lái le!
　　　大家快坐好，老师要来了！
　　　みなさん早く席に着いてください。先生がまもなく来ます！

　　　Tóngxuémen hǎo! Zuótiān de zuòyè dōu zuòwán le ma?
　　　同学们好！昨天的作业都做完了吗？
　　　みなさんこんにちは！昨日の宿題はちゃんとやりましたか？

2　読解問題（第2部分）

1) D 　Nǐ érzi pǎo de tài kuài le.
　　　你儿子跑(得)太快了。
　　　あなたの息子さんは走るのがとても速いです。

2) E 　Zhǔnbèi hǎo le, kěyǐ zǒu le.
　　　准备(好)了，可以走了。
　　　準備はしっかりできました。行ってもいいですよ。

196

3) C　太小声了。我听不(清楚)。
　　　Tài xiǎo shēng le. Wǒ tīng bu qīngchu.
　　　声が小さすぎますよ。よく聞こえません。

4) A　对不起，我拿(错)了行李！
　　　Duìbuqǐ, wǒ ná cuò le xíngli!
　　　すみません。私は荷物を持ち間違えました！

5) B　请再说一次，我(没)听明白。
　　　Qǐng zài shuō yícì, wǒ méi tīng míngbai.
　　　どうぞもう一度言ってください。私は聞いてわかりませんでした。

6) D　A：你儿子找(没)找到工作呢？
　　　　 Nǐ érzi zhǎo méi zhǎodào gōngzuò ne?
　　　　 あなたの息子さんは仕事が見つかりましたか？
　　　B：已经找到了。
　　　　 Yǐjīng zhǎodào le.
　　　　 すでに見つかりました。

7) E　A：饭做(好)了，我们一起吃吧。
　　　　 Fàn zuò hǎo le, wǒmen yìqǐ chī ba.
　　　　 ご飯ができ上がりました。一緒に食べましょう。
　　　B：谢谢你。
　　　　 Xièxie nǐ.
　　　　 ありがとう。

8) A　A：写(完)作业，妈妈带你去公园！
　　　　 Xiě wán zuòyè, māma dài nǐ qù gōngyuán!
　　　　 宿題をやり終わったら、お母さんが公園へ連れて行ってあげましょう！
　　　B：太好了！
　　　　 Tài hǎo le!
　　　　 よかった（やった）！

9) B　A：这本书看得(懂)吗？
　　　　 Zhèběn shū kàn de dǒng ma?
　　　　 この本を読んで理解できますか？
　　　B：有一点儿难。
　　　　 Yǒu yìdiǎnr nán.
　　　　 ちょっと難しいです。

10) C　A：我这次考试考得(不好)！
　　　　 Wǒ zhècì kǎoshì kǎo de bùhǎo!
　　　　 私は今回の試験はできませんでした！
　　　B：没关系，下次努力吧。
　　　　 Méiguānxi, xiàcì nǔlì ba.
　　　　 大丈夫。次に努力しましょう。

Part 5　解答

3　読解問題（第3部分）

1) **B**　Lǎoshī, zhège cí de yìsi wǒ méi tīngdǒng, qǐng nín zài gěi wǒ jiǎng yíxià, hǎo ma?
老师, 这个 词 的 意思 我 没 听懂, 请 您 再 给 我 讲一下, 好 吗?
先生、この言葉の意味が私は聞いてわかりません。どうかもう一度私に話してくださいませんか?

★ Shuōhuà rén kěnéng shì:
说话 人 可能 是:
話している人はおそらく:

　A　lǎoshī 老师　　　B　xuésheng 学生　　　C　yīshēng 医生
　　　先生　　　　　　　学生　　　　　　　　　医者

2) **A**　Qǐng dàjiā dài hǎo hùzhào děng zhòngyào dōngxi, jìzhù wǒ de shǒujī hàomǎ. Rúguǒ zǒucuò le, zhǎobudào bīnguǎn shí, jiù gěi wǒ dǎ diànhuà.
请 大家 带 好 护照 等 重要 东西, 记住 我 的 手机号码。如果 走错 了, 找不到 宾馆 时, 就 给 我 打 电话。
みなさんパスポートなど大切なものをしっかり持ってください。私の携帯電話の番号をしっかり覚えてください。もし迷子になって、ホテルを探し出せないときは、私に電話をしてください。

★ Tāmen kěnéng:
他们 可能:
彼らはおそらく:

　A　zài lǚyóu 在 旅游　　B　zài bīnguǎn 在 宾馆　　C　zài dǎ diànhuà 在 打 电话
　　　旅行をしている　　　　ホテルにいる　　　　　　電話をしている

3) **C**　Zuówǎn de xuě xià de hěn dà, dìtiě hé gōnggòng qìchē yě dōu kāibuliǎo le. Shànghǎi hěn shǎo xià dàxuě, suǒyǐ hěn duō Shànghǎirén dōu bù xíguàn.
昨晚 的 雪 下 得 很 大, 地铁 和 公共 汽车 也 都 开不了 了。上海 很 少 下 大雪, 所以 很 多 上海人 都不 习惯。
昨晩の雪はたくさん降りました。地下鉄とバスも運行できなくなりました。上海は大雪が降ることが少ないので、多くの上海の人は慣れていません。

★ Zuówǎn zěnme le?
昨晚 怎么 了?
昨晩はどうしましたか?

　A　dìtiě huàile 地铁 坏了　　B　gōnggòng qìchē hěn duō 公共 汽车 很 多　　C　xià dàxuě le 下 大雪 了
　　　地下鉄が壊れた　　　　　　バスが多かった　　　　　　　　　　　　　　　大雪が降った

4) B 喂，妈，我是小明。我已经下飞机了。什么？听不清楚我说的话？我在机场呢，人很多。我马上回去，给我准备点吃的，我饿了。

もしもし、お母さん、私は小明です。もう飛行機を降りました。何？私の話がはっきり聞こえないですって？私は空港にいて、人が多いです。すぐに帰るから、私に何か食べ物を用意しておいてください。お腹が空いています。

★ 他在做什么？
彼は何をしていますか？

A 吃饭　　　　B 打电话　　　　C 坐飞机
ご飯を食べている　電話をしている　飛行機に乗っている

5) A 中国人很喜欢喝热茶，因为热茶喝得舒服。冬天喝，可以使身体暖起来，夏天喝，可以帮助身体去热。

中国人は熱いお茶を飲むのが大好きです。熱いお茶は飲むと気持ちがいいからです。冬飲めば、体を温かくすることができ、夏に飲むと、体から熱を出すのを手伝います。

★ 根据这段话，可以知道：
この話からわかることは：

A 中国人经常喝茶
中国人はいつもお茶を飲む

B 茶要冬天喝
お茶は冬に飲むべき

C 茶要夏天喝
お茶は夏に飲むべき

Part 5 解答

三、书写

1 書き取り問題（第1部分）

1) 他 拿错 手机 了。
   Tā nácuò shǒujī le.
   彼は携帯電話を持ち間違えました。

2) 我 没 记住 那个 人 的 名字。
   Wǒ méi jìzhù nàge rén de míngzi.
   私はその人の名前をしっかり覚えていませんでした。

3) 雨 下 得 越来越 大 了。
   Yǔ xià de yuèláiyuè dà le.
   雨は次第に強く降りました。

4) 没 想到 他 是 你 弟弟。
   Méi xiǎngdào tā shì nǐ dìdi.
   彼があなたの弟だとは思いもよりませんでした。

5) 你 儿子 踢 球 踢 得 真好!
   Nǐ érzi tī qiú tī de zhēnhǎo!
   あなたの息子さんはサッカーをするのが本当に上手です！

2 書き取り問題（第2部分）

1) 你 记(错) 路 了 吧?
   Nǐ jì cuò lù le ba?
   あなたは道を覚え間違えたでしょう？

2) 这个 孩子 长 得 越(来)越 高 了。
   Zhège háizi zhǎng de yuèláiyuè gāo le.
   この子供はどんどん背が高くなりました。

3) 你 说话 的 声音 太 小 了, 我 听 不(清楚)。
   Nǐ shuōhuà de shēngyīn tài xiǎo le, wǒ tīng bu qīngchu.
   あなたの話す声はとても小さいので、私ははっきりと聞くことができません。

4) 作业 写(完) 了 再 去 玩儿!
   Zuòyè xiě wán le zài qù wánr!
   宿題をやり終わったら遊びに行きます！

5) 这个 门 怎么 打 不(开) 呢?
   Zhège mén zěnme dǎ bu kāi ne?
   このドアはどうして開かないのですか？

Part 6

UNIT14 「是〜的」の構文

UNIT15 存現文と動詞の重ね型

UNIT16 使役と禁止の文

UNIT 14 「是～的」の構文

t3Q-16-U14

Wǒmen shì qùnián qiūtiān jiéhūn de.
我们 是 去年 秋天 结婚 的。

私たちは昨年の秋に結婚をしたのです。

すでに起こった動作について、それがどのような状況（時・場所・方法など）で行われたのかを強調するのが「是～的」の構文です。例文では、結婚したことは話者も聞き手も了解済みですが、「秋に」ということが話題の中心になっています。

覚えておきたい基本単語

△	秋天	qiūtiān	秋
	结婚	jiéhūn	結婚する
○	同事	tóngshì	同僚
☆	为	wèi	～のために
	眼镜	yǎnjìng	めがね
△	相信	xiāngxìn	信じる
	绿	lǜ	緑
○	骑	qí	（自転車などに）乗る

POINT 1 「是〜的」の構文が強調するもの

「〜なのです」と強調して動作の状況や動作の主体を説明するのが「是〜的」の構文です。つまり、動作はすでに実現、または決定している事項で、問題はそれがどのように行われたのかを説明することにあります。ここでは、「是〜的」の構文の具体的な使い方について学びましょう。

状況を強調する「是〜的」の構文

「是〜的」の間に「状況語（場所・時間・方法や行為を行った人）＋動詞」を入れると、その部分が強調され、動作が行われた状況を強調して述べることができます。「是」は省略されることもあります。

主語 ＋ 是 ＋ **状況語** ＋ **動詞** ＋ 的

Wǒmen shì jīngguò tóngshì jièshào rènshi de.
我们 是 经过 同事 介绍 认识 的。
私たちは同僚の紹介を通じて知り合ったのです。

● 「状況語＋動詞」を強調する「是〜的」の構文の例

状況語の中でも、時間・場所・方法・理由などを説明しているものが「是〜的」の間に入り、文の中で強調されることが多いです。

時間 ＋ **動詞**

bāyuèyīhào lái
八月一号 来　　　　8月1日に来ます

Tā shì bāyuèyīhào lái de.
他 是 八月一号 来 的。
彼は8月1日に来たのです（来るのです）。

場所 ＋ **動詞**

zài chúfáng zuòfàn
在 厨房 做饭　　　台所でご飯を作ります

Māma shì zài chúfáng zuòfàn de.
妈妈 是 在 厨房 做饭 的。
お母さんは台所でご飯を作るのです。

方法 + 動詞

坐 地铁 去
zuò dìtiě qù

地下鉄で行きます

小李 是 坐 地铁 去 的。
XiǎoLǐ shì zuò dìtiě qù de.

李さんは地下鉄で行ったのです。

理由 + 動詞

为 健康 运动
wèi jiànkāng yùndòng

健康のために運動します

我爸爸 是 为 健康 运动 的。
Wǒbàba shì wèi jiànkāng yùndòng de.

私の父は健康のために運動をしているのです。

上の例は、いずれも動作の状況を説明しています。状況を説明する状況語は、介詞フレーズ（「在～」「坐～」「为～」→UNIT8参照）が多いことにも注意しましょう。

動作の主体を強調する「是～的」の構文

動作の主体・行為者を強調する場合は、「是～的」の間に「主語＋述語（動詞）」が入ります。

是 + 主語 + 動詞 + 的

是 中国 老师 教 的。
Shì Zhōngguó lǎoshī jiāo de.

中国人の先生が教えたのです。

POINT 2 「是～的」の間に入れる動詞の目的語の位置

「是～的」の構文で、「是～的」の間に入る動詞に目的語があるときは、どこに入れたらいいのでしょうか。ここでは、「是～的」の間に入る動詞に目的語がある場合の語順について見ていきましょう。

基本の目的語の位置

「是～的」の間に入る動詞に目的語がある場合、ふつう「的」は目的語の後ろに置きます。ただし多くの場合、「的」は目的語の前に置いても文は成立します。しかし、目的語が人称代詞のときは、絶対に目的語の後ろに置かなければなりませんので注意して見てみましょう。

[主語] + 是 + [状況語] + [動詞] + [目的語] + 的

Nǐ shì zài nǎr mǎi yǎnjìng de?
你 是 在 哪儿 买 眼镜 的？
あなたはどこでめがねを買ったのですか？

[主語] + 是 + [状況語] + [動詞] + 的 + [目的語]

= Nǐ shì zài nǎr mǎi de yǎnjìng?
你 是 在 哪儿 买 的 眼镜？

[主語] + 是 + [状況語] + [動詞] + [目的語（人称代詞）] + 的

Wǒ shì jīngguò tóngshì jièshào rènshi tā de.
我 是 经过 同事 介绍 认识 他 的。
私は同僚の紹介を通じて彼と知り合ったのです。

× 我 是 经过 同事 介绍 认识 的 他。

発 展 　語気助詞「的」と名詞を修飾するときに使う助詞「的」

「的」には、強い断定の語気を表す語気助詞「的」（「是〜的」の構文の「的」もこの用法）と、「〜の」と名詞を修飾する定語を作る「的」（→UNIT10参照）の2通りあります。形だけを見て間違えることもありますので注意しましょう。

● 語気助詞の「的」
　「一定〜的」「会〜的」「是〜的」の形でよく使われます。

会 + [動詞] + 的

Nǐ xiāngxìn wǒ ba. Wǒ míngtiān yídìng huì qù de.
你 相信 我 吧。我 明天 一定 会 去 的。
信じてください。　　　　　私は明日必ず行きます。

● 名詞を修飾する「的」
　「名詞／動詞／形容詞／文＋的＋（名詞）」のように、「的」の後ろにくる名詞を修飾します。「的」の修飾する名詞が明らかな場合、省略することがあります。このとき、形の上で「是〜的」となって、「是〜的」の構文と見間違えることがありますので注意しましょう。下の文では文の最後に「衬衫（シャツ）」が省略されています。

Zhèjiàn lǜsè de chènshān shì zuì piányi de.
这件 绿色 的 衬衫 是 最 便宜 的。
この緑のシャツは一番安いものです。

207

「是〜的」が出てくる問題

聴解の第3部分の問題です。最後の質問で、「どうやって来たのか」と方法を尋ねる「是〜的」の構文が出てきます。

「是〜的」の文は、HSKではしばしば出題されます。構文の意味を理解していると読解問題では間違えずに訳せますが、聞き取り問題では、「是」が「〜である」という意味であると思い込んで聞き間違えてしまうことがあります。この構文を含む文を何度も聞いて意味が取れるようにしておきましょう。

女：中午 我 去 银行 办 点儿 事，*1 把 你 的 自行车 借 我 用用。
Zhōngwǔ wǒ qù yínháng bàn diǎnr shì, bǎ nǐ de zìxíngchē jiè wǒ yòngyong.

男：我 今天 没 骑 车，*2 打 出租车 来 的。
Wǒ jīntiān méi qí chē, dǎ chūzūchē lái de.
你 再 问问 小李？
Nǐ zài wènwen XiǎoLǐ?

问：男 的 今天 是 怎么 来 的？
Nán de jīntiān shì zěnme lái de?

A 打 车　　B 骑 车　　C 坐 公共汽车
　dǎ chē　　　qí chē　　　zuò gōnggòngqìchē

＊1 把：「〜を」と、目的語を動詞の前に置いて表します（→UNIT17参照）。
＊2 打〜：(タクシーを)つかまえる

【答え】 A 打 车　（タクシーに乗って）
　　　　　dǎ chē

女：昼私は銀行へ行って少し用を足しますが、あなたの自転車を私にちょっと貸してくれませんか。
男：私は今日自転車ではなく、タクシーをつかまえて来たのです。
　　李さんにちょっと聞いてみてくれますか？
問：男の人は今日どうやって来ましたか？

● ポイント！

「我今天没骑车，(是)打出租车来的。」の文では「是」が省略されています。「是〜的」の構文では、このように「是」が省略されることがあります。ほかの選択肢は、Bは「自転車に乗って」、Cは「バスに乗って」という意味です。

補充単語

△	邻居	línjū	隣人・隣近所
	生气	shēngqì	怒る
	奶奶	nǎinai	おばあさん
	照相	zhàoxiàng	写真を撮る
	词	cí	言葉・単語
	祝	zhù	祈る

UNIT 14　練習問題

1　次の1～3の中国語と組み合わせて意味が通るものをA～Cの中から選んでそれぞれ日本語に訳しましょう。

> A 是邻居王奶奶做的，好吃吧！
> B 可能是因为你学习成绩的事吧。
> C 上网看到的。

1) 这个牛奶面包是在哪儿买的？
2) 你是在哪儿看到这张照片的？
3) 你知道妈妈是为什么生气的吗？

1) _____　訳 _____
2) _____　訳 _____
3) _____　訳 _____

2　（　　）に入る語をA～Dの中から選び、完成した文を日本語に訳しましょう。

> A 怎么　　B 在　　C 是　　D 的

1) 我打算明天去医院看奶奶（　　）。
2) 我们是（　　）宾馆照的相。
3) A：这个香蕉蛋糕真好吃，（　　）做的？
　　B：很简单，下次我教你做吧。

1) _____　訳 _____
2) _____　訳 _____
3) _____　訳 A _____
　　　　　　　　B _____

3 文を読んで、★の質問に対する答えをA～Cの中から１つ選びましょう。

1) 我女儿是在日本 *¹出生，在中国长大的，所以她的 *²中文说得很好。特别是上中学后，她的汉语水平已经比我高了，我有不懂的词经常问她。

    ★ 她女儿：

    A 可能不会说汉语　　B 可能中学后开始学汉语了

    C 可能会说汉语和 *³日语

2) 出了这样的事，我知道你很着急。但是不用担心，有我呢，我在大学是学 *⁴法律的，对法律 *⁵知识比较了解的。我会帮你解决好这件事的。

    ★ 这段话说什么？

    A 他出事了　　B 他学过法律　　C 他不知道该怎么办

3) 爸爸，祝你生日快乐！这件蓝色衬衫是送给你的，我和妈妈一起选的，希望你能喜欢。那边很冷吧？你工作又那么忙，请注意身体！

    ★ 她爸爸：

    A 可能身体不好　　B 可能一个人住　　C 可能想买蓝衬衫

1) _____　　2) _____　　3) _____

　*1　出生 (4級)：生まれる
　*2　中文 (4級)：中国語
　*3　日语：日本語
　*4　法律 (4級)：法律
　*5　知识 (4級)：知識

UNIT 14 解答

1 会話文の組み合わせ問題

1) A
Zhège niúnǎi miànbāo shì zài nǎr mǎi de?
这个 牛奶 面包 是 在 哪儿 买 的?
このミルクパンはどこで買ったのですか?
Shì línjū Wáng nǎinai zuò de, hǎochī ba!
是 邻居 王 奶奶 做 的, 好吃 吧!
隣の王おばあさんが作ったのです、おいしいでしょう!

2) C
Nǐ shì zài nǎr kàndào zhèzhāng zhàopiàn de?
你 是 在 哪儿 看到 这张 照片 的?
あなたはどこでこの写真を見かけたのですか?
Shàngwǎng kàndào de.
上网 看到 的。
インターネットで見かけたのです。

3) B
Nǐ zhīdào māma shì wèishénme shēngqì de ma?
你 知道 妈妈 是 为什么 生气 的 吗?
お母さんがどうして怒っているのか知っていますか?
Kěnéng shì yīnwèi nǐ xuéxí chéngjì de shì ba.
可能 是 因为 你 学习 成绩 的 事 吧。
おそらくあなたの学業成績のことのためでしょう。

1,「是+状況語+動詞+的」の構文に注意しましょう。この構文では、時間・場所・手段・動作の主体などが強調されます。
2,「看到」は「動詞+結果補語」で「見かける」という意味(→UNIT12参照)です。
3,「因为」は「〜なので」という関連詞です(→UNIT23参照)。

2 空所補充問題

1) D
Wǒ dǎsuàn míngtiān qù yīyuàn kàn nǎinai de.
我 打算 明天 去 医院 看 奶奶 (的)。
私は明日病院に行って祖母を見てくるつもりです。

2) B
Wǒmen shì zài bīnguǎn zhào de xiàng.
我们 是 (在) 宾馆 照 的 相。
私たちはホテルで写真を撮ったのです。

3) A
A: Zhège xiāngjiāo dàngāo zhēn hǎochī, zěnme zuò de?
A:这个 香蕉 蛋糕 真 好吃, (怎么) 做 的?
このバナナケーキは本当においしいですね、どうやって作ったのですか?
B: Hěn jiǎndān, xiàcì wǒ jiāo nǐ zuò ba.
B:很 简单, 下次 我 教 你 做 吧。
簡単です。今度私があなたに作り方を教えましょう。

「是〜的」の構文は、前の「是」を省略することがあります。

3 読み取り問題

1) C
Wǒ nǚ'ér shì zài Rìběn chūshēng, zài Zhōngguó zhǎngdà de, suǒyǐ tā de
我 女儿 是 在 日本 出生, 在 中国 长大 的, 所以 她 的
zhōngwén shuōde hěn hǎo. Tèbié shì shàng Zhōngxué hòu, tā de Hànyǔ
中文 说得 很 好。特别 是 上 中学 后, 她 的 汉语
shuǐpíng yǐjīng bǐ wǒ gāo le, wǒ yǒu bù dǒng de cí jīngcháng wèn tā.
水平 已经 比 我 高 了, 我 有 不 懂 的 词 经常 问 她。

私の娘は日本で生まれ、中国で育ったのです。そのため彼女の中国語はとてもうまいです。特に中学へ行った後、彼女の中国語のレベルはすでに私より高く、私はわからない言葉があると、いつも彼女に聞きました。

★ Tā nǚ'ér:
她 女儿：
彼女の娘さんは：

A kěnéng búhuì shuō Hànyǔ
可能 不会 说 汉语
おそらく中国語が話せない

B kěnéng zhōngxué hòu kāishǐ xué hànyǔ le
可能 中学 后 开始 学 汉语 了
おそらく中学へ行った後、中国語を勉強しはじめた

C kěnéng huì shuō Hànyǔ hé Rìyǔ
可能 会 说 汉语 和 日语
おそらく中国語と日本語を話すことができる

2) B Chū le zhèyàng de shì, wǒ zhīdào nǐ hěn zháojí. Dànshì búyòng dānxīn,
出 了 这样 的 事，我 知道 你 很 着急。但是 不用 担心，
yǒu wǒ ne, wǒ zài dàxué shì xué fǎlǜ de, duì fǎlǜ zhīshí bǐjiào liǎojiě
有 我 呢，我 在 大学 是 学 法律 的，对 法律 知识 比较 了解
de. Wǒ huì bāng nǐ jiějué hǎo zhè jiàn shì de.
的。我 会 帮 你 解决 好 这 件 事 的。
このようなことが起きて、あなたが慌てていることを私は知っています。しかし、私がいれば、心配には及びません。私は大学で法律を学んだのです。法律についての知識もかなり理解しているのです。私はあなたがこのことをうまく解決できる手助けができるでしょう。

★ Zhè duàn huà shuō shénme?
这 段 话 说 什么？
この話は何を言っていますか？

A tā chūshì le   B tā xuéguo fǎlǜ
他 出事 了   他 学过 法律
彼は事件を起こした   彼は法律を学んだことがある

C tā bù zhīdào gāi zěnmebàn
他 不 知道 该 怎么办
彼はどうしたらいいのかわからない

3) B Bàba, zhù nǐ shēngrì kuàilè! Zhèjiàn lánsè chènshān shì sònggěi nǐ de,
爸爸，祝 你 生日 快乐！这件 蓝色 衬衫 是 送给 你 的,
wǒ hé māma yìqǐ xuǎn de, xīwàng nǐ néng xǐhuan. Nàbiān hěn lěng ba?
我 和 妈妈 一起 选 的，希望 你 能 喜欢。那边 很 冷 吧？
Nǐ gōngzuò yòu nàme máng, qǐng zhùyì shēntǐ!
你 工作 又 那么 忙，请 注意 身体！
お父さん、お誕生日おめでとう！この青いシャツはあなたに贈るものです。私とお母さんと一緒に選びました。あなたが気に入ってくれたらと思います。そちらはとても寒いでしょう？仕事もまたそんなに忙しいんですから、お体には気をつけてください！

★ Tā bàba:
她 爸爸：
彼女のお父さんは：

A kěnéng shēntǐ bùhǎo   B kěnéng yíge rén zhù
可能 身体 不好   可能 一个 人 住
おそらく体がよくない   おそらく1人で住んでいる

C kěnéng xiǎng mǎi lán chènshān
可能 想 买 蓝 衬衫
おそらく青いシャツを買いたがっている

1.「A＋比＋B＋形容詞」で「AはBより形容詞」という比較の構文です（→UNIT19参照）。
2.「出事」で「事件が起きる」という意味です。「但是」は「しかし」という意味の関連詞です（→UNIT23参照）。
3.「祝你生日快乐」は「お誕生日おめでとう」、「请注意身体」は「お体に気をつけて」というそれぞれ決まり文句なので覚えましょう。

213

UNIT 15 存現文と動詞の重ね型

t3Q-17-U15

Héshang yǒu yìtiáo xiǎochuán.
河上 有 一条 小船。

川に1艘の小舟があります。

ものの「存在」や、「出現」「消失」を表現する文のことを存現文といいます。
このUNITでは、存現文と場所を表す表現、動詞の重ね型について学びます。

覚えておきたい基本単語

	花园	huāyuán	花園・庭園
	草	cǎo	草（「草地」は「草原」）
△	黄	huáng	黄・黄色の
△	检查	jiǎnchá	調べる
	帮忙	bāngmán	助ける・手伝う
△	奇怪	qíguài	おかしい

POINT 1　存現文の用法

中国語では、原則として「主語、動詞、目的語」の順に並べて文を作ります。しかし、ものごとが「存在」「出現」「消失」することを表現する「存現文」は、動詞の後ろに「意味上の主語」をもってきます。ここでは特殊な語順となる「存現文」の用法を、「存在」と「出現・消失」の2通りに分類して、その表現方法を学んでいきましょう。

存在を表す文

● 「有」を使った存在の表現

動詞「有」には、ものの存在を表す用法があります。このときの語順は「場所＋有＋もの・こと」となり、「(場所)に(もの・こと)がある」と訳します。「もの・こと」が「意味上の主語」となっており、これらは本来目的語があるべき位置である、動詞の後ろにきます。

　　　　場所 ＋ 動詞 ＋ 意味上の主語

Fángzi　hòumiàn　yǒu　yíge　huāyuán.
房子　后面　有　一个　花园。
家の後ろに花園があります。

● 存在の表現「動詞＋着」

存在を表す動詞は、「有」のほかに「動詞＋着」(～している：持続のアスペクト→UNIT20参照)がよく用いられます。このときも語順は「場所＋動詞＋着＋もの・こと」となり、「動詞＋着」の後に「意味上の主語」がきています。

　　　　場所 ＋ 動詞 ＋ 着 ＋ 意味上の主語

Cǎodìshang　kāi　zhe　wǔyánliùsè　de　huār.
草地上　开　着　*五颜六色　的　花儿。
草地に色とりどりの花が咲いています。

＊五颜六色：色とりどりの

> 中国語では名詞に場所の意味を表すときに、後ろに「上」などの方向を表す語をつけなければなりません。「草地」だけでは普通名詞で場所の意味がありませんので、これに場所の意味を含ませる必要があります。名詞の後ろにつける方向を表す語を方位詞といいます。方位詞は次の項目で学びます。

215

出現・消失を表す文

出現と消失の表現では、動作の完了の意味を含みますので、「動詞＋了」(完了のアスペクト→UNIT21参照)がよく用いられます。存在を表す文同様、「意味上の主語」が本来目的語があるべき位置である、動詞の後ろにきます。

● 出現の表現

状況説明の語 ＋ 動詞 ＋ 了 ＋ 意味上の主語

Xiàwǔ　　　lái　　le　hěn　duō　péngyou.
下午　　　来　　了　很　多　朋友。
午後たくさんの友達が来ました。

存現文では動詞の前は場所を表す語がくることが多いですが、そのほかにも、時間などその動詞が起こる状況を説明する語がくることもあります。

● 消失の表現

場所 ＋ 動詞 ＋ 了 ＋ 意味上の主語

Dòngwùyuánli　pǎo　　le　　yìzhī　　shīzi.
动物园里　　跑　　了　一只　*狮子。
動物園で1頭のライオンが逃げました。
＊狮子（4級）：ライオン

自然現象の表現

「雨が降る」「雪が降る」「雷が鳴る」というような自然現象を表現する文は、存現文と同じように意味上の主語が動詞の後ろにくる語順になります。

動詞 ＋ 自然現象

Míngtiān　kěnéng　huì　xià　　xuě　le.
明天　可能　会　下　　雪　了。
明日はおそらく雪が降るでしょう。

「下雨」「下雪」「打雷」「刮风」なども「動詞＋自然現象」の形になっています。

POINT 2 方位詞の用法

名詞に場所としての意味をもたせるときには、方向を表す方位詞を使って名詞を「場所化」する必要があります。ここでは方位詞の用法を見ていきましょう。

1音節の方位詞 「里」と「上」の用法

1音節の方位詞には、「里・外・上・下・前・后・左・右・东・西・南・北」があります。中でもよく使われる「里」と「上」はそのまま名詞の後ろにつき、名詞を場所化することができます。名詞の後ろにつける「里」は空間を表し、「上」は面を表すときに使います。

名詞 + 里 / 上

Hé li yóuzhe yìzhǒng huángsè de xiǎoyú.
河 里 游着 一种 黄色 的 小鱼。
川にはある種類の黄色の小魚が泳いでいます。

● 「里」と「上」による場所化

基本的に名詞は「場所化」しないと、存現文の動詞の前に置くことができません。ただし地名など、すでに場所として認識されている名詞に関しては、方位詞を後ろにつけなくても場所として使うことができます。また、名詞は習慣的に方位詞をつけるかどうかが決まっているものなので、1つ1つ確認して覚えていきましょう。

héshang / héli　　　　　　　　　　　lùshang
河上 / 河里　川（の上）/ 川（の中）　　路上　道（の途中）・道（の上）
bàngōngshì li　　　　　　　　　　　túshūguǎn li
办公室（里）　事務所（の中）　　　　图书馆（里）　図書館（の中）

※「办公室」「图书馆」は場所の意味を含むと認識され、しばしば「里」を省略します。

複合方位詞の用法

1音節の方位詞の後ろに接尾辞をつけた2音節の複合方位詞もあります。複合方位詞は、場所を表す名詞として用いることができ、そのまま主語や目的語になることができます。

	lǐ 里	wài 外	shàng 上	xià 下	qián 前	hòu 后	zuǒ 左	yòu 右	dōng 东	xī 西	nán 南	běi 北
miàn ～面	里面	外面	上面	下面	前面	后面	左面	右面	东面	西面	南面	北面
biān ～边	里边	外边	上边	下边	前边	后边	左边	右边	东边	西边	南边	北边
fāng ～方					前方	后方	左方	右方	东方	西方	南方	北方

このほか「隣」という意味の「旁边」も複合方位詞です。

217

POINT 3 動詞の重ね型

動詞を重ねると、「ちょっと〜してみる」という意味になります。ここでは、動詞の重ね型の注意点をまとめていきます。

動詞の重ね型の作り方

● 2音節の動詞

2音節（●○）の動詞は「●○●○」のように、動詞を2回繰り返すように並べます。

　　　　　　　　　　　　　【動詞】＋【動詞】
Wèi, chūmén qián zài jiǎnchá jiǎnchá nǐ de xíngli,
喂, 出门 前 再 检查 检查 你 的 行李,
bié yòu wàng le shénme dōngxi.
别 又 忘 了 什么 东西。

もしもし、外に出る前に、もう一度あなたの荷物をちょっと調べてください。
また何かを忘れたりしないでください。

● 1音節の動詞

1音節の動詞は、ただ2回繰り返すように並べる方法のほかに、動詞と動詞の間に「一」や「了」が置かれることがあります。「一」が入ると、その動作を1度行うことを表し、「了」が入るとすでにその動作が完了したことを表します。

Wǒmen jiù zài gōngsī pángbiān nàge kāfēiguǎnli
我们 就 在 公司 旁边 那个 咖啡馆里
【動詞】＋一／了＋【動詞】
zuò le zuò.
坐 了 坐。

私たちは会社の横のあのカフェでちょっと座りました。

発展　離合詞（VO動詞）の重ね型

動詞の中には、「動詞V＋目的語O」という構造のものがあります。これは離合詞（VO動詞）といいます。離合詞（VO動詞）が重ね型になるときは、動詞部分のみを繰り返して「VVO」の形になります。

● 「帮忙」

　　　　　　　　V V O
Wǒ gěi nǐ bāngbangmáng.
我 给 你 帮帮忙。　私はあなたをちょっと手伝います。

- 「跑步」
  Wǒ chūqu pǎopaobù.
  我 出去 跑跑步。　私は外に出てちょっとジョギングをします。

- 「洗澡」
  Wǒ qù xǐxizǎo.
  我 去 洗洗澡。　私はちょっと風呂に入りに行きます。

HSKの例文　方位詞・存現文が出てくる問題

方位詞と存現文の意味を問う問題です。読解問題ですので、正確に読み取るようにしましょう。「画在」の「在」は結果補語です。「宾馆的南边」の「的」は省略可能です。

Zhège bīnguǎn de nánbiān yǒu ge gōngyuán, qíguài de shì, zhè zhāng dìtú shang bǎ gōngyuán huà zài bīnguǎn de běibiān le.
这个 宾馆 的 南边 有 个 公园，奇怪 的 是，这 张 地图 上 把 公园 画 在 宾馆 的 北边 了。

Bīnguǎn pángbiān yǒu ge gōngyuán.
★宾馆 旁边 有 个 公园。

【答え】　✓

このホテルの南には公園があります。おかしいことに、この地図には公園がホテルの北側に描かれています。
★ホテルの横には公園があります。

●ポイント！

本文には、ホテルの南側に公園があるが、地図では北側にあると書かれています。問題文は、ホテルの横に公園があるという意味で、方向はともかくホテルの横に公園はあるので、答えは「正しい」です。

補充単語

☆	把	bǎ	（処理を加えたことを表す→UNIT17参照）
	渴	kě	のどが渇く
△	提高	tígāo	向上させる・引き上げる
	句	jù	言葉や文を数える量詞
△	或者	huòzhě	あるいは・または

UNIT 15　練習問題

1　次の１～３の中国語と組み合わせて意味が通るものをＡ～Ｃの中から選んでそれぞれ日本語に訳しましょう。

> A　那*¹可是现在最*²流行的啊！
> B　没问题。
> C　可以啊，我也好久没运动了。

1) *³周六我们去打打球，跑跑步，怎么样？
2) 那本书我看了看，没意思！
3) 帮帮忙，洗一下碗吧。

1) _____　訳 _____
2) _____　訳 _____
3) _____　訳 _____

＊１　可：（強調）本当に
＊２　流行（４級）：流行する
＊３　周六：土曜日

2　（　　）に入る語をＡ～Ｄの中から選び、完成した文を日本語に訳しましょう。

> A　有　　B　打扫　　C　在　　D　是

1) 请*把厨房打扫（　　）吧。
2) 我的自行车忘（　　）公园了。
3) A：妈妈，我渴坏了。
　　B：冰箱里（　　）刚买的果汁。

1) _____　訳 _____
2) _____　訳 _____
3) _____　訳 A _____
　　　　　　　　　B _____

＊把：「（把＋目的語）＋動詞」の形で「～を…する」と、処置を加えることを強調する（→UNIT17参照）。

220

3 文を読んで、★の質問に対する答えをA～Cの中から1つ選びましょう。

1) 现在人们的 *1生活越来越好了，家家都有电视、冰箱，很多 *2家庭还有空调和电脑等，生活得很舒服。

   ★ 根据这段话，可以知道：

   A 人们的生活水平没有提高　　B 每家都有空调

   C 人们的生活变好了

2) 上了学后，孩子要学会学习的 *3方法才可以。最好的学习方法就是 *4例如遇到不认识的字和词语，要自己先查查字典，然后再去问别人。

   ★ 这句话主要想说：

   A 要自己学习　　B 要认真学习　　C 要努力学习

3) 我和妻子都很喜欢做运动。每天工作很忙，我们常常在周末一起去公园跑一跑、跳一跳，或者散 *5散步 *6什么的。所以我们身体都很好，很少感冒生病。

   ★ 说话人：

   A 身体不太好　　B 每天做运动　　C 已经结婚了

1) ＿＿＿＿　　2) ＿＿＿＿　　3) ＿＿＿＿

*1　生活（4級）：生活
*2　家庭：家庭
*3　方法（4級）：方法・手段
*4　例如（4級）：たとえば
*5　散步（4級）：散歩する
*6　什么的：～など

UNIT 15　解答

1　会話文の組み合わせ問題

1) C
　Zhōuliù wǒmen qù dǎdǎqiú, pǎopǎobù, zěnmeyàng?
　周六 我们 去 打打球，跑跑步，怎么样？
　土曜日私たちはちょっと球技をしたりジョギングをしに行くのはどうですか？

　Kěyǐ a, wǒ yě hǎojiǔ méi yùndòng le.
　可以 啊，我 也 好久 没 运动 了。
　いいですよ。私もしばらく運動をしていません。

2) A
　Nàběn shū wǒ kànlekàn, méi yìsi!
　那本 书 我 看了看，没 意思！
　あの本を私はちょっと読んだのですが、おもしろくありません！

　Nà kěshì xiànzài zuì liúxíng de a!
　那 可是 现在 最 流行 的 啊！
　それはしかし今1番流行しているのですよ！

3) B
　Bāngbangmáng, xǐ yíxià wǎn ba.
　帮帮忙，洗 一下 碗 吧。
　ちょっと手伝って、お椀を洗ってください。

　Méi wèntí.
　没 问题。
　いいですよ。

1．動詞の重ね型に注意しましょう。VO動詞の重ね型は「VVO」の形になります（「打打球」「跑跑步」「帮帮忙」）。
2．「動詞＋了＋動詞」は動作が完了した状況のときに使います。
3．1と同じように動詞の重ね型に注意しましょう。

2　空所補充問題

1) B
　Qǐng bǎ chúfáng dǎsǎo dǎsǎo ba.
　请 把 厨房 打扫（打扫）吧。
　台所をちょっと掃除してください。

2) C
　Wǒ de zìxíngchē wàng zài gōngyuán le.
　我 的 自行车 忘（在）公园 了。
　私の自転車を公園に忘れてしまいました。

3) A
　Māma, wǒ kě huàile.
　妈妈，我 渴 坏了。
　お母さん、私はのどが渇いて死にそうです。

　Bīngxiānglǐ yǒu gāng mǎi de guǒzhī.
　冰箱里（有）刚 买 的 果汁。
　冷蔵庫の中に買ったばかりのジュースがあります。

1．2音節の動詞「AB」の繰り返し型は「ABAB」という形になります。「把」構文（→UNIT17参照）。
2．「在」は結果補語（→UNIT12参照）。
3．存現文の表現です。意味上の主語「刚买的果汁」が目的語の位置にきていることを確認しましょう。

3　読み取り問題

1) C
　Xiànzài rénmen de shēnghuó yuèláiyuè hǎole, jiājiā dōu yǒu diànshì,
　现在 人们 的 生活 越来越 好了，家家 都 有 电视、
　bīngxiāng, hěn duō jiātíng hái yǒu kōngtiáo hé diànnǎo děng, shēnghuó de
　冰箱，很 多 家庭 还 有 空调 和 电脑 等，生活 得
　hěn shūfu.
　很 舒服。

222

現在人々の生活は次第によくなっています。それぞれの家にはみんなテレビ、冷蔵庫があり、多くの家庭にはまたエアコンやコンピューターなどがあり、生活するのに快適です。

★ 根据 这 段 话，可以 知道：
Gēnjù zhè duàn huà, kěyǐ zhīdào:
この話からわかることは：

A 人们 的 生活 水平 没有 提高
rénmen de shēnghuó shuǐpíng méiyǒu tígāo
人々の生活レベルは向上していない

B 每 家 都 有 空调
měi jiā dōu yǒu kōngtiáo
どの家にもエアコンがある

C 人们 的 生活 变 好了
rénmen de shēnghuó biàn hǎole
人々の生活はよくなった

2) A 上 了 学 后，孩子 要 学会 学习 的 方法 才 可以。最好 的 学习 方法 就是 例如 遇到 不 认识 的 字 和 词语，要 自己 先 查查 字典，然后 再 去 问 别人。
Shàng le xué hòu, háizi yào xuéhuì xuéxí de fāngfǎ cái kěyǐ. Zuìhǎo de xuéxí fāngfǎ jiùshì lìrú yùdào bú rènshi de zì hé cíyǔ, yào zìjǐ xiān chácha zìdiǎn, ránhòu zài qù wèn biérén.
学校に上がってから、子供は勉強方法をマスターするのがいいです。最もいい勉強方法は例えば、知らない字や言葉に出会ったら、自分でまず字典をちょっと調べてみて、それからほかの人にまた聞きに行ってみることです。

★ 这 句 话 主要 想 说：
Zhè jù huà zhǔyào xiǎng shuō:
この話が主に言いたいのは：

A 要 自己 学习
yào zìjǐ xuéxí
自分で勉強しなければならない

B 要 认真 学习
yào rènzhēn xuéxí
まじめに勉強しなければならない

C 要 努力 学习
yào nǔlì xuéxí
努力して勉強しなければならない

3) C 我 和 妻子 都 很 喜欢 做 运动。每天 工作 很 忙，我们 常常 在 周末 一起 去 公园 跑一跑、跳一跳，或者 散散步 什么 的。所以 我们 身体 都 很好，很少 感冒 生病。
Wǒ hé qīzi dōu hěn xǐhuan zuò yùndòng. Měitiān gōngzuò hěn máng, wǒmen chángcháng zài zhōumò yìqǐ qù gōngyuán pǎoyipǎo, tiàoyitiào, huòzhě sànsànbù shénme de. Suǒyǐ wǒmen shēntǐ dōu hěnhǎo, hěnshǎo gǎnmào shēngbìng.
私と妻は2人とも運動をするのが好きです。毎日仕事が忙しいので、私たちはいつも週末に一緒に公園へ行き、ちょっと走ってみたり跳んでみたり、あるいは散歩をしてみたりしています。そのため、私たちは体の調子がとてもよく、風邪や病気になることは少ないです。

★ 说话 人：
Shuōhuà rén:
話している人は：

A 身体 不太 好
shēntǐ bútài hǎo
体があまりよくない

B 每天 做 运动
měitiān zuò yùndòng
毎日運動をしている

C 已经 结婚 了
yǐjīng jiéhūn le
すでに結婚している

2.「上学」は「離合詞（ＶＯ動詞）」で、ここでは完了の「了」がその間に割り込んでいます（→UNIT21参照）。
3.「或者」は「あるいは〜」という意味の関連詞です（→UNIT24参照）。

223

UNIT 16 使役と禁止の文

t3Q-18-U16

你 想 让 谁 放心？
Nǐ xiǎng ràng shéi fàngxīn?

あなたは誰を安心させたいのですか？

このUNITでは「〜に…させる」という使役の表現のしくみと使い方、「〜してはいけない」という禁止の表現について学びます。使役の文は兼語文という表現で言い表します。ここでは、動詞を2つ以上使う連動文と兼語文について理解を深めていきます。

覚えておきたい基本単語

	中文	ピンイン	意味
	放心	fàngxīn	安心する
△	校长	xiàozhǎng	校長（小学校から大学の長のこと）
	使	shǐ	〜に…させる
△	聪明	cōngming	賢い・聡明だ
	难过	nánguò	悲しむ・苦しい・つらい
☆	马	mǎ	馬
△	小心	xiǎoxīn	注意する
△	超市	chāoshì	スーパーマーケット

224

POINT 1 使役文の用法

「~に…させる」という使役文は、「让」「叫」「使」という動詞を使います。また、その構文は2つの動詞を使う兼語文というものです。ここでは兼語文のしくみと使役文の用法について学びましょう。

連動文

中国語では、1つの文の中で2つ以上の動作をその行った順番に並べ、「動詞A＋動詞B」というように、動詞を2つ以上用いて連続した動作を表現することができます。これを連動文といいます。

[動詞A] ＋ [動詞B]
Wǒ qù xuéxiào xué Hànyǔ.
我 去 学校 学 汉语。　私は学校へ行って中国語を勉強します。

兼語文の表現

連動文は「動詞A＋動詞B」というように動詞を2つ使って表現しますが、動詞Aの目的語が、動詞Bの主語として機能するものがあります。
次の例文は使役の動詞「让」を用いた表現で、2つの文から成り立っています。分解して詳しく構造を見てみましょう。

Xiàozhǎng ràng wǒ jiǎng Hànyǔ.
校长 让 我 讲 汉语。　校長は私に中国語を話させました。

[主語]＋[動詞A]＋[目的語]
Xiàozhǎng ràng wǒ
① 校长 让 我　　校長は私にさせる

[主語]＋[動詞B]＋[目的語]
wǒ jiǎng Hànyǔ
② 我 讲 汉语　私は中国語を話す

この2つの文を見ると「我」は①の文では動詞Aの目的語に、②の文では動詞Bの主語になっています。このように、目的語と主語を兼ねる語を使って2つの文を1つにする連動文のことを兼語文といいます。

使役の文は兼語文

前の項目でも確認したように、使役文は兼語文の構造からなる文です。
使役文で使う「～させる」という動詞は「让」「叫」「使」があり、3級では「让」「使」が多く出題されます。「使」は主に状態や感情を表す述語(利口だ・感服する・喜ぶなど)で使われます。

主語 +让/叫+人・もの + 動詞

Jīnwǎn de yuèliang ràng tā xiǎngjiā le.
今晚 的 月亮 让 他 *想家 了。
今晩の月は彼をホームシックにさせました。

＊想家：ホームシックになる

主語 + 使+人・もの + 状態を表す述語

Dúshū néng shǐ rén cōngming.
读书 能 使 人 聪明。
読書は人を賢くさせることができます。

● 使役表現の否定文

使役表現の否定文は、使役の動詞の前に否定副詞を置いて作ります。

否定副詞 + 使役動詞

Wǒ bú ràng tā qù bié de xuéxiào.
我 不 让 他 去 别 的 学校。
私は彼をほかの学校へ行かせません。

●「让我」と「让我们」の表現

「让我」「让我们」の形で、「(私に・私たちに) ～させてください」という希望の意味になります。

让我/让我们 + 動詞

Jīntiān shì zhōumò, nín ràng wǒ zài shuì yíhuìr ba.
今天 是 周末, 您 让 我 再 睡 一会儿 吧。
今日は週末だから、私をもう少し眠らせてください。

226

POINT 2 禁止と命令の表現

ここでは「〜するな」「〜しなさい」などと、相手に禁止・命令するときのいろいろなニュアンスの表現を学びましょう。

禁止表現のいろいろなニュアンス

● 「别〜了」
「别＋動詞（フレーズ）＋（了）」の形で「〜するな」という禁止を表す表現になります。

别 ＋ 動詞（フレーズ） ＋ （了）

Bié　　nánguò　　　　le, gāoxìng diǎnr!
别　　难过　　　　了，高兴 点儿！
悲しまないで、喜びなさい（元気を出して）！

● 強い禁止：〜してはいけない
厳しく相手に注意するニュアンスのものとして、「别〜了」のほかに「不能」「不要」があります。

不要／不能 ＋ 動詞

Zài　jiàoshìli　nǐmen　búyào　shuōhuà.
在 教室里 你们　不要　说话。
教室の中では、あなたたちは話をしてはいけません。

● 遠回しな禁止表現：〜するには及ばない・〜しなくてよい
きつく注意するのではなく、柔らかく遠回しに言う場合は「不用」を使います。

不用 ＋ 動詞

Búyòng　chī　yào,　duō　hē　xiē　shuǐ　jiù　kěyǐ　le.
不用　吃 药，多 喝 些 水 就 可以 了。
薬を飲むには及びません（飲まなくてもいいです）。たくさん水を飲めば大丈夫です。

命令表現のいろいろなニュアンス

日本語や英語では、相手に対してものを言うとき、動詞や形容詞をそのままの形で言うと命令口調になり失礼に当たることがあります。中国語も同じく、相手にものを言うときに、きつい言い方を和らげる表現があります。

● **動詞1語で表す命令**
動詞1語だけで相手に言うと命令の意味になります。また動詞の後ろに「吧」をつけると、命令口調が少し和らぎます。

Xiǎoxīn.
小心。 気をつけろ。

Zuò.
坐。 座れ。

Zuòba.
坐吧。 座って。

● **柔らかい言い方「一点儿」**
形容詞の後ろに「一点儿」をつけると「ちょっと」というニュアンスが加わり、物腰の柔らかい命令になります。

形容詞 ＋（一）点儿

Qímǎ de shíhou, xiǎoxīn diǎnr!
骑马 的 时候, 小心 点儿!
馬に乗るとき、気をつけなさい！

発 展 〜しに行く・来る

このUNITの最初では連動文について学びました。「〜しに行く・来る」という日本語も、中国語では連動文で表現しますが、中国語ではその動作が起こった順番通りに並べるので、「去（来）＋動詞」という語順になります。日本語とは逆の語順になりますので注意しましょう。

● **〜しに行く**
「去＋動詞」は「〜しに行く」という意味ですが、もともと「去＋場所＋動詞〜」の表現で、ここで行く場所というのはわかりきっているところなので省略されていると考えると、この語順は理解しやすくなります。

去 ＋ 場所 ＋ 動詞

Wǒ qù chāoshì mǎi ge miànbāo.
我 去（超市）买 个 面包。
私は（スーパーへ）パンを買いに行きます。

● ～しに来る

「来＋動詞」は「～しに来る」という意味ですが、同様に「来＋場所＋動詞」の表現で前後の話の中で来るべき場所が明確になっている場合は、それを省略して言います。

来 ＋ (場所) ＋ 動詞

Nǐ yǒu shíjiān lái wǒjiā wánr ba.
你 有 时间 来（我家）玩儿 吧。
時間があったら、(私の家に) 遊びに来てください。

補充単語

○	接	jiē	出迎える
△	注意	zhùyì	注意する・気を配る
△	影响	yǐngxiǎng	影響を与える
○	表演	biǎoyǎn	上演する
	被	bèi	～される（受け身→ UNIT18 参照）

UNIT 16 練習問題

1 次の1～3の中国語と組み合わせて意味が通るものをA～Cの中から選んでそれぞれ日本語に訳しましょう。

> A 谢谢，我会再努力的。
> B 妈妈叫我打扫房间呢。
> C 不可以，我爸爸不让我出门。

1) 你在做什么呢？
2) 我们一起去看电影吧？
3) 你考上大学的 *消息使大家很高兴。

1) _____　　訳 _____
2) _____　　訳 _____
3) _____　　訳 _____

＊消息（4級）：知らせ

2 （　　）に入る語をA～Cの中から選び、完成した文を日本語に訳しましょう。

> A 别　　B 让　　C 点

1) 这个 *料理（　　）我想妈妈。
2) 音乐的声音太大了，小（　　）儿！
3) （　　）难过了，爷爷的病会好起来的。

1) _____　　訳 _____
2) _____　　訳 _____
3) _____　　訳 _____

＊料理：料理する・料理

3 文を読んで、★の質問に対する答えをA～Cの中から1つ選びましょう。

1) 你能来中国玩儿，我们全家都很欢迎。下星期三公司有事，我叫朋友去机场接你，他也会说日语，你不用担心。
   ★ 根据这段话，可以知道：
   A 下星期我去机场接朋友　　B 我准备去中国
   C 我的朋友会说日语

2) 你们说话的声音太大了，小点儿声！已经十一点了，邻居们都睡觉了，注意别影响*1周围的人。你们也快睡吧！
   ★ 说话人怎么了？
   A 可能说话声音很大　　B 可能生气了　　C 可能睡觉了

3) 我女儿从小就喜欢跳舞。这次老师让她参加学校的表演，她非常高兴，但也有点儿*2紧张。因为这是她第一次参加表演。
   ★ 她女儿：
   A 不想参加表演　　B 没参加过表演　　C 没被叫去参加表演

1) _____　　2) _____　　3) _____

*1　周围（4级）：周囲・周り
*2　紧张（4级）：緊張している

UNIT 16　解答

1　会話文の組み合わせ問題

1) B　Nǐ zài zuò shénme ne?
　　你 在 做 什么 呢？
　　あなたは何をしているのですか？
　　Māma jiào wǒ dǎsǎo fángjiān ne.
　　妈妈 叫 我 打扫 房间 呢。
　　母が私に部屋の掃除をさせているのです。

2) C　Wǒmen yìqǐ qù kàn diànyǐng ba?
　　我们 一起 去 看 电影 吧？
　　私たち一緒に映画を見に行きませんか？
　　Bù kěyǐ, wǒ bàba bú ràng wǒ chūmén.
　　不 可以，我 爸爸 不 让 我 出门。
　　だめです。私の父は私を外出させてくれません。

3) A　Nǐ kǎoshàng dàxué de xiāoxi shǐ dàjiā hěn gāoxìng.
　　你 考上 大学 的 消息 使 大家 很 高兴。
　　あなたが大学に受かった知らせはみんなを喜ばせました。
　　Xièxie, wǒ huì zài nǔlì de.
　　谢谢，我 会 再 努力 的。
　　ありがとう。私はこれからも努力します。

　　使役の構文に注意しましょう。「主語＋让／叫／使＋人＋動詞＋〜」。
　　2.「出门」は「外出する」という意味です。
　　3.「考上」は「動詞＋結果補語」で「試験に受かる」という意味です。

2　空所補充問題

1) B　Zhège liàolǐ ràng wǒ xiǎng māma.
　　这个 料理（让）我 想 妈妈。
　　この料理は私に母を思わせる（思いのばせる）。

2) C　Yīnyuè de shēngyīn tài dà le, xiǎo diǎnr!
　　音乐 的 声音 太 大 了，小（点）儿！
　　音楽の音が大きすぎるよ。ちょっと小さくして！

3) A　Bié nánguò le, yéye de bìng huì hǎo qǐlai de.
　　（别）难过 了，爷爷 的 病 会 好 起来 的。
　　悲しまないで。おじいさんの病気はきっとよくなるから。

　　禁止と命令の言い方を確認しましょう。「别〜了（〜するな）」「形容詞＋一点儿（少し〜しなさい）」。

3　読み取り問題

1) C　Nǐ néng lái Zhōngguó wánr, wǒmen quán jiā dōu hěn huānyíng. Xià
　　你 能 来 中国 玩儿，我们 全 家 都 很 欢迎。下
　　xīngqīsān gōngsī yǒu shì, wǒ jiào péngyou qù jīchǎng jiē nǐ, tā yě huì
　　星期三 公司 有 事，我 叫 朋友 去 机场 接你，他 也 会
　　shuō Rìyǔ, nǐ búyòng dānxīn.
　　说 日语，你 不用 担心。
　　あなたが中国に遊びに来ることができれば、私たち家族みんなであなたを歓迎します。来週水曜日会社の用事があるので、私は友達を空港へあなたを迎えに行かせます。彼も日本語が話せるから、心配には及びません。

Gēnjù zhè duàn huà, kěyǐ zhīdào:
★ 根据 这 段 话，可以 知道：
この話からわかることは：

A 下星期 我 去 机场 接 朋友
xiàxīngqī wǒ qù jīchǎng jiē péngyou
来週私は空港へ友達を迎えに行く

B 我 准备 去 中国
wǒ zhǔnbèi qù Zhōngguó
私は中国へ行くつもり

C 我 的 朋友 会 说 日语
wǒ de péngyou huì shuō Rìyǔ
私の友達は日本語を話せる

2) B 你们 说话 的 声音 太 大 了，小 点儿 声！已经 十一 点 了，邻居们 都 睡觉 了，注意 别 影响 周围 的 人。你们 也 快 睡 吧！
Nǐmen shuōhuà de shēngyīn tài dà le, xiǎo diǎnr shēng! Yǐjīng shíyī diǎn le, línjūmen dōu shuìjiào le, zhùyì bié yǐngxiǎng zhōuwéi de rén. Nǐmen yě kuài shuì ba!
あなたたちの話し声は大きすぎます。声を少し小さくしてください！もう11時ですよ。隣近所はみんな寝ています。周囲の人に迷惑をかけないように気をつけてください。あなたたちも早く寝てください。

★ 说话 人 怎么 了？
Shuōhuà rén zěnme le?
話している人はどうしましたか？

A 可能 说话 声音 很 大
kěnéng shuōhuà shēngyīn hěn dà
おそらく話し声が大きい

B 可能 生气 了
kěnéng shēngqì le
おそらく怒っている

C 可能 睡觉 了
kěnéng shuìjiào le
おそらく寝てしまった

3) B 我 女儿 从 小 就 喜欢 跳舞。这次 老师 让 她 参加 学校 的 表演，她 非常 高兴，但 也 有点儿 紧张。因为 这是 她 第 一次 参加 表演。
Wǒ nǚ'ér cóng xiǎo jiù xǐhuan tiàowǔ. Zhècì lǎoshī ràng tā cānjiā xuéxiào de biǎoyǎn, tā fēicháng gāoxìng, dàn yě yǒudiǎnr jǐnzhāng. Yīnwèi zhèshì tā dì yīcì cānjiā biǎoyǎn.
私の娘は小さい頃から踊りを踊るのが好きでした。今回先生が彼女を学校の公演に出させてくれて、彼女はとても喜んでいますが、ちょっと緊張しています。それは彼女が初めて出る公演だからです。

★ 她 女儿：
Tā nǚ'ér:
彼女の娘さんは：

A 不 想 参加 表演
bù xiǎng cānjiā biǎoyǎn
公演に出たくない

B 没 参加过 表演
méi cānjiāguo biǎoyǎn
公演に出たことがない

C 没 被 叫 去 参加 表演
méi bèi jiào qù cānjiā biǎoyǎn
公演に出させてもらえなかった

Part 7

UNIT17 「把」の構文

UNIT18 受け身文

UNIT19 比較構文

UNIT 17 「把」の構文

t3Q-19-U17

把 菜单儿 给 我。
Bǎ càidānr gěi wǒ.

メニューを私にください。

あるもの(人・こと)に対して何らかの処置を加えることを強調するのが「把」の構文です。このUNITではHSKで頻出の「把」の構文の用法について学びます。

覚えておきたい基本単語

☆	把	bǎ	(処置を加えたことを表す)
	菜单	càidān	メニュー
	奶奶	nǎinai	おばあさん
○	蓝	lán	青・青色の
☆	关	guān	閉める・スイッチを切る
☆	需要	xūyào	(〜する)必要がある
△	注意	zhùyì	注意する・気を配る
☆	放	fàng	置く

POINT 1 「把」の構文の作り方の基本

「把」の構文は、目的語の前に介詞「把」をつけて、動詞の前に置き、目的語の部分にある「もの(人・こと)」に対して「ある処置を加える」という内容を強調する文です。ここでは、「把」構文の作り方と注意点について確認しましょう。

「把」の構文の動詞は加工する！

ふつう中国語は「主語＋動詞＋目的語」の順で単語を並べます。しかし、「把」の構文では目的語の前に「把」をつけ、それを動詞の前に置きます。そして、目的語の部分にある「もの(人・こと)」に対して「何らかの処置を加えた」という内容を伝えるため、動詞の部分には処置した内容(動作の結果など)を説明する要素を加えます。このとき、動詞の部分は以下のような加工が必要になります。

● 「動詞＋目的語」にする(動詞が2つの目的語をとることができる場合)

把 ＋ 目的語 ＋ 動詞 ＋ 目的語

Qǐng nǐ bǎ yǐzishang de qiānbǐ gěi wǒ, xièxie.
请 (你) 把 椅子上 的 铅笔 给 我，谢谢。
椅子の上の鉛筆を私にくださいませんか。ありがとうございます。

● 動詞を重ね型にする

把 ＋ 目的語 ＋ 動詞の重ね型

Wǒ bǎ zìjǐ de fángjiān dǎsāo dǎsāo.
我 把 自己 的 房间 打扫打扫。
私は自分の部屋をちょっと掃除します。

● 「動詞＋着(〜している)」にする

把 ＋ 目的語 ＋ 動詞 ＋ 着

Nǐ bǎ hùzhào ná zhe.
你 把 护照 拿 *着。
あなたはパスポートを持っていなさい。

＊着：「動詞＋着」で「〜している」という意味(持続のアスペクト→UNIT20参照)。

● 「動詞＋了（〜した）」にする

把 ＋ 目的語 ＋ 動詞 ＋ 了

Nǎinai bǎ lánsè de diànnǎo guān le.
奶奶 把 蓝色 的 电脑 关 *了。
おばあさんは青いコンピューターの電源を切りました。

＊了：完了のアスペクト（→ UNIT21 参照）

● 「動詞＋補語（結果補語・方向補語・程度補語など）」にする
① 動詞に結果補語をつける

把 ＋ 目的語 ＋ 動詞 ＋ 結果補語

Lǐ xiǎojiě, nǐ bǎ fángjiān de kōngtiáo dǎ kāi,
李 小姐，(你) 把 房间 的 空调 打 开，
jīntiān tài rè le.
今天 太 热 了。
李さん、部屋のエアコンをつけてください。今日はとても暑いです。

② 動詞に方向補語をつける

把 ＋ 目的語 ＋ 動詞 ＋ 方向補語

Qǐng bǎ zhège xiāngzi bān jinqu.
请 把 这个 箱子 搬 进去。
この箱を運び入れてください。

③ 動詞に程度補語をつける

Shàngge xīngqī wǒ gēn péngyou yìqǐ qù yóuyǒng,
上个 星期 我 跟 朋友 一起 去 游泳,

把 ＋ 目的語 ＋ 動詞 ＋ 程度補語

péngyou bǎ wǒ lèi huài le.
(朋友) 把 我 累 *坏 了。
先週私は友達と一緒に泳ぎに行きましたが、(友達は)私をとても疲れさせました。

＊〜坏了：とても〜・ひどく〜　（程度補語→ UNIT11 参照）

238

「把」の構文の特殊な語順（否定形・能願動詞）

「把」の構文では、否定副詞や能願動詞はすべて「把」の前に置きます。通常の文では否定副詞や能願動詞は動詞の直前に置くという原則がありますが、「把」の構文の場合この原則から外れていますので注意しましょう。

不/没 ＋ 把 ＋ 目的語 ＋ 動詞

Nǐ wèishénme méi bǎ zuòyè zuò wán?
你 为什么 没 把 作业 做 完?
あなたはどうして宿題をやり終えなかったのですか？

能願動詞 ＋ 把 ＋ 目的語 ＋ 動詞

Nǐ néng bǎ chuānghu guān shang ma?
你 *¹能 把 *²窗户 关 上 吗?
窓を閉めていただけますか？

＊1　能：～してもいいですか（丁寧に依頼をするときに使う）
＊2　窗户（4級）：窓

> 「关上」の「上」は方向補語で、本来高いところへ移動するという意味ですが、この例のように、もとの意味から派生して目的に到達する（ここでは、しっかりと閉まる）という意味で使われることもあります。

POINT 2　変化と位置を明確に表現する

前のPOINTで確認したように、「把」の構文は、動詞に加工を施す必要がありました。その1つに動詞の後ろに補語を置く方法がありますが結果補語や方向補語を伴う動詞に目的語があるとき、「～を…へ移動する（に置く）」というように、より明確に変化した状態と移動した位置を言うことができます。

目的語を伴う結果補語を使った「把」の構文

結果補語の中でも、目的語を伴うものに「在」「到」があります。この2つは特にHSKで出題頻度が高いので、構造をよく理解して意味を正確に捉えることができるようにしましょう。

把 + [目的語] + [動詞] + 在（結果補語）

Wǒ bǎ xūyào zhùyì de wèntí dōu xiě zài
我 把 需要 注意 的 问题 都 写 在

+ 目的語

diànzǐyóujiànli le.
电子邮件里 了。
注意する必要がある問題はすべてＥメールに書きました。

把 + [目的語] + [動詞] + 到（結果補語）+ 目的語

Nǐ bǎ zhège xiāngzi bān dào nǎr qù?
你 把 这个 *箱子 搬 到 哪儿 去？
この箱をどこへ運んでいきますか？

＊箱子：箱

目的語を伴う方向補語を使う「把」の構文

動詞に方向補語をつけると、動作の方向をより具体的に表現することができます。下の文も「放包里（鞄に置く）」でも構わないところ、方向補語「进」を加えることによって「中に入れる」という動作の方向がより明確になっています。特に「放进」は３級でよく出る表現ですのでマスターしましょう。

把 + [目的語] + [動詞] + 方向補語 + 目的語

Nǐ bǎ zhèxiē xīnxiān de shuǐguǒ fàng jin bāoli.
(你) 把 这些 新鲜 的 水果 放 进 包里。
これらの新鮮な果物を鞄の中へ入れておいてください。

発展　「把」が導く目的語

「把」に導かれて動詞の前に置かれる目的語は、話し手と聞き手の双方にとって特定できるものでなければなりません。そのため、「ある～」という意味をもつ「数詞（一）＋量詞」はつけません。

● 「把」の後ろの目的語は特定の語

把 + 目的語（特定の語）+ [動詞] + ～

Wǒ bǎ zhèzhāng dìtú mǎidào le.
○ 我 把 这张 地图 买到 了。（手に取って言っている）
私はこの地図を手に入れました。

Wǒ bǎ dìtú mǎidào le.
○ 我 把 地图 买到 了。（文脈から特定できる）
私は地図を手に入れました。

Wǒ bǎ yìzhāng dìtú mǎidào le.
× 我 把 一张 地图 买到 了。（どの地図か特定できない）

HSKの例文 「把」の構文の読解問題

読解の第3部分の問題です。「把」の構文は毎回かなりの頻度で出題される重要文法事項です。特に解釈でその理解度が問われる問題が目立ちます。今回の文では「把」の構文と能願動詞「会」の語順、動詞に「在（結果補語）」がつき、さらにその目的語がついているという文が出題されています。

Wǒ shì yīge zhōngxué lǎoshī, jiāo xuésheng huàhuàr. Měicì xiàkèqián, wǒ
我 是 一个 中学 老师，教 学生 画儿。每次 下课前，我
huì bǎ xiàcì xuésheng yào dài de dōngxi xiě zài hēibǎnshang, dàn měicì
会 把 下次 学生 要 带 的 东西 写 在 黑板上，但 每次
shàngkèshí, zǒng huì yǒu xuésheng wàngle ná qiānbǐ.
上课时，总 会 *有 学生 忘了 拿 铅笔。

Xuésheng huì wàngjì ná shénme?
★学生 会 忘记 拿 什么？

huàr　　　　shǒubiǎo　　　qiānbǐ
A 画儿　B 手表　C 铅笔

【答え】C 铅笔 （鉛筆）

*この文は「有学生」「学生忘了拿铅笔」の兼語文で、「学生」を「忘了拿铅笔」が後ろから修飾している形です。「有」を使う文に見られます。

私は中学の教師で、学生に絵を描くことを教えています。毎回授業が終わる前に、私は次回学生が持ってこなければならないものを黒板に書きます。しかし、毎回授業の時、いつも鉛筆を持ってくるのを忘れる学生がいます。
★学生は何を持ってくるのを忘れがちですか？

● ポイント！

特に「总会有学生忘了拿铅笔」の部分が、問題の「学生会忘记拿什么」と同じことを言っている文であることが読み取れれば、「什么」の部分が「铅笔」に対応しているので、答えが導き出せます。
中国語の時間は上が過去で下が未来です。以下の単語も覚えましょう。

上次　前回　　上课　授業をする（受ける）
这次　今回
下次　次回　　下课　授業が終わる

Aはこの話し手が「画儿（絵）」を描くのを教えているという話で、学生が絵をどうするという話はありません。次回の持ち物を先生が黒板に書くのですが、毎回授業に鉛筆を持ってこない学生がいるという話でした。つまり学生が忘れるものは鉛筆です。

補充単語

| 练习 | liànxí | 練習（する） |

UNIT 17　練習問題

1　次の１～３の中国語と組み合わせて意味が通るものをＡ～Ｃの中から選んでそれぞれ日本語に訳しましょう。

> A 这个颜色很*¹适合你。
> B 先别把这件事告诉别人。
> C 我花了一个月时间才把它读完。

1) 那本*²英文小说太难懂了！
2) 请把蓝色的那件拿给我看看！
3) 我可能要结婚了。

1) _____　訳 _____
2) _____　訳 _____
3) _____　訳 _____

＊１　适合（4級）：ふさわしい
＊２　英文：英語

2　（　　）に入る語をＡ～Ｃの中から選び、完成した文を日本語に訳しましょう。

> A 打　　B 能　　C 把

1) 爸爸（　　）那瓶葡萄酒都喝完了。
2) 小男孩把杯子（　　）坏了。
3) A：你（　　）把那个问题解决好吗？
　　B：我会努力的。

1) _____　訳 _____
2) _____　訳 _____
3) _____　訳 A _____
　　　　　　　　　　B _____

3 文を読んで、★の質問に対する答えをA～Cの中から1つ選びましょう。

1) 上了中学后，女儿的课外*¹活动越来越多，练习也越来越累了。今晚回来后，没把作业写完就睡着了。我有点儿担心。

   ★ 她女儿怎么了？

   A 不喜欢学习　　B 喜欢睡觉　　C 练习很累

2) 虽然我在大学学过两年汉语，但是上班后已经把学到的东西忘得*²一干二净了。下个月开始的新工作需要用汉语，所以我打算把学过的东西*³重新复习一次。

   ★ 根据这段话，可以知道：

   A 他没说过汉语　　B 他把汉语忘了　　C 他的新工作不用汉语

3) 明明是个非常努力的孩子。上小学六年级时，他就已经把*⁴初中三年的课都学完了。明年他要考*⁵高中了，我们都相信他能考上*⁶重点学校。

   ★ 明明现在可能多大了？

   A 15岁　　B 11岁　　C 13岁

1) _____　　2) _____　　3) _____

*1　活动 (4级)：活動
*2　一干二净：きれいさっぱりと
*3　重新 (4级)：もう一度・改めて
*4　初中：初級中学（日本でいう中学校）
*5　高中：高級中学（日本でいう高校）
*6　重点 (4级)：主要な・重点（ここでは「重点学校」で有名校のこと）

UNIT 17　解答

1　会話文の組み合わせ問題

1) **C** 那本 英文 小说 太 难 懂 了！
   Nàběn yīngwén xiǎoshuō tài nán dǒng le!
   あの英語の小説はとても理解しにくいです！

   我 花了 一个 月 时间 才 把 它 读 完。
   Wǒ huā le yíge yuè shíjiān cái bǎ tā dú wán.
   私はひと月もの時間をかけてようやくそれを読み終えました。

2) **A** 请 把 蓝色 的 那件 拿 给 我 看看！
   Qǐng bǎ lánsè de nàjiàn ná gěi wǒ kànkan!
   青いあの服を持ってきて私にちょっと見せてください！

   这个 颜色 很 适合 你。
   Zhège yánsè hěn shìhé nǐ.
   この色はあなたに似合っています。

3) **B** 我 可能 要 结婚 了。
   Wǒ kěnéng yào jiéhūn le.
   私はおそらく結婚します。

   先 别 把 这件 事 告诉 别人。
   Xiān bié bǎ zhèjiàn shì gàosu biérén.
   先に（まだ・とりあえず）この事をほかの人に言わないでください。

2　空所補充問題

1) **C** 爸爸（把）那 瓶 葡萄酒 都 喝完 了。
   Bàba bǎ nà píng pútaojiǔ dōu hēwán le.
   お父さんはあの瓶のワインをすべて飲み終わりました。

2) **A** 小男孩 把 杯子（打）坏了。
   Xiǎonánhái bǎ bēizi dǎ huàile.
   男の子はコップを打ち壊しました。

3) **B** A：你（能）把 那个 问题 解决 好 吗？
   Nǐ néng bǎ nàge wèntí jiějué hǎo ma?
   あの問題をうまく解決できますか？

   B：我 会 努力 的。
   Wǒ huì nǔlì de.
   努力します。

「把」構文で使う動詞は処置を加える表現になります。問題文では結果補語になっていることに注意しましょう。

244

3 読み取り問題

1) **C**
Shàng le zhōngxué hòu, nǚ'ér de kèwài huódòng yuèláiyuè duō, liànxí yě
上 了 中学 后，女儿 的 课外 活动 越来越 多，练习 也
yuèláiyuè lèi le. Jīnwǎn huílái hòu, méi bǎ zuòyè xiěwán jiù shuìzháo le.
越来越 累 了。今晚 回来 后，没 把 作业 写完 就 睡着 了。
Wǒ yǒudiǎnr dānxīn.
我 有点儿 担心。
中学に行ってから、娘のクラブ活動は次第に多くなり、練習も次第に疲れるようになりました。今晩帰ってきた後、宿題をやり終えないで寝てしまいました。私は少し心配です。

Tā nǚ'ér zěnme le?
★ 她 女儿 怎么 了？
彼女の娘はどうしましたか？

bù xǐhuan xuéxí
A 不 喜欢 学习
勉強をするのが好きではない

xǐhuan shuìjiào
B 喜欢 睡觉
寝るのが好き

liànxí hěn lèi
C 练习 很 累
練習は疲れる

2) **B**
Suīrán wǒ zài dàxué xuéguo liǎngnián Hànyǔ, dànshì shàngbān hòu yǐjīng bǎ
虽然 我 在 大学 学过 两年 汉语，但是 上班 后 已经 把
xuédào de dōngxi wàngde yìgān'èrjìng le. Xiàge yuè kāishǐ de xīn gōngzuò
学到 的 东西 忘得 一干二净 了。下个 月 开始 的 新 工作
xūyào yòng Hànyǔ, suǒyǐ wǒ dǎsuan bǎ xuéguo de dōngxi chóngxīn fùxí
需要 用 汉语，所以 我 打算 把 学过 的 东西 重新 复习
yícì.
一次。
私は大学で2年間中国語を学びましたが、就職してからすでに学び得たものをきれいさっぱり忘れてしまいました。来月始める新しい仕事は中国語が必要なので、私は学んだものをまたもう一度復習するつもりです。

Gēnjù zhè duàn huà kěyǐ zhīdào:
★ 根据 这 段 话 可以 知道：
この話からわかることは：

tā méi shuōguo Hànyǔ
A 他 没 说 过 汉语
彼は中国語を話したことがない

tā bǎ Hànyǔ wàng le
B 他 把 汉语 忘 了
彼は中国語を忘れた

tā de xīn gōngzuò búyòng Hànyǔ
C 他 的 新 工作 不用 汉语
彼の新しい仕事は中国語が必要ない

3) **A**
Míngming shì ge fēicháng nǔlì de háizi. Shàng xiǎoxué liù niánjí shí, tā
明明 是 个 非常 努力 的 孩子。上 小学 六 年级 时，他
jiù yǐjīng bǎ chūzhōng sānnián de kè dōu xuéwán le. Míngnián tā yào kǎo
就 已经 把 初中 三年 的 课 都 学完 了。明年 他 要 考
gāozhōng le, wǒmen dōu xiāngxìn tā néng kǎoshàng zhòngdiǎn xuéxiào.
高中，我们 都 相信 他 能 考上 重点 学校。
明明はとても努力する子供です。小学6年生に上がった時、彼はすでに中学3年生の授業内容をすべて学び終わりました。来年高校を受験しますが、私たちは彼が有名学校に合格できると信じています。

Míngming xiànzài kěnéng duōdà le?
★ 明明 现在 可能 多大 了？
明明は今おそらく何歳になりましたか？

shíwǔ suì
A 15 岁   15歳

shíyī suì
B 11 岁   11歳

shísān suì
C 13 岁   13歳

245

UNIT 18 受け身文

t3Q-20-U18

Guǒzhī yídìng shì bèi māo hē le.
果汁 一定 是 被 猫 喝 了。

ジュースはきっと猫に飲まれたのでしょう。

「〜に…された・される」という受け身の表現を学びます。中国語では受け身表現は悪いことをされてしまったというニュアンスで使われるのが基本的な意味です。被害を受けていないニュアンスのものは受け身の構文を用いない、ふつうの文でその意味をもたせます。

覚えておきたい基本単語

	果汁	guǒzhī	果汁・ジュース
	被	bèi	〜される
	客人	kèren	お客さん
△	邻居	línjū	隣近所（の人）
△	经理	jīnglǐ	社長・支配人

POINT 1 受け身文の基本形

中国語の受け身は、「被」という介詞を使います。「被」という字が表すように、もともと害を被るというニュアンスが強い表現です。

「何かをされた」「被害を受けた」を受け身文で表現する

それでは、「何かをされた」というニュアンスを表現するときに用いる受け身文のしくみと用法を確認しましょう。受け身文を作るときには、介詞「被・让・叫」を使います。「主語＋被／让／叫＋人／もの＋動詞」の形で、「(人／もの)に～される」という表現になります。このとき受け身文の動詞部分は、「～された」という処置を加えられた意味を含みます。そのため、UNIT17で学んだ「把」の構文と同じように動詞を加工する必要があります。受け身表現でよく使われる動詞部分の表現には以下のものがあります。
① 「動詞＋了」
② 「動詞＋結果補語(「走」など)＋(了)」
③ 「動詞＋了＋数量詞」など

[主語] ＋ 被／让／叫＋人／もの＋ [動詞＋α]

Zhè tiáo kě'ài de xiǎogǒu bèi kèrén názǒu le.
这条 可爱 的 小狗 被 客人 拿走 了。
このかわいい子犬はお客さんに持っていかれました。

※ これは②「動詞＋結果補語＋(了)」の形の例です。①は「那块肉被狗吃了(あの肉は犬に食べられました)」、③は「我的糖被她吃了三个(私のあめは3つ彼女に食べられました)」という具合に表現されます。

受け身文の否定形

受け身文の否定形は、介詞「被・让・叫」の前に否定副詞「没」「不」を置いて作ります。

[主語] ＋ [否定副詞] ＋ 被／让／叫＋人／もの＋ [動詞＋α]

Wǒ méi ràng māma pīpíng.
我 没 让 妈妈 *批评。
私は母に叱られませんでした。

＊批评（4級）：叱る

※ 「让」「叫」は使役文でも使う語なので、受け身表現と意味をとり違えることがよくあります。文法的には使役構文の「让」「叫」は動詞で、受け身の場合は介詞として機能しています。「让」「叫」は口語表現でよく使われます。

※ 「批评」は何も加工をしていないように見えますが、これは否定文で、もともと後ろに「了」があったのが省略されています。完了の否定文では「了」を省略します。(→UNIT21参照)。

POINT 2 被害の意味がなくなった受け身文

> もともと悪い意味合いで使われることが多い受け身文ですが、最近は必ずしも悪い意味だけではなく、いい意味でも使われるようになってきています。ここではその使い方を確認しましょう。また、「被」には特別な用法がありますので、確認してみましょう。

いい意味で用いられる受け身表現

受け身文はもともと被害を受けたという悪い感情を抱く表現ですが、日本語や英語のように「〜してもらう」というニュアンスを含む意味でも最近は使われます。語順などはまったく同じなので、前後の文脈でその意味を解釈するようにしましょう。

[主語] + 被/让/叫 + 人/もの + [動詞+α]

Wǒ de zìxíngchē　bèi　　péngyou　xiūhǎo le.
我 的 自行车　被　　朋友　　修好 了。
私の自転車は友達にしっかり修理されました。

「被」は動詞の前に直接置くことができる

受け身の介詞は、動詞の前に行為をする人（もの）をはさみますが、「被」だけは動詞の前に直接置くことができます。

[主語] + 被 + [動詞+α]

Wǒ de línjū bèi xuǎn wéi jīnglǐ le.
我 的 邻居 被 选 为 经理 了。
私の近所の人は社長に選ばれました。

＊「选为」は「选〜为…」という形で「〜を選んで…とみなす」という意味で使います。ここでは「被」を使った受け身の文であるため「〜」の部分が主語になっています。

この例文も、もともとは「なりたくないのに社長になってしまった」という被害のニュアンスで使われる表現でした。しかし、受け身表現もこの意味に限定されず、最近ではふつうに「選ばれた」という意味で使われるようになってきました。

> 発　展　　受け身文と「把」の構文

「把」構文と、受け手や目的語のものに対して、ある処置を加えるという意味を伝える受け身文は、動詞の加工の方法が同じです。ここではこの2つの構文がどのような関係にあるかを比較しながら見てみましょう。受け身文の行為の主体が、「把」構文では主語になります。また、受け身文の主語は「把」構文の目的語になっています。この関係を理解して、2つの文型の意味をマスターしましょう。

● 受け身文

　　　　主語 ＋ 被/让/叫 ＋ 行為の主体

Zhè běn zìdiǎn bèi wǒ de tóngshì jiè zǒu le.
这本 字典　 被　 我 的 同事　借 走 了。
この字典は私の同僚に借りていかれました。

● 「把」構文

　　　　主語 ＋ 把 ＋ 目的語

Wǒ de tóngshì bǎ zhè běn zìdiǎn jièzǒu le.
我 的 同事 把 这本 字典 借走 了。
私の同僚はこの字典を借りていきました。

HSKの例文　受け身の介詞「被」の使い方の問題

受け身の問題は、空所補充や読解の中での解釈で出題されています。語順を正確に理解して、受け身文が自分でも組み立てられるように準備をしておきましょう。
読解の第2部分、空所補充の問題です。空所補充には、単語の知識を問うものと文法的なしくみが理解できているかを問うものなどがあります。中国語の構造をまず見て、その空所にはどんな品詞の言葉が入るのかをまず考え、それを入れて意味が通るかどうかを判断して正解を導くようにしましょう。

Niúnǎi ne?
牛奶 呢？
牛乳は？

Yídìng shì bèi māo hē le.
一定 是（被）猫 喝 了。
きっと猫に飲まれました。

● ポイント！

「(主語)＋被＋人/もの＋動詞＋α」の構造が理解できたかを会話の中で問う問題です。

UNIT 18　練習問題

1　次の1～3の中国語と組み合わせて意味が通るものをA～Cの中から選んでそれぞれ日本語に訳しましょう。

> A 被爸爸骑走了。
> B 那本小说已经让人给借走了。
> C 我还没吃呢，那*可是我最喜欢吃的。

1) 看见我的自行车了吗？
2) 蛋糕全让笑笑吃了。
3) 你新买的小说能给我看看吗？

1) _____　訳 _____
2) _____　訳 _____
3) _____　訳 _____

＊可是（4級）：しかし

2　(　　)に入る語をA～Cの中から選び、完成した文を日本語に訳しましょう。

> A 把　　B 走　　C 被

1) 我的名字（　　）写错了。
2) A：你（　　）放在门口的球拿哪儿了？
   B：没拿，可能被风刮跑了吧。
3) A：你的笔没被人拿（　　），在这里呢。
   B：谢谢！

1) _____　訳 _____
2) _____　訳 _____
3) _____　訳 _____

3 文を読んで、★の質問に対する答えをA～Cの中から１つ選びましょう。

1) 我昨天在机场出了个小*¹笑话。下了飞机后准备*²取行李时，*³左等右等也不见自己的行李，我急坏了。*⁴后来才发现，行李没被别人拿走，只是我站错了取行李的地方。

   ★ 他怎么了？
   A 行李被人拿走了　　B 拿了别人的行李
   C 去了不应该去的地方

2) 我终于买到了*⁵合适的新房子，这些天忙着准备搬家呢。不用的、空调、桌子、电视等东西，已经让人搬出去了。搬好家后，欢迎大家来玩儿。

   ★ 这几天他做什么了？
   A 准备搬家了　　B 搬了别人不用的东西　　C 找房子了

3) 天天，你来北京的机票*⁶订好了吗？你住的房间已经打扫好了，希望你能喜欢。还有，别忘了把我要的DVD带来。

   ★ 根据这段话，可以知道：
   A 说话人的房间被天天打扫过了
   B DVD被说话人带来了
   C 天天要来北京

1) _____　　2) _____　　3) _____

*1　笑话 (4级)：笑い話
*2　取 (4级)：受け取る・取りに行く
*3　左等右等：待っても待っても
*4　后来 (4级)：その後
*5　合适 (4级)：適切だ・ちょうどいい
*6　订：予約する

UNIT 18　解答

1　会話文の組み合わせ問題

1) A　Kànjiàn wǒ de zìxíngchē le ma?
　　　看见 我 的 自行车 了吗?
　　　私の自転車を見かけませんでしたか？
　　　Bèi bàba qí zǒu le.
　　　被 爸爸 骑 走 了。
　　　お父さんに乗って行かれましたよ。

2) C　Dàngāo quán ràng Xiàoxiao chī le.
　　　蛋糕 全 让 笑笑 吃了。
　　　ケーキはすべて笑笑に食べられてしまいました。
　　　Wǒ hái méi chī ne, nà kě shì wǒ zuì xǐhuan chī de.
　　　我 还 没 吃 呢，那 可 是 我 最 喜欢 吃 的。
　　　私はまだ食べていません。それは私が1番好きな食べ物です。

3) B　Nǐ xīn mǎi de xiǎoshuō néng gěi wǒ kànkan ma?
　　　你 新 买 的 小说 能 给 我 看看 吗?
　　　あなたが新しく買った小説を私にちょっと見せてくれませんか？
　　　Nàběn xiǎoshuō yǐjīng ràng rén gěi jiè zǒu le.
　　　那本 小说 已经 让 人 给 借 走 了。
　　　その小説はすでに人に貸してしまいました（人によって借りていかれました）。

2　空所補充問題

1) C　Wǒ de míngzi bèi xiěcuò le.
　　　我 的 名字（被）写错 了。
　　　私の名前は書き間違えられました。

2) A　A：Nǐ bǎ fàngzài ménkǒu de qiú ná nǎr le?
　　　　你（把）放在 门口 的 球 拿 哪儿 了?
　　　　ドア口に置いたボールをどこへ持って行きましたか？
　　　B：Méi ná, kěnéng bèi fēng guā pǎo le ba.
　　　　没 拿，可能 被 风 刮 跑 了 吧。
　　　　持って行っていません。おそらく風に吹かれて転がってしまったのでしょう。

3) B　A：Nǐ de bǐ méi bèi rén ná zǒu, zài zhèli ne.
　　　　你的笔 没 被 人 拿（走），在 这里 呢。
　　　　あなたのペンは人に持って行かれていません。ここにあります。
　　　B：Xièxie!
　　　　谢谢!
　　　　ありがとう！

3　読み取り問題

1) C　Wǒ zuótiān zài jīchǎng chūle ge xiǎo xiàohua. Xià le fēijī hòu zhǔnbèi qǔ
　　　我 昨天 在 机场 出了个 小 笑话。下了飞机 后 准备 取
　　　xíngli shí, zuǒděngyòuděng yě bújiàn zìjǐ de xíngli, wǒ jí huàile. Hòulái
　　　行李 时，左等右等 也 不见 自己 的 行李，我 急 坏了。后来
　　　cái fāxiàn, xíngli méi bèi biérén ná zǒu, zhǐshì wǒ zhàn cuò le qǔ xíngli
　　　才 发现，行李 没 被 别人 拿 走，只是 我 站 错 了 取 行李
　　　de dìfang.
　　　的 地方。
　　　私は昨日空港でおもしろい話に出くわしました。飛行機を降りた後荷物を取ろうとしていた時、右にも左にも自分の荷物が見えません。私はとても焦りました。後でやっと気がついたのですが、荷物は別の人に持って行かれていませんでした。ただ私が荷物を受け取る場所を間違えていたのです。

★ 他 怎么 了?
<small>彼はどうしましたか?</small>

A 行李 被 人 拿 走 了
<small>荷物が人に持って行かれた</small>

B 拿了 别人 的 行李
<small>ほかの人の荷物を持っていってしまった</small>

C 去 了 不 应该 去 的 地方
<small>行くべきではない(まちがった)場所へ行った</small>

2) A 我 终于 买到 了 合适 的 新 房子, 这些 天 忙着 准备 搬家 呢。不用 的、空调、桌子、电视 等 东西, 已经 让 人 搬 出去 了。搬 好 家 后, 欢迎 大家 来 玩儿。
<small>私はついにちょうどいい新しい家を手に入れました。この数日忙しく引っ越しをする準備をしていました。いらない、エアコン、机、テレビなどのものは、すでに運び出されました。引っ越しがきちんと済んだら、みなさん遊びにいらしてください。</small>

★ 这 几天 他 做 什么 了?
<small>この数日、彼は何をしましたか?</small>

A 准备 搬家 了
<small>引っ越しの準備をした</small>

B 搬了 别人 不用 的 东西
<small>ほかの人のいらないものを運んだ</small>

C 找 房子 了
<small>家を探した</small>

3) C 天天, 你 来 北京 的 机票 订 好了 吗? 你 住 的 房间 已经 打扫 好了, 希望 你 能 喜欢。还有, 别 忘 了 把 我 要 的 DVD 带来。
<small>天天。あなたが北京へ来る飛行機のチケットはしっかり予約しましたか?あなたが住む部屋はすでにきちんと掃除をしました。あなたが気に入ってくれるといいけれど。それから私がほしいDVDを持ってくるのを忘れないでください。</small>

★ 根据 这 段 话, 可以 知道:
<small>この話からわかることは:</small>

A 说话人 的 房间 被 天天 打扫过 了
<small>話し手の部屋は天天によって掃除された</small>

B DVD 被 说话人 带来 了
<small>DVDは話し手によって持ってこられた</small>

C 天天 要 来 北京
<small>天天は北京へ来ようとしている</small>

UNIT 19 比較構文

t3Q-21-U19

Běifāng de tiānqì hé nánfāng de bùyíyàng.
北方的天气和南方的不一样。

北方の気候は南方のと同じではありません。

2つのものＡ・Ｂを、「ＡはＢより〜である」「ＡとＢとは同じである」のように比較する表現はどのように言い表すのでしょうか。このUNITでは、比較構文のしくみと使い方を学びます。

覚えておきたい基本単語

○	一样	yíyàng	同じだ
	头发	tóufa	頭髪
△	过去	guòqù	以前・過去
	矮	ǎi	背が低い（「高」は背が高い）
☆	以前	yǐqián	以前
	瘦	shòu	痩せている
	渴	kě	のどが渇く
	该	gāi	（「多么」などと一緒に用いて）なんと〜だろう
	差	chà	劣っている・差がある

POINT 1 程度の違う２つのものを比べる

２つのものの違いを説明する比較の表現では介詞「比」を使います。まずは比較構文の語順としくみを確認しましょう。

比較表現の基本文型

比較の表現は、２つのものの違いがどの程度であるかを説明します。そのため、比較の文の述語は形容詞になることが多いです。形容詞が述語になるとき、「很」などの程度副詞を形容詞の前に置くというルールを学びました（→UNIT5参照）。しかし、比較の文中では原則として形容詞の前に程度副詞は不要です。

A ＋ 比 ＋ B ＋ 形容詞

Wǒ de tóufa bǐ guòqù de duǎn.
我 的 头发 比 过去 的 短。
私の頭髪は以前のより短いです。

比較構文の形容詞を修飾するには

比較構文では、形容詞の前には程度副詞を置かないという原則なので、形容詞を修飾して「どの程度〜なのか」を表現する場合、具体的な差を表す数量や程度を表す補語を形容詞の後ろに置いて表現します。

● 形容詞の後ろに差を表す数量を置く

A ＋ 比 ＋ B ＋ 形容詞 ＋ 差の量

Tā kěnéng bǐ nǐ ǎi yìdiǎnr.
他 可能 比 你 矮 一点儿。
彼はおそらくあなたより少し背が低いです。

※ 差の量は「一点儿」のような漠然としたもののほか、具体的な数字などを置くこともできます。

Chángjiāng bǐ Huánghé cháng bābǎi gōnglǐ.
长江 比 黄河 长 八百 公里。　長江は黄河より800キロ長いです。

Wǒ bǐ nǐ pàng wǔ gōngjīn.
我 比 你 胖 五 公斤。　私はあなたより５キロ太っています。

255

● 形容詞の後ろに程度補語を置く

比較構文は基本的に形容詞が述語になります。形容詞の程度を副詞的に補足説明するためには、後ろに程度補語を置いて言い表します。

A + 比 + B

Xīn mǎi de zhège kōngtiáo bǐ yǐqián nàge jiù de
新 买 的 这个 空调 比 以前 那个 旧 的

+ 形容詞 + 程度補語

hǎo duō le.
好 多 了。

新しく買ったこのエアコンは前のあの古いのに比べてずっとよくなりました。

※ これは「〜得多」の「得」が省略された形です。「形容詞＋得＋多（程度補語）」の形で、比較構文の形容詞は「とても〜である」という意味を持つことができます。比較構文の形容詞の前に程度副詞「非常」「很」などを置いてはいけません。

● 例外として形容詞の前に置ける副詞

比較構文の形容詞の前には程度副詞を置かない原則ですが、「更（さらに〜）」「还（より〜）」は例外的に形容詞の前に置いて程度を表すことができます。

A + 比 + B + 更/还 + 形容詞

Wǒ mèimei bǐ nǐ jiějie gèng shòu.
我 妹妹 比 你 姐姐 更 瘦。

私の妹はあなたのお姉さんよりさらに痩せています。

比較の否定文は「没有」を使う!!

「〜ほど…ではない」という比較の否定文では、「比」を「没有」に置き換えて表現します。また、比較の否定文では、形容詞の前に「那么・这么 (そんなに・こんなに)」と程度の言葉を添えることが多いですが、これは省略しても構いません。

A + 没有 + B +（那么・这么）+ 形容詞

今天 没有 昨天　　那么　　　渴。
Jīntiān méiyǒu zuótiān nàme kě.
今日は昨日ほどのどが渇きません。

比較の疑問文

比較の疑問文は文末に「吗」を置くか、形容詞部分を繰り返す正反疑問文にします。

他 的 汉语 比 你 好 吗?
Tā de Hànyǔ bǐ nǐ hǎo ma?
彼の中国語はあなたより上手ですか?

他 的 汉语 比 你 好 不 好?
Tā de Hànyǔ bǐ nǐ hǎo bu hǎo?
彼の中国語はあなたより上手ですか?

257

POINT 2　同程度のものを比べる言い方

2つのものが同じレベルであることを述べる表現も比較の一種です。ここでは「〜と…は同じである」という言い方を学びましょう。

同じ程度であることを説明する文

2つのものAとBが同じ程度であると説明するには介詞「跟」を使います。「A＋跟/和＋B＋一样/相同」という形で、「AとBは同じである」という意味になります。HSKでは特に「A＋和＋B＋一样」の形で出題されることが多いです。A、Bは文であることもあります。

A ＋ 跟/和 ＋ B ＋ 一样/相同

Rúguǒ wǒ de Hànyǔ gēn nǐ yíyàng hǎo,
如果 我 的 汉语 跟 你 一样 好，
gāi duōme hǎo.
该 多么 好。
もし私の中国語があなたと同じくらい上手だったら、何といいことでしょう。

● AはBと違う

中国語には「違う」という単語がないため、「一样」の前に否定副詞を置き、「不一样」として使います。「〜とは違う」という言い方は、「A＋跟/和＋B＋不一样」となります。

A ＋ 跟/和 ＋ B ＋ 不一样

Tā de xíguàn hé wǒmen de bù yíyàng.
她 的 习惯 和 我们 的 不 一样。
彼女の習慣と私たちのは同じではありません。

● AはBとあまり同じではない

「不太」は「あまり〜ない」という言い方ですが、これを「一样」の前に置いて「あまり同じではない」と表現することができます。

A ＋ 跟/和 ＋ B ＋ 不太一样

Xiànzài gēn yǐqián bútài yíyàng.
现在 跟 以前 不太 一样。
今は以前とあまり同じではありません（ちょっと違います）。

● ～と比べると

比較でよく使う表現に、「Aと比較すると」という「跟＋A＋比」があります。

跟 ＋ A ＋ 比, …

Gēn yǐqián bǐ, wǒ xiànzài de pǔtōnghuà jiǎng de hǎo duō le.
跟 以前 比, 我 现在 的 普通话 讲 得 好 多 了。

以前と比べると、私は今標準語を話すのがずっとうまくなりました。

発 展　「不比」はどっこいどっこい

「A＋不＋比＋B＋形容詞」は、「不」が「比＋B＋形容詞」（Bより〜である）すべてを否定しているため、「AはBより〜であるわけではない」という意味になります。つまり、AとBは同じ程度のものということを表します。

A ＋ 不 ＋ 比 ＋ B ＋ 形容詞

Nǐ de chéngjì bù bǐ wǒ de chà.
你 的 成绩 不 比 我 的 差。

あなたの成績は私のより劣っているということはないです（だいたい同じです）。

補充単語

| ○ | 以后 | yǐhòu | 今後 |

UNIT 19　練習問題

1　次の１〜３の中国語と組み合わせて意味が通るものをＡ〜Ｃの中から選んでそれぞれ日本語に訳しましょう。

> A 可能工作太累了。
> B 我比他[*1]轻。
> C 春天马上就要来了。

1) 你和小王谁[*2]重？
2) 你比去年瘦多了。
3) 这星期没有上星期那么冷。

1) _____　訳 _____
2) _____　訳 _____
3) _____　訳 _____

[*1] 轻（4級）：軽い
[*2] 重：重い

2　(　　)に入る語をＡ〜Ｃの中から選び、完成した文を日本語に訳しましょう。

> A 比　　B 跟　　C 没有

1) 她（　　）你那么高。
2) 你女儿（　　）我儿子安静多了。
3) A：你的汉语（　　）中国人一样好！
   B：我 *出生在中国。

1) _____　訳 _____
2) _____　訳 _____
3) _____　訳 A _____
　　　　　　　　 B _____

*出生（4級）：生まれる

3 文を読んで、★の質問に対する答えをA～Cの中から1つ選びましょう。

1) 我阿姨有一个儿子和一个女儿。妹妹长得比她哥哥还高，所以很多人以为他们是姐弟。他们在一起玩儿时，也常常是妹妹照顾哥哥。

   ★ 根据这段话，可以知道：

   A 他们是姐弟　　B 他们长得差不多　　C 哥哥矮一些

2) 小[*1]云，给你介绍个男朋友怎么样？他叫赵明，不比你大，也是[*2]80后的。跟你一样喜欢爬山、旅游。有没有兴趣？

   ★ 这段话说什么？

   A 小云比赵明大

   B 小云是80年以前出生的

   C 小云和赵明都喜欢旅游

3) 这次的小学生长跑比赛，老师没让我参加，因为我跑得没有六年级的王笑笑快。我准备以后天天练习，希望能参加明年的比赛。

   ★ 他比王笑笑：

   A 跑得慢　　B 练习多　　C 长得高

1) _____　　2) _____　　3) _____

*1　云：雲（ここでは人名）
*2　80后：1980年代（10年間）に生まれた年代のことを指す

UNIT 19　解答

1　会話文の組み合わせ問題

1) B　你 和 小王 谁 重？
   Nǐ hé XiǎoWáng shéi zhòng?
   あなたと王さんではどちらが重いですか？
   我 比 他 轻。
   Wǒ bǐ tā qīng.
   私は彼よりも軽いです。

2) A　你 比 去年 瘦 多 了。
   Nǐ bǐ qùnián shòu duō le.
   あなたは昨年よりずっと痩せました。
   可能 工作 太 累 了。
   Kěnéng gōngzuò tài lèi le.
   おそらく仕事にとても疲れているのでしょう。

3) C　这 星期 没有 上 星期 那么 冷。
   Zhè xīngqī méiyǒu shàng xīngqī nàme lěng.
   今週は先週よりもそんなに寒くありません。
   春天 马上 就 要 来 了。
   Chūntiān mǎshàng jiù yào lái le.
   春はまもなくやってきます。

2　空所補充問題

1) C　她（没有）你 那么 高。
   Tā méiyǒu nǐ nàme gāo.
   彼女はあなたほど（背が）高くない。

2) A　你 女儿（比）我 儿子 安静 多 了。
   Nǐ nǚ'er bǐ wǒ érzi ānjìng duō le.
   あなたの娘さんは私の息子よりずっと静かですね。

3) B　A：你 的 汉语（跟）中国人 一样 好！
   Nǐ de Hànyǔ gēn Zhōngguórén yíyàng hǎo!
   あなたの中国語は中国人と同じくらいいいですね！
   B：我 出生 在 中国。
   Wǒ chūshēng zài Zhōngguó.
   私は中国で生まれました。

3 読み取り問題

1) **C**
Wǒ āyí yǒu yíge érzi hé yíge nǚ'er. Mèimei zhǎng de bǐ tā gēge hái
我 阿姨 有 一个 儿子 和 一个 女儿。妹妹 长 得 比 她 哥哥 还
gāo, suǒyǐ hěn duō rén yǐwéi tāmen shì jiědì. Tāmen zài yìqǐ wánr shí,
高，所以 很 多 人 以为 他们 是 姐弟。他们 在 一起 玩儿 时,
yě chángcháng shì mèimei zhàogù gēge.
也 常常 是 妹妹 照顾 哥哥。

私のおばさんには1人の息子と1人の娘がいます。妹は兄より背が高いので、多くの人は彼らは姉と弟だと思っています。彼らが一緒に遊ぶときも、いつも妹が兄の面倒をみています。

Gēnjù zhè duàn huà, kěyǐ zhīdào:
★ 根据 这 段 话，可以 知道：
この話からわかることは：

tāmen shì jiědì　　　　　　　tāmen zhǎng de chà bu duō
A 他们 是 姐弟　　　　**B** 他们 长 得 差 不 多
彼らは姉と弟である　　　　彼らの背はだいたい同じ

gēge ǎi yìxiē
C 哥哥 矮 一些
お兄さんは少し背が低い

2) **C**
Xiǎo Yún, gěi nǐ jièshào ge nánpéngyou zěnmeyàng? Tā jiào Zhào Míng, bù
小 云，给 你 介绍 个 男朋友 怎么样？他 叫 赵 明，不
bǐ nǐ dà, yě shì bālínghòu de. Gēn nǐ yíyàng xǐhuan páshān, lǚyóu. Yǒu
比 你 大，也 是 80后 的。跟 你 一样 喜欢 爬山、旅游。有
méiyǒu xìngqù?
没有 兴趣？

小雲、あなたにボーイフレンドを紹介するのはどうですか。彼は趙明といいます。あなたとたいして年の差はなく、「80後世代」です。あなたと同じく山登りや旅行が好きです。興味はありますか？

Zhè duàn huà shuō shénme?
★ 这 段 话 说 什么？
この話からわかることは何ですか？

Xiǎo Yún bǐ Zhào Míng dà
A 小 云 比 赵 明 大
小雲は趙明より年上である

Xiǎo Yún shì bālíng nián yǐqián chūshēng de
B 小 云 是 80 年 以前 出生 的
小雲は1980年以前に生まれた

Xiǎo Yún hé Zhào Míng dōu xǐhuan lǚyóu
C 小 云 和 赵 明 都 喜欢 旅游
小雲と趙明はどちらも旅行が好きである

＊「小雲」は、ここでは小名（家族で呼ぶ幼名）として訳しました。

3) **A**
Zhècì de xiǎoxuéshēng chángpǎo bǐsài, lǎoshī méi ràng wǒ cānjiā, yīnwèi
这次 的 小学生 长跑 比赛，老师 没 让 我 参加，因为
wǒ pǎo de méiyǒu liù niánjí de WángXiàoxiao kuài. Wǒ zhǔnbèi yǐhòu
我 跑 得 没有 六 年级 的 王笑笑 快。我 准备 以后
tiāntian liànxí, xīwàng néng cānjiā míngnián de bǐsài.
天天 练习，希望 能 参加 明年 的 比赛。

今回の小学生長距離走の試合に、先生は私を参加させませんでした。私は6年生の王笑笑より走るのが速くなかったからです。私はこれから毎日練習して、来年の試合に出られるようにしたいです。

Tā bǐ WángXiàoxiao:
★ 他 比 王笑笑：
彼は王笑笑よりも：

pǎo de màn　　　　liànxí duō　　　　zhǎng de gāo
A 跑 得 慢　　**B** 练习 多　　**C** 长 得 高
走るのが遅い　　　練習を多くした　　背が高い

263

Part 6〜7　実践問題

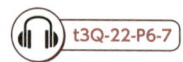

一、听　力

1 音声を聞いて、その内容に合う写真を選び記号で答えましょう。

第 1-5 題

A 　B 　C

D 　E

1) _____　2) _____　3) _____　4) _____　5) _____

2 音声を聞いて、★の文が内容と合致する場合は「✓」、合致しない場合は「×」で答えましょう。

1) ★ 妹妹把她的手表拿走了。　　　_____

2) ★ 他比女朋友唱得好。　　　_____

3) ★ 我向同事借了字典。　　　_____

4) ★ 他奶奶被邻居送到医院了。　　　_____

5) ★ 看电影时不能大声说话。　　　_____

3 会話を聞いて、質問に対する答えをA～Cの中から1つ選びましょう。

1) A 她的电脑坏了　　B 她不想玩游戏
   C 电脑可以用
2) A 男的可能比小李大　　　　B 男的可能和小李一样大
   C 男的可能比小李小
3) A 看书　　　　B 找照片　　　　C 照照片
4) A 他们可能走错路了　　　　B 他们可能找到地图了
   C 他们可能在宾馆
5) A 爸爸和女儿　　B 客人和服务员　　C 同事

4 会話を聞いて、質問に対する答えをA～Cの中から1つ選びましょう。

1) A 打电话　　　　B 看电视　　　　C 看电脑
2) A 女的对男的很了解　　　B 男的在写书
   C 女的可能是写书的
3) A 女人的儿子睡着了　　　B 女人的伞坏了
   C 昨晚刮大风了
4) A 女的不会开车　　　　　B 女的爸妈叫她学开车
   C 女的不想学开车
5) A 没去过花园　　　　　　B 和孩子一起去花园了
   C 想去花园

265

Part 6〜7　実践問題

二、阅　读

1　次の1〜5の中国語と組み合わせて意味が通るものをA〜Eの中から選びましょう。

第1-5题

> A 是啊，对身体不好，我会注意的。
> B 对不起，妈妈。篮球比赛太有意思了，所以叫出了声来。
> C 好的，是这件吗？这件很便宜。
> D 可能不让吧。
> E 就在你书包里啊！我看见你放包里了，你忘了？

1) 这里让不让练习足球？　　　　　　　　　　　_____

2) 从刚才就一直在找，这本书是在哪儿被找到的？_____

3) 吃饭的时候不要太急。　　　　　　　　　　　_____

4) 你好，请把蓝色的 *雨衣给我看看。我想看看大小。_____

5) 安静点儿！楼下有老人和小孩子。　　　　　　_____

＊雨衣：レインコート

2 （　）に入る語をA〜Eの中から選びましょう。

第1-5题

> A 一　　B 不要　　C 让　　D 跟　　E 把

1) 请（　　）你的自行车借我用用。

2) 他看电视节目上说有不好影响，所以不（　　）孩子们去看电影。

3) 照相了，笑（　　）笑！好久没见了，开心一点儿！

4) （　　）用红笔写字！请用铅笔。

5) 这件衣服其实（　　）那件一样大，但是颜色不一样，看上去有些大。

第6-10题

> A 一　　B 是　　C 比　　D 让　　E 点儿

6) A：你（　　）怎么知道我的电话*¹号码的？
   B：李经理告诉我的。

7) A：你的游戏机呢？
   B：（　　）同学借走了。

8) A：老师，请讲（　　）讲什么是*²空气。
   B：好的！

9) A：快（　　）走，*³来不及了。
   B：我已经走不动了。

10) A：听说你和你哥哥长得非常像。
    B：没错，但是他（　　）我瘦。

*1　号码 (4级)：番号
*2　空气 (4级)：空気
*3　来不及 (4级)：間に合わない

267

Part 6～7　実践問題

3　文を読んで、★の質問に対する答えをＡ～Ｃの中から１つ選びましょう。

1) 遇到不认识的字时，过去人们习惯查字典，现在越来越多的人喜欢用电子字典。因为它比字典更方便。

    ★ 现在的人：

    A 不会查字典　　B 习惯用电子字典　　C 觉得字典很方便

2) 小的时候，妈妈对我有很多要求。要做什么，不要做什么等等，让我觉得很[*1]烦。长大后我才明白，妈妈说的都是为我好。

    ★ 这段话说的什么？

    A 她妈妈很烦　　B 她[*2]理解妈妈了　　C 她不喜欢妈妈

3) 小李、小王和小张是好朋友。小李跟小王比，小王高。小王跟小张比，小王没有小张高。

    ★ 他们谁最高？

    A 小李　　B 小王　　C 小张

4) 今天李明没来上学，[*3]好像是感冒了。因为我和他家住得很近，老师让我下课后去看看他。我去他家时，他已经好多了，正在睡觉呢。

    ★ 关于李明，我们可以知道什么？

    A 感冒了　　B 被叫去看同学了　　C 喜欢睡觉

5) 我今年上五年级，妹妹上三年级。妹妹和我的生日一样都是五月，我是十四号，她是二十号，我们每年都一起吃蛋糕。

    ★ 他比妹妹大几岁？

    A 两岁　　B 六岁　　C 五岁

    *1　烦（4級）：煩わしい
    *2　理解（4級）：理解する
    *3　好像（4級）：～のようだ

三、书　写

1

語句を並べかえて正しい文を作りましょう。

1) 让 / 不 / 看电视 / 妈妈 / 我
2) 拿给 / 那本书 / 我 / 把 / 请
3) 老师 / 被 / *1表扬了 / 李明
4) 高 / 我 / 小赵 / 没有
5) 使 / 那个电影 / 很 *2感动 / 人

1) _____
2) _____
3) _____
4) _____
5) _____

＊1　表扬（4級）：表彰する
＊2　感动（4級）：感動させる

2

(　　　) に入る語をピンインを参考に書きましょう。

1) 开车的时候，(　búyòng　) *1紧张。
2) 已经很晚了，(　bié　) 看电视了。
3) 我的行李 (　bèi　) 拿错了。
4) (　Ràng　) 小王去机场接你吧。
5) 车里 (　yǒu　) 一 *2瓶水，是给你的。

＊1　紧张（4級）：緊張している
＊2　瓶（4級）：瓶、～瓶（量詞）

Part 6〜7　解 答

一、听 力

1　聞き取り問題（第1部分）

1) C　男：*Māma jiāo wǒ de, shì wǒ dì yīcì zuò fàn, zěnmeyàng?*
妈妈 教 我 的,是 我 第 一次 做 饭, 怎么样?
母に教えてもらって、初めてご飯を作りました。どうですか？

　　　女：*Kàn qǐlai búcuò a.*
看 起来 不错 啊。
見たところすばらしいですね。

2) A　男：*Jīntiān hǎo lèi, wǒ xiǎng chī hǎochī de. Fúwùyuán, qǐng bǎ càidān nálai!*
今天 好 累,我 想 吃 好吃 的。服务员,请 把 菜单 拿来!
今日は疲れたので、おいしいものが食べたいです。店員さん（すみません）、メニューを持って来てください！

　　　女：*Hǎo, qǐng děng yíxià.*
好,请 等 一下。
はい。少々お待ちください。

3) E　男：*Lǎoshī ràng wǒmen hǎohǎo fùxí, zhǔnbèi kǎoshì!*
老师 让 我们 好*好 复习, 准备 考试!
先生は私たちにしっかり復習して、試験の準備をしなさいって！

　　　女：*Wǒ zuì bù xǐhuan kǎoshì le!*
我 最 不 喜欢 考试 了!
私は試験が一番嫌いです！

4) D　男：*Zuótiān nǐmen qù diànyǐngyuàn méi? Nàge diànyǐng hàipà ma?*
昨天 你们 去 电影院 没? 那个 电影 害怕 吗?
昨日あなたたちは映画館へ行きましたか？あの映画は怖かったですか？

　　　女：*Méiyǒu shàngxīngqī kàn de hàipà!*
没有 上星期 看 的 害怕!
先週見たのほど怖くなかったです！

5) B　男：*Kànjiàn wǒ de zuòyè běn le ma? Méi zài bāoli.*
看见 我 的 作业 本 了 吗? 没 在 包里。
私の宿題ノートを見かけませんでしたか？鞄の中にありません。

　　　女：*Zài nǐ de chuángshang fàngzhe ne.*
在 你 的 床上 放着 呢。
あなたのベッドの上に置いてありましたよ。

*好好の2番目の音は第一声でも元の声調である第三声でも読まれることがあります。

2　聞き取り問題（第2部分）

1) ✓　*Mèimei bǎ tā de shǒubiǎo názǒu le.*
★妹妹 把 她 的 手表 拿走 了。
妹は彼女の腕時計を持っていきました。

　　　Tā xīn mǎi de shǒubiǎo bèi tā de mèimei názǒule le.
她 新 买 的 手表 被 她 的 妹妹 拿走 了。
彼女の新しい腕時計は妹に持っていかれました。

270

2) ✗ ★ Tā bǐ nǚpéngyou chàng de hǎo.
他 比 女朋友 唱 得 好。
彼はガールフレンドより歌がうまい。

Wǒ rúguǒ chànggē bǐ wǒ de nǚpéngyou hái chàng de hǎo, gāi duō hǎo a.
我 如果 唱歌 比 我 的 女朋友 还 唱 得 好，该 多 好 啊。
もし私が私のガールフレンドより歌がうまかったら、なんといいことでしょう。

3) ✗ ★ Wǒ xiàng tóngshì jièle zìdiǎn.
我 向 同事 借了 字典。
私は同僚に字典を借りた。

Wǒ de zìdiǎn bèi tóngshì jièzǒu le. Dǎsuàn ràng tā míngtiān huán gěi wǒ.
我 的 字典 被 同事 借走 了。打算 让 他 明天 还 给 我。
私の字典は同僚に借りていかれました。明日彼に返してもらうつもりです。

4) ✓ ★ Tā nǎinai bèi línjū sòngdào yīyuàn le.
他 奶奶 被 邻居 送到 医院 了。
彼のおばあさんは隣の人に病院へ送ってもらいました。

Zuótiān shì línjū bǎ shēngbìng de nǎinai sòngdào yīyuàn de.
昨天 是 邻居 把 生病 的 奶奶 送到 医院 的。
昨日隣の人が病気のおばあさんを病院へ送ってくれたのです。

5) ✓ ★ Kàn diànyǐng shí bùnéng dàshēng shuōhuà.
看 电影 时 不能 大声 说话。
映画を見るときは大きな声で話してはいけません。

Zài diànyǐngyuàn kàn diànyǐng shí, zhùyì búyào dàshēng shuōhuà.
在 电影院 看 电影 时，注意 不要 大声 说话。
Yīnwèi pángbiān yǒu rénshuō hé diànyǐng méiguānxi de huà, huì ràng rén juéde bùhǎo.
因为 旁边 有 人 说 和 电影 没关系 的 话，会 让 人 觉得 不好。
映画館で映画を見るとき、大声で話さないよう気をつけてください。隣の人が関係のない話をしていると嫌な気持ちにさせますから。

3 聞き取り問題（第3部分）

1) A 男: Wǒmen shàngwǎng wán yóuxì zěnmeyàng?
我们 上网 玩 游戏 怎么样？
私たち、インターネットゲームをするのはどうですか？

女: Wǒ de diànnǎo ràng mèimei wán huàile.
我 的 电脑 让 妹妹 玩 坏了。
私のコンピューターは妹に遊んで壊されました。

271

Part 6〜7　解答

　　　　　　　　Nǚ de shuō shénme?
　　　　　　问：女 的 说　什么?
　　　　　　　　女の人は何と言いましたか？

　　　　　　　　tā de diànnǎo huàile.
　　　　　　A 她 的 电脑　坏了
　　　　　　　　彼女のコンピューターは壊れた

　　　　　　　　tā bùxiǎng wán yóuxì
　　　　　　B 她　不想　玩 游戏
　　　　　　　　彼女はゲームをしたくない

　　　　　　　　diànnǎo kěyǐ yòng
　　　　　　C 电脑　可以　用
　　　　　　　　コンピューターを使うことができる

　　　　　　　　　Nǐ gēn Xiǎo Lǐ shì tóng yì nián shēng de ma?
2) C　女：你 跟　小 李 是 同 一 年　生　的 吗?
　　　　　　　あなたは李さんと同じ年ですよね？

　　　　　　　　Bú shì, Tā bǐ wǒ zǎo liǎngnián.
　　　　　　男：不 是, 他 比 我 早　两年。
　　　　　　　　違います。彼は私より２年早いです。

　　　　　　　　Xiàmiàn nǎ jù huà shì duì de?
　　　　　　问：下面 哪　句 话 是 对 的?
　　　　　　　　下の文でどれが正しいですか？

　　　　　　　　nán de kěnéng bǐ XiǎoLǐ dà
　　　　　　A 男 的 可能　比 小 李 大
　　　　　　　　男の人はおそらく李さんより年上

　　　　　　　　nán de kěnéng hé XiǎoLǐ yíyàng dà
　　　　　　B 男 的 可能 和 小 李 一样 大
　　　　　　　　男の人はおそらく李さんと同い年

　　　　　　　　nán de kěnéng bǐ XiǎoLǐ xiǎo
　　　　　　C 男 的 可能　比 小 李 小
　　　　　　　　男の人はおそらく李さんより年下

　　　　　　　　　Néng gěi wǒ kànyikàn nǐ xiǎo shíhòu de zhàopiàn ma?
3) B　男：能　给　我 看一看 你 小 时候 的　照片　吗?
　　　　　　　　私にあなたの子供の頃の写真をちょっと見せてくれますか？

　　　　　　　　Dōu zài nàr fàngzhe ne, nǐ zhǎozhao ba.
　　　　　　女：都　在　那儿　放着 呢, 你　找找　吧。
　　　　　　　　みんなあそこに置いてありますので、ちょっと探してみてください。

　　　　　　　　Nán de kěnéng xiǎng zuò shénme?
　　　　　　问：男 的 可能　想　做　什么?
　　　　　　　　男の人はおそらく何をしようとしていますか？

　　　　　　　　kàn shū　　　　zhǎo zhàopiàn　　　　zhào zhàopiàn
　　　　　　A 看 书　　　B 找　照片　　　C 照　照片
　　　　　　　本を読む　　　　写真を探す　　　　　　写真を撮る

4) A 男：*Bā dìtú ná chūlai kànkan, wǒmen kěnéng zǒucuò lù le.*
把 地图 拿 出来 看看，我们 可能 走错 路 了。
ちょっと地図を取り出して見てみましょう。私たちは迷子になったようです。

女：*Duìbuqǐ, wǒ bǎ tā wàng zài bīnguǎn le!*
对不起，我 把 它 忘 在 宾馆 了！
すみません、私はそれをホテルに忘れてしまいました！

问：*Xiàmiàn nǎ jù huà shì duì de?*
下面 哪 句 话 是 对 的？
下の文でどれが正しいですか？

A *tāmen kěnéng zǒu cuò lù le*
他们 可能 走错 路 了
彼らはおそらく迷子になった

B *tāmen kěnéng zhǎodào dìtú le*
他们 可能 找到 地图 了
彼らはおそらく地図を見つけた

C *tāmen kěnéng zài bīnguǎn*
他们 可能 在 宾馆
彼らはおそらくホテルにいる

5) A 女：*Wǒ yǐjīng shì dàxuéshēng le, zhèjiàn shì ràng wǒ lái zuò ba!*
我 已经 是 大学生 了，这件 事 让 我 来 做 吧！
私はすでに大学生になりました。このことは私にやらせてください！

男：*Hǎo, dànshì nǐ yào xiān wènwen māma.*
好，但是 你 要 先 问问 妈妈。
いいよ。でもまずお母さんにちょっと聞いてみなければならないよ。

问：*Tāmen kěnéng shì shénme guānxi?*
他们 可能 是 什么 关系？
彼らはおそらくどんな関係ですか？

A *bàba hé nǚ'ér* 爸爸 和 女儿
父と娘

B *kèrén hé fúwùyuán* 客人 和 服务员
客と店員

C *tóngshì* 同事
同僚

4 聞き取り問題（第4部分）

1) A 女：*Bǎ shēngyīn kāi dà yìdiǎn, wǒ tīng bu qīng.*
把 声音 开 大 一点，我 听 不 清。
音をもう少し大きくして。私ははっきり聞こえません。

男：*Māma zài dǎ diànhuà ne.*
妈妈 在 打 电话 呢。
お母さんが電話をしているところだよ。

女：*Māma zài lóuxià dǎ diànhuà, méiguānxi de.*
妈妈 在 楼下 打 电话，没关系 的。
お母さんは1階で電話をしているから大丈夫だよ。

273

Part 6〜7　解答

男：_{Hǎo ba.}
好 吧。
いいよ。

问：_{Māma kěnéng zài zuò shénme?}
妈妈 可能 在 做 什么?
お母さんはおそらく何をしているところですか？

A _{dǎ diànhuà}　　B _{kàn diànshì}　　C _{kàn diànnǎo}
　打 电话　　　　看 电视　　　　看 电脑
　電話をする　　　テレビを見る　　コンピューターを見る

2) C　男：_{Nín xiě de nà běn shū shǐ wǒ liáojiě le hěnduō.}
　　　　您 写 的 那 本 书 使 我 了解 了 很多。
　　　　あなたが書いたその本は私に多くのことをわからせました。

女：_{Xièxie!}
谢谢!
ありがとう！

男：_{Qǐng shuōyishuō nín zuìjìn zài xiě de xīn shū.}
请 说一说 您 最近 在 写 的 新 书。
最近書いている新しい本についてちょっと話してください。

女：_{Hǎo, shì guānyú huánjìng de!}
好, 是 关于 环境 的!
いいですよ。環境についてです！

问：_{Xiàmiàn nǎ jù huà shì duì de?}
下面 哪 句 话 是 对 的?
下の文で正確なのは？

A _{nǚ de duì nán de hěn liáojiě}
　女 的 对 男 的 很 了解
　女の人は男の人をよくわかっている

B _{nán de zài xiě shū}
　男 的 在 写 书
　男の人は本を書いている

C _{nǚ de kěnéng shì xiě shū de}
　女 的 可能 是 写 书 的
　女の人はおそらく本を書く人である

3) C　男：_{Zuówǎn de fēng guā de zhēn dà a!}
　　　　昨晚 的 风 刮 得 真 大 啊!
　　　　昨晩の風は本当にひどかったですね！

女：_{Shì a, wǒ érzi dōu bùgǎn shuìjiào le!}
是 啊, 我 儿子 都 不敢 睡觉 了!
そうですね。私の息子は寝ることさえできませんでした！

男：_{Wǒ de sǎn yě bèi fēng guā huài le.}
我 的 伞 也 被 风 刮 坏 了。
私の傘も風で壊れてしまいました。

274

　　　　　　Zhēn de ma? Jīntiān yě xiàyǔ, zěnmebàn?
女：真 的 吗? 今天 也 下雨, 怎么办?
　　　本当ですか？今日も雨ですが、どうするのですか？
　　　　Xiàmiàn nǎ jù huà shì duì de?
问：下面 哪 句 话 是 对 的?
　　　下の文でどれが正しいですか？

　　　　nǚrén de érzi shuìzháo le　　　　nǚrén de sǎn huài le
A 女人 的 儿子 睡着 了　　B 女人 的 伞 坏 了
　　女の人の息子は寝た　　　　　　女の人の傘は壊れた

　　　zuówǎn guā dàfēng le
C 昨晚 刮 大风 了
　　昨晚強い風が吹いた

　　　　　　　Nǐ huì kāichē ma?
4) A 　男：你 会 开车 吗?
　　　　あなたは運転できますか？

　　　　　Búhuì, wǒ bàmā méi ràng wǒ xué.
　　女：不会, 我 爸妈 没 让 我 学。
　　　　できません、私の両親が私に勉強させてくれませんでした。

　　　　Wèishénme ne?
　　男：为什么 呢?
　　　　なぜなの？

　　　　Tāmen shuō bù ānquán, zhǎoge huì kāichē de nánpéngyou jiù
　　女：他们 说 不 安全, 找个 会 开车 的 男朋友 就
　　　　kěyǐ le!
　　　　可以 了!
　　　　彼らは、危険だから運転できるボーイフレンドを見つけたらいいと言うのよ！

　　　　Guānyú nǚ de, kěyǐ zhīdào shénme?
问：关于 女 的, 可以 知道 什么?
　　　女の人について、わかることは何ですか？

　　　nǚ de búhuì kāichē　　　nǚ de bàmā jiào tā xué kāichē
A 女 的 不会 开车　　B 女 的 爸妈 叫 她 学 开车
　　女の人は運転できない　　女の人の両親は彼女に運転の勉強をさせた

　　　nǚ de bùxiǎng xué kāichē
C 女 的 不想 学 开车
　　女の人は運転の勉強をしたくない

　　　　　　Xīn de nàge huāyuán nǐ qù le ma?
5) B 　女：新 的 那个 花园 你 去 了 吗?
　　　　新しいあの花園にあなたは行きましたか？

　　　　Zǎo jiù qù le.
　　男：早 就 去 了。
　　　　とっくに行きましたよ。

275

Part 6〜7 解答

女：真 的! 什么 时候 去 的?
　　Zhēn de! Shénme shíhou qù de?
　　本当！いつ行ったの？

男：是 上个 星期日 带 孩子 去 的。
　　Shì shàngge xīngqīrì dài háizi qù de.
　　先週の日曜日に子供を連れて行ったのです。

问：关于 男 的, 可以 知道 什么?
　　Guānyú nán de, kěyǐ zhīdào shénme?
　　男の人について、わかることは何ですか？

A 没 去 过 花园
　méi qù guo huāyuán
　花園へ行ったことがない

B 和 孩子 一起 去 花园 了
　hé háizi yìqǐ qù huāyuán le
　子供と一緒に花園へ行った

C 想 去 花园
　xiǎng qù huāyuán
　花園に行きたい

二、阅　读

1 読解問題（第1部分）

1) D　*Zhèli ràngburàng liànxí zúqiú?*
　　这里 让不让 练习 足球？
　　ここでサッカーの練習をさせてくれますか？

　　Kěnéng bú ràng ba.
　　可能 不 让 吧。
　　おそらくさせないでしょう。

2) E　*Cóng gāngcái jiù yìzhí zài zhǎo, zhè běn shū shì zài nǎr bèi zhǎodào de?*
　　从 刚才 就 一直 在 找，这 本 书 是 在 哪儿 被 找到 的？
　　さっきからずっと探してたんです！この本はどこで見つかりましたか？

　　Jiù zài nǐ shūbāo li a! Wǒ kànjiàn nǐ fàng bāolǐ le, nǐ wàng le?
　　就 在 你 书包 里 啊！我 看见 你 放 包里 了，你 忘 了？
　　あなたの鞄の中ですよ！私はあなたが鞄に入れるのを見ましたが、忘れていたの？

3) A　*Chīfàn de shíhou búyào tàijí.*
　　吃饭 的 时候 不要 太急。
　　ご飯を食べるときに急いではいけません。

　　Shì a, duì shēntǐ bùhǎo, wǒ huì zhùyì de.
　　是 啊，对 身体 不好，我 会 注意 的。
　　そうですね、体によくありません。気をつけます。

4) C　*Nǐhǎo, qǐng bǎ lánsè de yǔyī gěi wǒ kànkan. Wǒ xiǎng kànkan dàxiǎo.*
　　你好，请 把 蓝色 的 雨衣 给 我 看看。我 想 看看 大小。
　　店員さん、青いレインコートを私にちょっと見せていただけませんか。大きさがどうか見てみたいのです。

　　Hǎo de, shì zhèjiàn ma? zhèjiàn hěn piányi.
　　好 的，是 这件 吗？这件 很 便宜。
　　いいですよ。これですか？こちらの方が安いですよ。

5) B　*Ānjìng diǎnr! Lóuxià yǒu lǎorén hé xiǎo háizi.*
　　安静 点儿！楼下 有 老人 和 小 孩子。
　　静かに！階下にお年寄りと子供がいます。

　　Duìbuqǐ, māma. Lánqiú bǐsài tài yǒuyìsi le, suǒyǐ jiào chū le shēng lái.
　　对不起，妈妈。篮球 比赛 太 有意思 了，所以 叫 出 了 声 来。
　　すみません、お母さん。バスケットボールの試合が盛り上がっていて、叫んでしまいました。

2 読解問題（第2部分）

1) E　*Qǐng bǎ nǐ de zìxíngchē jiè wǒ yòngyong.*
　　请（把）你 的 自行车 借 我 用用。
　　あなたの自転車を私がちょっと使うのに貸していただけませんか。

2) C　*Tā kàn diànshì jiémù shàng shuōyǒu bùhǎo yǐngxiǎng, suǒyǐ bú ràng*
　　他 看 电视 节目 上 说有 不好 影响，所以 不（让）
　　háizimen qù kàn diànyǐng.
　　孩子们 去 看 电影。

277

Part 6〜7 解答

テレビの番組で、よくない影響があると言っているのを聞いてから、彼は子供たちに映画を見させません。

3) **A**
Zhàoxiàng le, xiào (一) xiào! Hǎo jiǔ méijiàn le, kāixīn yìdiǎnr!
照相 了, 笑（一）笑！好久 没见 了, 开心 一点儿！
写真を撮るから、ちょっと笑って！久しぶりに会ったのだから、楽しそうにしてください！

4) **B**
Búyào yòng hóngbǐ xiě zì! Qǐng yòng qiānbǐ.
（不要）用 红笔 写 字！请 用 铅笔。
赤ペンを使って字を書いてはいけません！鉛筆を使いなさい。

5) **D**
Zhèjiàn yīfu qíshí gēn nàjiàn yíyàng dà, dànshì yánsè bùyíyàng, kànshangqu yǒu xiē dà.
这件 衣服 其实（跟）那件 一样 大, 但是 颜色 不一样, 看上去 有 些 大。
この服はそれと同じ大きさですが、色が違うので少し大きく見えるようです。

6) **B**
Nǐ shì zěnme zhīdào wǒ de diànhuà hàomǎ de?
A：你（是）怎么 知道 我 的 电话 号码 的？
あなたはどうして私の電話番号を知っているのですか？
Lǐ jīnglǐ gàosu wǒ de.
B：李 经理 告诉 我 的。
李社長が私に教えたのです。

7) **D**
Nǐ de yóuxìjī ne?
A：你 的 游戏机 呢？
あなたのゲーム機は？
Ràng tóngxué jiè zǒu le.
B：（让）同学 借 走 了。
クラスメートに借りて行かれました。

8) **A**
Lǎoshī, qǐng jiǎngyijiǎng shénme shì kōngqì.
A：老师, 请 讲（一）讲 什么 是 空气。
先生、空気とは何であるかちょっとお話しください。
Hǎo de!
B：好 的！
よろしい！

9) **E**
Kuài diǎnr zǒu, lái bu jí le.
A：快（点儿）走, 来 不 及 了。
早く行って。間に合いませんよ。
Wǒ yǐjīng zǒu budòng le.
B：我 已经 走 不动 了。
私はすでに動けません。

10) **C**
Tīngshuō nǐ hé nǐ gēge zhǎng de fēicháng xiàng.
A：听说 你 和 你 哥哥 长 得 非常 像。
聞いたところによるとあなたとあなたのお兄さんはとても似ているそうですね。
Méi cuò, dànshì tā bǐ wǒ shòu.
B：没 错, 但是 他（比）我 瘦。
その通りですよ。しかし、彼は私より痩せています。

3 読解問題（第3部分）

1) **B**
Yùdào bú rènshi de zì shí, guòqù rénmen xíguàn chá zìdiǎn, xiànzài
遇到 不 认识 的 字 时，过去 人们 习惯 查 字典，现在
yuèláiyuè duō de rén xǐhuan yòng diànzǐ zìdiǎn. Yīnwèi tā bǐ zìdiǎn gèng
越来越 多 的 人 喜欢 用 电子 字典。因为 它 比 字典 更
fāngbiàn.
方便。

知らない字に出会ったとき、昔の人たちは辞書を引くことに慣れていましたが、今は次第に多くの人が電子辞書を好んで使います。それは辞書よりもより便利だからです。

Xiànzài de rén:
★ 现在 的 人：
今の人は：

búhuì chá zìdiǎn   xíguàn yòng diànzǐ zìdiǎn
A 不会 查 字典   B 习惯 用 电子 字典
辞書で調べられない   電子辞書を使うことに慣れている

juéde zìdiǎn hěn fāngbiàn
C 觉得 字典 很 方便
辞書が便利だと思っている

2) **B**
Xiǎo de shíhou, māma duì wǒ yǒu hěn duō yāoqiú. Yào zuò shénme, búyào
小 的 时候，妈妈 对 我 有 很 多 要求。要 做 什么，不要
zuò shénme děngděng, ràng wǒ juéde hěn fán. Zhǎngdà hòu wǒ cái míngbai,
做 什么 等等，让 我 觉得 很 烦。长大 后 我 才 明白，
māma shuō de dōu shì wèi wǒ hǎo.
妈妈 说 的 都 是 为 我 好。

子供の頃、母は私に対して多くの要求がありました。何をしなければならない、何をしてはいけないなどなど、私に煩わしく感じさせました。大きくなって私はようやくわかりました。母が言っていたことはすべて私のためにいいことであったと。

Zhè duàn huà shuō de shénme?
★ 这 段 话 说 的 什么？
この話が言っていることは何ですか？

Tā māma hěn fán
A 她 妈妈 很 烦
彼女のお母さんは煩わしい

Tā lǐjiě māma le
B 她 理解 妈妈 了
彼女はお母さんを理解するようになった

Tā bù xǐhuan māma
C 她 不 喜欢 妈妈
彼女はお母さんが好きではない

Part 6～7　解答

3) **C**

XiǎoLǐ, XiǎoWáng hé XiǎoZhāng shì hǎo péngyǒu. XiǎoLǐ gēn XiǎoWáng bǐ,
小李，小王 和 小张 是 好 朋友。小李 跟 小王 比，
XiǎoWáng gāo. XiǎoWáng gēn XiǎoZhāng bǐ, XiǎoWáng méiyǒu XiǎoZhāng gāo.
小王 高。小王 跟 小张 比，小王 没有 小张 高。

李さん、王さんと張さんは親友です。李さんは王さんと比べると、王さんが背が高いです。王さんと張さんを比べると、王さんは張さんより高くありません。

Tāmen shéi zuì gāo?
★ 他们 谁 最 高？
彼らのうち誰が一番背が高いですか？

　　　XiǎoLǐ　　　　　　XiǎoWáng　　　　　　XiǎoZhāng
A 小李　　　　**B** 小王　　　　**C** 小张
　　李さん　　　　　　王さん　　　　　　　張さん

4) **A**

Jīntiān Lǐ Míng méi lái shàngxué, hǎoxiàng shì gǎnmào le. Yīnwèi wǒ hé
今天 李明 没 来 上学，好像 是 感冒 了。因为 我 和
tā jiā zhù de hěn jìn, lǎoshī ràng wǒ xiàkè hòu qù kànkan tā. Wǒ
他 家 住 得 很 近，老师 让 我 下课 后 去 看看 他。我
qù tā jiā shí, tā yǐjīng hǎo duō le, zhèngzài shuìjiào ne.
去 他 家 时，他 已经 好 多 了，正在 睡觉 呢。

今日李明は学校に来ていませんが、風邪を引いたようです。私と彼の家は近いので、先生は放課後私に彼をちょっと見に行かせました。私が彼の家に行った時、彼はすでにずっとよくなっていて、ちょうど寝ているところでした。

Guānyú LǐMíng, wǒmen kěyǐ zhīdào shénme?
★ 关于 李明，我们 可以 知道 什么？
李明について、私たちは何を知ることができますか？

　　gǎnmào le　　　bèi jiào qù kàn tóngxué le　　　xǐhuan shuìjiào
A 感冒 了　　**B** 被 叫 去 看 同学 了　　**C** 喜欢 睡觉
　　風邪を引いた　　クラスメートを見に行かせられた　　　寝るのが好き

5) **A**

Wǒ jīnnián shàng wǔ niánjí, mèimei shàng sān niánjí. Mèimei hé wǒ de
我 今年 上 五 年级，妹妹 上 三 年级。妹妹 和 我 的
shēngri yíyàng dōu shì wǔyuè, wǒ shì shísì hào, tā shì èrshí hào,
生日 一样 都 是 五月，我 是 十四 号，她 是 二十 号，
wǒmen měinián dōu yìqǐ chī dàngāo.
我们 每年 都 一起 吃 蛋糕。

私は今年5年生になります。妹は3年生です。妹と私は同じく5月生まれで、私は14日、彼女は20日です。私たちは毎年一緒にケーキを食べます。

Tā bǐ mèimei dà jǐ suì?
★ 他 比 妹妹 大 几 岁？
彼は妹より何歳年上ですか？

　　liǎng suì　　　　　liù suì　　　　　　wǔ suì
A 两 岁　　　　**B** 六 岁　　　　**C** 五 岁
　　2歳　　　　　　　6歳　　　　　　　　5歳

三、书 写

1 書き取り問題（第1部分）

1) Māma bú ràng wǒ kàn diànshì.
   妈妈 不 让 我 看 电视。
   お母さんは私にテレビを見せてくれません。

   Wǒ bú ràng māma kàn diànshì.
   我 不 让 妈妈 看 电视。
   私はお母さんにテレビを見せさせません。

2) Qǐng bǎ nàběn shū ná gěi wǒ.
   请 把 那本 书 拿 给 我。
   その本を私によこしてください。

3) Lǐ Míng bèi lǎoshī biǎoyáng le.
   李 明 被 老师 表扬 了。
   李明は先生に褒められました。

4) Wǒ méiyǒu XiǎoZhào gāo.
   我 没有 小赵 高。
   私は趙さんよりも背が高くありません。

   XiǎoZhào méiyǒu wǒ gāo.
   小赵 没有 我 高。
   趙さんは私よりも背が高くありません。

5) Nàge diànyǐng shǐ rén hěn gǎndòng.
   那个 电影 使 人 很 感动。
   その映画は人を感動させます。

2 書き取り問題（第2部分）

1) Kāichē de shíhou, búyòng jǐnzhāng.
   开车 的 时候，(不用) 紧张。
   運転するとき、緊張するには及びません。

2) Yǐjīng hěn wǎn le, bié kàn diànshì le.
   已经 很 晚 了，(别) 看 电视 了。
   すでに遅くなったので、テレビを見ないでね。

3) Wǒ de xíngli bèi nácuò le.
   我 的 行李（被）拿错 了。
   私の荷物は間違えて持って行かれました。

4) Ràng XiǎoWáng qù jīchǎng jiē nǐ ba.
   (让) 小王 去 机场 接 你 吧。
   王さんに空港へあなたを迎えにやりましょう。

5) Chēli yǒu yìpíng shuǐ, shì gěi nǐ de.
   车里（有）一瓶 水，是 给 你 的。
   車の中に1本の水があります。あなたにあげるのです。

Part 8

UNIT20　進行と持続のアスペクト

UNIT21　完了と変化

UNIT22　経験と未来

UNIT 20 進行と持続のアスペクト

t3Q-23-U20

他正在打电话呢。
Tā zhèng zài dǎ diànhuà ne.

彼はちょうど電話をしているところです。

中国語には時制（過去形・現在形など）がありません。そのかわりに動詞の状況を説明するアスペクト（「相」というもので、経験・完了・進行・持続などを表す）の表現があります。このUNITでは最初に進行と持続の言い方について学びます。

覚えておきたい基本単語

	鞋	xié	靴
☆	信	xìn	手紙（中国語の「手紙」はトイレットペーパー）
	上网	shàngwǎng	インターネットをする
△	低	dī	低い
○	哭	kū	泣く

POINT 1 進行の表現

動作が進行中で「〜しているところである」と言いたいとき、中国語では、動詞の前に「在」を置いて表現します。「まさに今」と強調したいときは「正在」を動詞の前に置きます。しかし、実際に使われるときは、この原則の限りではありません。ここではその使い方を具体的に見ていきましょう。

3つのうちどれかがあれば進行形

進行の文を作るには「正」「在」「呢」を用い、「主語＋正＋在＋動詞＋〜＋呢」のように表現します。しかし、「正」「在」「呢」のうちのどれかがあれば、進行の意味を表すことができます。つまり、「主語＋在＋動詞＋〜＋（呢）」「主語＋正＋動詞＋〜＋（呢）」「〜呢」はすべて進行を表しています。

> 「正」は「まさにちょうど」という切迫した状況を意味します。「在」は「〜している」という動作の進行を意味しています。このように、もともとはそれぞれの意味が明確にあるのですが、どれか1つを使えば進行の意味を表します。

● 進行を表す基本の表現

主語 ＋ 正 ＋ 在 ＋ **動詞** ＋ 〜 ＋ 呢

Wángxiàozhǎng zhèng zài shuō huà ne.
王校长 正 在 说 话 呢。
王校長はちょうど話をしているところです。

● 「正」「在」「呢」はどれか1つで進行を表現できる

Míngtiān tóngxué jiéhūn, wǒ zài xiǎng chuān nǎ shuāng xié hǎo ne.
明天 同学 结婚，我 在 想 穿 哪 双 鞋 好 呢。
明日同級生が結婚します。私はどの靴を履いていったらいいかを考えているところです。

次の例文はすべてが「私は電話をしているところです。」という進行の意味を表します。

我 正 打电话。　　我 正 打电话 呢。　　我 正在 打电话。
我 正在 打电话 呢。　　我 在 打电话。　　我 在 打电话 呢。
我 打电话 呢。

285

進行形の疑問文と否定文

- **進行形の疑問文**

  進行形の疑問文は「你在看电视吗?」と、文末に「吗」を置けば簡単に作れます。また疑問代詞を使う疑問文は聞きたい部分を疑問代詞にするのみです。HSKでよく出る疑問文は「什么」を使った疑問文で、「何をしているところか」という質問がなされることが多いです。この文はそのまま覚えてしまい、聞き取り問題で出題されたときに、すぐにわかるようにしておきましょう。

  <small>Nán de zài zuò shénme ne?</small>
  # 男 的 在 做 什么 呢?
  男の人は何をしているところですか？

  <small>Tā zài gěi shùxué lǎoshī xiě xìn ne.</small>
  # 他 在 给 数学 老师 写 信 呢。
  彼は数学の先生に手紙を書いているところです。

- **進行形の否定文**

  進行の文の否定形には「没(有)」を使います。このとき「正」「呢」は必ず省略しますが、「在」は残しても構いません。

  【主語】＋没(有)＋(在)＋【動詞】＋ ～

  <small>Dìdi méiyǒu zài kàn diànshì.</small>
  # 弟弟 没有 (在) 看 电视。
  弟は今、テレビを見ているのではありません。

  <small>Tā zài shàngwǎng.</small>
  # 他 在 上网。
  インターネットをやっているところです。

「没」で否定して、進行の意味を表す要素である「正」「在」「呢」のすべてを省略してしまうと、本来の意味がわからなくなります。たとえば、以下のA、Bの受け答えをしている方の発話は、どちらも同じ中国語文ですが、意味は違います。
Aの文は進行の文の否定ですが、Bの文は過去の事実の否定です。受け答えの文でなくとも、前後の文脈で解釈をしなければならないときがありますので注意しましょう。

A <small>Dìdi zài kàn diànshì ma?</small>
　弟弟 在 看 电视 吗?　　弟はテレビを見ていますか？
　<small>Tā méiyǒu kàn.</small>
　他 没有 看。　　　　　見ていません [今テレビを見ておらず、例えばほかのことをしている]。

B <small>Dìdi kàn zuótiān de diànshì jiémù le ma?</small>
　弟弟 看 昨天 的 电视 节目 了 吗?　弟は昨日のテレビ番組を見ましたか？
　<small>Tā méiyǒu kàn.</small>
　他 没有 看。　　　　　見ていません [見ませんでした]。

POINT 2 持続の表現

日本語では「〜している」と一言で表現しますが、中国語では、「進行（〜しているところである）」と「持続（動作の持続・動作結果の持続）」という2つのニュアンスの違いを使い分けます。ここでは持続の表現を確認しましょう。

持続の2つの意味に注意

持続を表す表現には、「〜した状態のままでいる」と「続けて〜している」という2つの意味があります。どちらも「動詞＋着」の形で表しますが、意味の違いは、用いる動詞の種類によってもたらされます。

	持続の意味	3級で使われる動詞					
動詞①	始めた動作が持続していることを表す（「正在〜」とほぼ同じ意味）	chī 吃 食べる	hē 喝 飲む	huà 画 描く			
		kàn 看 見る	kū 哭 泣く	tīng 听 聞く			
		xiě 写 書く	zuò 做 する				
動詞②	瞬間的動作の結果が持続している状態を表す	chuān 穿 着る・履く	dài 带 携帯する	fàng 放 置く			
		kāi 开 開く	zhàn 站 立つ	zuò 坐 座る			

それでは、具体的にそれぞれのニュアンスの違いを例文で確認してみましょう。

動作の持続を表す文

動詞①のように、ある一定の時間をかける動作を表す動詞の場合、POINT1で学んだ「正在〜（〜している）」と似た意味になります。これは「正在〜」で言い換えることもできますし、「正在〜」とともに使って文を作ることもできます。

動詞① ＋ 着

Tāmen kàn zhe xīnwén jiémù.
他们 看 着 新闻 节目。
彼らはニュース番組を見ています。

正在 ＋ 動詞① ＋ 着

Tā zhèngzài tīng zhe yīnyuè.
他 正在 听 着 音乐。
彼は音楽を聞いています。

287

● 動作の持続を表す文の否定形

動作の持続を表す文の否定形は進行の否定文（→POINT1参照）と同じように「没(有)」を使い、「着」はなくなります。前後の文脈が明確でなく、動作の持続の意味を表したい時は進行の「在」を使って、「没＋在＋動詞」の形で表現することもあります。

没 ＋(在) 動詞①

Tā méi zài zuò fàn.
他 没（在）做 饭。(←肯定文 Tā zuò zhe fàn ne. 他 做 着 饭 呢。)
彼はご飯を作っていません。

動作の結果の持続を表す文

動詞② ＋ 着

Wǒ zài nǐ de pángbiān zhàn zhe.
我 在 你 的 旁边 站 着。
私はあなたの隣に立っています。

● 動作の結果の持続を表す文の否定形

動作の結果の持続を表す文の否定形は否定副詞「没」を使います。「着」は否定形にしても消えません。

没＋ 動詞② ＋着～

Fángjiānli méi kāi zhe kōngtiáo.
房间里 没 开 着 空调。
部屋の中はエアコンがついていません。

「着」を使った慣用表現

「着」を使った慣用表現もよく使われるものです。ここではそのいくつかを紹介しますので、確認してみましょう。

● ～してみると…である

動詞 ＋ 着 ＋ 形容詞

Zhèzhāng yǐzi tài dī, zuò zhe hěn bù shūfu.
这张 椅子 太 低, 坐 着 很 不 舒服。
この椅子は低すぎて、座ってみるととても心地が悪いです。

- AしてBする・AしながらBする

  動詞A ＋ 着 ＋ 動詞B

  他 笑 着 回答 了。
  Tā xiào zhe huídá le.
  彼は笑って答えました。

- AしているうちにBになる

  動詞A ＋ 着 ＋ 動詞A ＋ 着 ＋ 動詞B

  她 儿子 哭 着 哭 着 睡 着 了。
  Tā érzi kū zhe kū zhe shuì zháo le.
  彼女の息子は泣いているうちに寝つきました。

補充単語

| 四季 | sìjì | 四季（「季节 jìjié」で季節） |

UNIT 20　練習問題

1　次の1〜3の中国語と組み合わせて意味が通るものをA〜Cの中から選んでそれぞれ日本語に訳しましょう。

> A　她正在做晚饭呢。
> B　别总看电脑了，对眼睛不好。
> C　门开着呢，进来吧。

1)　你妈妈在家吗？
2)　我到了，给我开门吧！
3)　我没上网，看书呢。

1)　_____　訳 _____
2)　_____　訳 _____
3)　_____　訳 _____

2　(　　)に入る語をA〜Dの中から選び、完成した文を日本語に訳しましょう。

> A　站　　B　着　　C　没　　D　在

1)　办公室里放（　　）一 *1台红色的 *2笔记本电脑。
2)　笑笑，不要（　　）着吃东西。
3)　我今天（　　）带着伞。

1)　_____　訳 _____
2)　_____　訳 _____
3)　_____　訳 _____

＊1　台（4級）：台（量詞）
＊2　笔记本（4級）：ノート

3 文を読んで、★の質問に対する答えをA～Cの中から1つ選びましょう。

1) 昨天在回家的地铁上遇到了三年不见的大学同学。我们都很高兴，*¹聊了很多关于*²老同学的事，工作的事，聊着聊着天就黑了。

    ★ 她昨天最可能在几点遇到了同学？

    A 早上8点*³左右　　B 下午5点左右　　C 晚上8点左右

2) 新买的那双运动鞋太小了，穿着很不舒服，把我的脚都给穿疼了。我想去商店换，可妻子不让我换，说穿着穿着就会习惯的。

    ★ 这段话说什么？

    A 他习惯穿那双运动鞋

    B 他妻子想穿运动鞋

    C 他的脚被鞋子*⁴弄疼了

3) 第一次见到天天，是在北京。北方的冬天很冷，但她穿着黑色的裙子，*⁵戴着红色的帽子，站在白色的*⁶雪地里，很特别的*⁷样子。她说，穿着习惯了，所以每个季节都穿裙子。

    ★ 下面哪句话是对的？

    A 天天喜欢戴帽子　　B 天天经常穿裙子　　C 天天怕冷

1) _____　　2) _____　　3) _____

*1 聊（4级）：話す・おしゃべりする
*2 老：長年の・古くからの
*3 左右（6级）：～ぐらい・～前後
*4 弄～（4级）：～の状態にさせる
*5 戴（4级）：(帽子を)かぶる
*6 雪地：雪の積もった地面
*7 样子（4级）：様子

UNIT 20　解答

1　会話文の組み合わせ問題

1) **A** Nǐ māma zài jiā ma?
　你 妈妈 在 家 吗?
　あなたのお母さんは家にいますか？
　Tā zhèngzài zuò wǎnfàn ne.
　她 正在 做 晚饭 呢。
　彼女はちょうどご飯を作っているところです。

2) **C** Wǒ dào le, gěi wǒ kāimén ba!
　我 到 了, 给 我 开门 吧!
　着きました。私のためにドアを開けてください！
　Mén kāizhe ne, jìnlai ba.
　门 开着 呢, 进来 吧。
　ドアは開いています。入ってください。

3) **B** Bié zǒng kàn diànnǎo le, duì yǎnjing bù hǎo.
　别 总 看 电脑 了, 对 眼睛 不 好。
　いつもコンピューターばかり見ないで、目に悪いから。
　Wǒ méi shàngwǎng, kàn shū ne.
　我 没 上网, 看 书 呢。
　私はインターネットをしていません。本を読んでいるところです。

3．進行のアスペクトの否定は「没」を使い、「在」「呢」は消えます。

2　空所補充問題

1) **B** Bàngōngshì li fàngzhe yìtái hóngsè de bǐjìběn diànnǎo.
　办公室 里 放(着) 一台 红色 的 笔记本 电脑。
　事務所に赤いノートパソコンが置いてあります。

2) **A** Xiàoxiao, búyào zhànzhe chī dōngxi.
　笑笑, 不要 (站)着 吃 东西。
　笑笑、立ってものを食べてはいけません。

3) **C** Wǒ jīntiān méi dàizhe sǎn.
　我 今天 (没) 带着 伞。
　私は今日傘を持っていません。

1．存現文の表現です。
2．「不要～」は「～してはいけない」という禁止の意味です。

3　読み取り問題

1) **B** Zuótiān zài huíjiā de dìtiěshang yùdào le sānnián bújiàn de dàxué tóngxué.
　昨天 在 回家 的 地铁上 遇到 了 三年 不见 的 大学 同学。
　Wǒmen dōu hěn gāoxìng, liáole hěnduō guānyú lǎo tóngxué de shì, gōngzuò
　我们 都 很 高兴, 聊了 很多 关于 老 同学 的 事, 工作
　de shì, liáozhe liáozhe tiān jiù hēi le.
　的 事, 聊着 聊着 天 就 黑 了。
　昨日家に帰る地下鉄で3年ぶりに大学の同級生に会いました。私たちはとてもうれしくて、しばらく旧友のこと、仕事のことなどを話しましたが、話しているうちに辺りは暗くなりました。

★ Tā zuótiān zuì kěnéng zài jǐdiǎn yùdào le tóngxué?
★ 她 昨天 最 可能 在 几点 遇到 了 同学?
彼女は昨日何時に同級生に会った可能性が最もありますか？

A zǎoshang bādiǎn zuǒyòu
早上　8点　左右
朝8時前後

B xiàwǔ wǔdiǎn zuǒyòu
下午　5点　左右
午後5時前後

C wǎnshang bādiǎn zuǒyòu
晚上　8点　左右
夜8時前後

2) C
Xīn mǎi de nàshuāng yùndòngxié tài xiǎo le, chuānzhe hěn bù shūfu, bǎ wǒ
新买的 那双 运动鞋 太 小 了,穿着 很不舒服,把我
de jiǎo dōu gěi chuān téng le. Wǒ xiǎng qù shāngdiàn huàn, kě qīzi bú
的 脚 都 给 穿 疼 了。我 想 去 商店 换,可妻子不
ràng wǒ huàn, shuō chuānzhe chuānzhe jiù huì xíguàn de.
让 我 换, 说 穿着 穿着 就会习惯的。
新しく買ったその運動靴はとても小さいです。履き心地がよくありません。私の足を痛くさせました。私は店に行って取り替えたいのですが、妻が私に替えさせません。履いているうちに慣れてくると言います。

★ Zhè duàn huà shuō shénme?
★ 这 段 话 说 什么?
この話から何がわかりますか？

A tā xíguàn chuān nà shuāng yùndòngxié
他 习惯 穿 那 双 运动鞋
彼はその運動靴を履き慣れた

B tā qīzi xiǎng chuān yùndòngxié
他 妻子 想 穿 运动鞋
彼の妻は運動靴を履きたがっている

C tā de jiǎo bèi xiézi nòng téng le
他 的 脚 被 鞋子 弄 疼 了
彼の足は靴で痛められた

3) B
Dì yīcì jiàndào Tiāntiān, shì zài Běijīng. Běifāng de dōngtiān hěn lěng, dàn
第 一次 见到 天天,是在北京。北方的 冬天 很 冷,但
tā chuānzhe hēisè de qúnzi, dàizhe hóngsè de màozi, zhàn zài báisè de
她 穿着 黑色的裙子,戴着 红色的 帽子,站在白色的
xuědì li, hěn tèbié de yàngzi. Tā shuō, chuānzhe xíguàn le, suǒyǐ
雪地 里,很 特别的 样子。她 说, 穿着 习惯了,所以
měige jìjié dōu chuān qúnzi.
每个 季节 都 穿 裙子。
最初に天天に会ったのは北京でした。北方の冬は寒いのですが、彼女は黒いスカートをはいていて、赤い帽子をかぶり、白い雪の地面に立っていて、特別な様子でした。彼女は言います。はき慣れたので、どの季節もスカートをはいていますと。

★ Xiàmiàn nǎ jù huà shì duì de?
★ 下面 哪句话 是 对 的?
下の文でどれが正しいですか？

A Tiāntiān xǐhuan dài màozi
天天 喜欢 戴 帽子
天天は帽子をかぶるのが好き

B Tiāntiān jīngcháng chuān qúnzi
天天 经常 穿 裙子
天天はいつもスカートをはいている

C Tiāntiān pà lěng
天天 怕 冷
天天は寒いのが嫌い

「動詞＋着＋動詞＋着」は「動詞しているうちに～」という慣用表現です。

293

UNIT 21 完了と変化

t3Q-24-U21

Wǒ qù yīyuàn le.
我 去 医院 了。

私は病院へ行きました。

中国語には、動作が完了したことを表す「了」と、状況が変化したことを表す「了」という2つの「了」があります。日本語訳ではどちらも「～した」と訳しますが、それぞれ微妙なニュアンスの違いをもっています。このUNITでは、2つの「了」のニュアンスの違いについて学びます。

覚えておきたい基本単語

	完成	wánchéng	完成する
	上周	shàngzhōu	先週
	面条	miàntiáo	麺類
○	饱	bǎo	おなかがいっぱい
○	接	jiē	迎える・(電話などを) 受ける
	刷牙	shuāyá	歯を磨く

294

POINT 1 完了の「了」

「動詞の動作が完了した」ことを表すのが完了の「了」です。これは時制表現ではないので、過去・現在・未来とすべての時制の文で動作が完了した状況を表現することができます。

■ 完了の「了」は必ず動詞の後ろに!!

完了を表す「了」は必ず動詞のすぐ後ろに置きます。「完了」とは過去を表すものではなく、「動作が完了した」ことを表します。

動詞 + 了

Gōngzuò wánchéng le.
工作 完成 了。
仕事をやり遂げました。

この例では、動詞「完成」の後ろに「了」を置き、「やり遂げる」という動作が完了したことを説明しています。つまり、今すでにやり遂げているということを表します。

● 動詞に目的語がある場合

動詞に目的語がある場合は、目的語の前に修飾語(定語→UNIT10参照)をつけなければなりません。修飾語をつけると、目的語の意味が限定されることになります。このときも、完了の「了」は動詞の直後にきます。

動詞 + 了 + 修飾語 + 目的語

Shàngzhōu, wǒ cóng túshūguǎnli jiè le yìběn shū.
上周, 我 从 图书馆里 借 了 一本 书。
先週、私は図書館から1冊の本を借りました。

修飾語としてはほかにも以下のような例があります。どの修飾語も、後ろにくる目的語の意味を限定する役割になっています。

動詞 + 了 + 数詞 + 量詞 + 目的語

Wǒ mǎi le yí liàng zìxíngchē.
① 我 买 了 一 辆 自行车。
私は自転車を1台買いました。

動詞 + 了 + 人称代詞/名詞 + 的 + 目的語

Wǒ tīng le Lǐlǎoshī de kè.
② 我 听 了 李老师 的 课。
私は李先生の授業を聞きました。

③ [動詞]+了+[人称代詞]+[動詞]+的+[目的語]
Wǒ chī le nǐ zuò de miàntiáo.
我 吃 了 你 做 的 面条。
私はあなたの作った麺を食べました。

④ [動詞]+了+[程度補語]+[形容詞]+的+[目的語]
Wǒ pá le hěn gāo de shān.
我 爬 了 很 高 的 山。
私は高い山を登りました。

● 「動詞+了+目的語」の文に修飾語がつかない場合

完了の「了」を使った文では、前の項目で確認したように動詞の目的語に修飾語が必要です。修飾語がない場合は文の落ち着きが悪くなり、そこからさらに文が続くという意味合いをもってしまいます。そこで、完了の「了」を使った修飾語がつかない文には、以下のような処理が必要になりますので確認しましょう。

①文を続ける

[動詞]+了+[目的語]、～。

Shàng le kè, nǐmen yīnggāi rènzhēn de tīng lǎoshī
上 了 课，你们 应该 认真 地 听 老师
de huà.
的 话。
授業に出たら、あなたたちはまじめに先生の話を聞かなければなりません。

※「上课」は離合詞（ＶＯ動詞）という動詞です（→発展参照）。「课」に修飾語がないので、この文はまだ続くというニュアンスになります。この文を完結させるためには、上の例文のように文を続けなければなりません。

②文末に「了」をつける

文末に「了」をつけることで、目的語に修飾語がなくても文を完結させることができきます。この文末につく「了」は変化を表す語気助詞で、次項で学ぶものです。

[動詞]+（了）+[目的語]+了

Wǒ chá le cídiǎn le.
我 查 （了）*词典 了。
私は辞書を調べました。

＊词典（4級）：辞書

文末に「了」を置く場合、完了の「了」はふつう省略します。完了の「了」を省略しても、「我查词典了」は完了の意味を表し、「私は辞書を調べました」という訳になります。逆に完了の「了」を省略せずに「我查了词典了」とすると、「私は何とか辞書を調べました」というニュアンスが加わります。併用するときのニュアンスについては本UNITのPOINT3を参照してください。

● 完了の「了」の否定文
　完了の文を否定するときは、「没(有)」を使います。そのときには「了」は消えます。

$$没(有) + 動詞$$

Wǒ hái méi kàn jīntiān de xīnwén jiémù.
我 还 没 看 今天 的 新闻 节目。
私はまだ今日のニュース番組を見ていません。

※ 完了の否定文では「まだ」という気持ちが込められることが多く、しばしば「还」を「没」の前に置きます。

POINT 2　変化の「了」

変化の「了」は文末に置く語気助詞で、文全体を受けて「その内容が変化した」ことを表します。

変化の「了」は必ず文末に！！

変化の「了」は文末に置き、文全体に対して「〜してしまった・〜になった」という変化のニュアンスを表現します。

$$文 + 了$$

Wǒ chībǎo le.
我 吃饱 了。
私はおなかがいっぱいになりました。

※ 変化の「了」は、形容詞述語文の文末にくることが多いです。

● 「否定詞〜了」
　変化の「了」は前の文全体を修飾しているので、文の中に否定の内容がある場合は、それも含めて「〜になった」という意味になります。否定詞「不」「没」を含む変化の「了」を使った文の意味を確認しましょう。

Míngtiān wǒ bú qù jiē péngyou le.
明天 我 不 去 接 朋友 了。
明日私は友達を迎えに行かないことになりました。

Bīngxiāng li méi shuǐ le.
冰箱 里 没 水 了。
冷蔵庫に水がなくなりました。

297

<ruby>我<rt>Wǒ</rt></ruby> <ruby>不<rt>bù</rt></ruby> <ruby>想<rt>xiǎng</rt></ruby> <ruby>去<rt>qù</rt></ruby> <ruby>了<rt>le.</rt></ruby>。
私は行きたくなくなりました。

POINT 3　完了と変化の2つを同時に使う

「了」には完了と変化を表す別々の用法がありますが、その2つが併用されることがあります。2つが併用されるとどのようなニュアンスになるのか見ていきましょう。

完了の「了」とも変化の「了」ともとれる文

<ruby>我<rt>Wǒ</rt></ruby> <ruby>走<rt>zǒu</rt></ruby> <ruby>了<rt>le.</rt></ruby>。
私は行きました。

この文の「了」は文末にあり、かつ動詞の後ろについています。そのため、この「了」は変化とも完了とも理解することができます。それぞれの「了」のニュアンスに忠実に訳すと次のようになります。これらは前後の文脈でどちらの意味かを判断しなければなりません。

● 完了の「了」と理解した場合
　完了の「了」と理解すると、「行ってしまった」という動作の完了を表すので、「私はそこにいなくなった」ことを表しています。つまり、「私は行ってしまいました」のように理解できます。

● 変化の「了」と理解した場合
　変化の「了」と理解すると、「私はまだそこにいてこれから帰ります」という変化を表すので、「私は行くことにしました」のように理解できます。ちなみに、変化の「我走了」は口語表現で「(お先に) 失礼します」という意味でも使われます。

「了〜了」の用法

完了の「了」と変化の「了」を2つとも使うとどのような意味になるのでしょうか。ここではまず基本的な2つの「了」の定位置を見てから、その意味を見ていきます。

● 目的語に修飾語がない場合
POINT1で見たように、目的語に修飾語がない場合は、動詞の後ろの「了」(完了の「了」)だけでは、文が終わらないニュアンスになり、文末に「了」を置きます。そして、文末に「了」を置く場合は動詞の後ろの「了」はふつう省略します。文末の「了」はもともと変化の意味ですが、前の完了の「了」を省略したとき、完了の意味も代用します。

Wǒ mǎi le qìchē le.
我 买（了）汽车 了。
私は車を買いました。

● 目的語に修飾語がある場合
POINT1で学んだように、動詞の後ろの「了」を単独で使う場合には修飾語をつけると落ち着きます。

Wǒ xiě le yìfēng xìn.
我 写 了 一封 信。
私は手紙を1通書きました。

上の文のように、目的語に数量や時間などを表す語がある場合、文末に「了」を加えると、「動作が完了し、さらにその動作や状態が現在も継続している」という意味が加わります。

Wǒ xiě le yìfēng xìn le.
我 写 了 一封 信 了。
私は手紙を1通書いています(今も書いている)。

次の2つの文を比較してみましょう。
① Wǒ xué le liǎngnián Hànyǔ le.
我 学 了 两年 汉语 了。
私は2年間中国語を勉強しています。
すでに2年間勉強をしてきていますが、今も引き続き勉強しているという継続を表しています。

② Wǒ xué le liǎngnián Hànyǔ.
我 学 了 两年 汉语。
私は2年間中国語を勉強しました。
かつて2年間勉強をしたことがあるという事実だけを述べています。今継続しているかどうかは不明です。
動詞の後ろに時間と目的語の2つがくる場合、「動詞+時間量+目的語」の語順になります。

> **発　展**　離合詞（ＶＯ動詞）に完了の「了」がつく場合

UNIT15の発展の項目で、「動詞Ｖ＋目的語Ｏ」という構造からなる離合詞（VO動詞）について確認しました。今回は、完了の「了」を離合詞につける方法を確認してみましょう。

● 離合詞（VO動詞）と「了」の語順

完了の「了」は動詞の直後につけるというルールがあることをこのUNITで確認しました。完了の「了」を離合詞（VO動詞）につける場合は、「動詞Ｖ＋目的語Ｏ」という構造の、動詞部分の直後につけることになります。

動詞 ＋ 了 ＋ 目的語

Wǒ shuā le yá, xǐ le liǎn, jiù chūlai le,
我 刷 了 牙, 洗 了 脸, 就 出来 了,
chàdiǎnr wàng le guānmén.
*差点儿 忘 了 关门。

私は歯を磨いて、顔を洗って、出てきましたが、あやうくドアを閉め忘れるところでした。

＊差点儿：あやうく（〜するところだった）

HSKの例文　離合詞（ＶＯ動詞）と完了の「了」が出てくる問題

離合詞（ＶＯ動詞）は、分離した形で出題されることがあります。読解問題はもちろん聴解問題でも出てきます。分離して使われると、覚えている単語と違う形になるので、聴き取りのときにわかりにくいことがあります。構造をしっかり理解した上で音声にも慣れておきましょう。
聴解の第4部分です。男女の会話のやりとりの内容を聞き取る問題です。実際に出題されている問題はたくさんの文法事項が総合された内容の会話です。文字で見るのとは違い、耳で聞いてこれまでの文法事項が正確に理解できているのかが問われます。

Nǐ zài máng shénme ne? Gāngcái dǎ nǐ de shǒujī nǐ yě bù jiē.
女：你 在 忙 什么 呢? 刚才 打 你 的 手机 你 也 不 接。
Duìbuqǐ, wǒ gāng xǐ le ge zǎo, méi tīngjiàn, yǒu shénme shì ma?
男：对不起, 我 刚 洗 了 个 澡, 没 听见, 有 什么 事 吗?
Wǒ xiǎng wènwen nǐ gōngsīli de yìxiē shì.
女：我 想 问问 你 公司里 的 一些 事。
Nǐ děng yíxià, wǒ qù bǎ diànshì de shēngyīn guān xiǎo yìxiē.
男：你 等 一下, 我 去 把 电视 的 声音 关 小 一些。
Nán de gāngcái wèishénme méi jiē diànhuà?
问：男 的 刚才 为什么 没 接 电话?

zài xǐzǎo　　　　zài shuìjiào　　　　zài kàn xīnwén
A 在 洗澡　　　B 在 睡觉　　　C 在 看 新闻

【答え】 A 在 洗澡 (風呂に入っていた)
　　　　　　zài xǐzǎo

- 女：あなたは何を忙しくしているのですか？先ほどあなたの携帯電話にかけてもあなたは出ませんでした。
- 男：すみません、私はたった今風呂に入っていたところなので、聞こえませんでした。何か用ですか？
- 女：私はちょっとあなたの会社のことを聞きたいのですが。
- 男：ちょっと待ってください。テレビの音を少し下げてきますので。
- 問：先ほど男の人はなぜ電話に出なかったのですか？

● ポイント！

「你在忙什么呢？」は「在〜呢」で進行の意味です（→UNIT20参照）。「洗了个澡」は「洗澡」という離合詞が分離した形で、「動詞＋了＋目的語」という形になっています。また「个」は量詞で、1回風呂に入っていたという意味です。
「把电视的声音关小一些」は「把」構文で、「关小一些」部分は「关」に「小一些（少し小さく）」を加えることで動詞に処理をしたニュアンスをもたせています。
ほかの選択肢は、Bは「寝ていた」、Cは「ニュースを見ていた」という意味です。

補充単語

| 句 | jù | 言葉や文を数える量詞 |
| 迟到 | chídào | 遅刻する |

UNIT 21　練習問題

1　次の1～3の中国語と組み合わせて意味が通るものをA～Cの中から選んでそれぞれ日本語に訳しましょう。

> A ＊岁数大了，身体也越来越差了。
> B 已经检查过了，没问题。
> C 可能工作太忙吧。

1)　那台空调还能用吗？
2)　您看起来很年轻。
3)　你哥哥走了半个月了，还不来电话。

1)　_____　訳 _____
2)　_____　訳 _____
3)　_____　訳 _____

＊岁数：年龄（口语的）

2　(　　)に入る語をA～Dの中から選び、完成した文を日本語に訳しましょう。

> A 了　　B 没　　C 已经　　D 又

1)　我昨天（　　）去医院检查身体。
2)　A：你怎么（　　）迟到了两个小时？
　　B：对不起，我忘记时间了。
3)　A：老王的孩子（　　）上大学了。
　　B：真看不出来！

1)　_____　訳 _____
2)　_____　訳 A _____
　　　　　　　　　B _____
3)　_____　訳 A _____
　　　　　　　　　B _____

3 文を読んで、★の質問に対する答えをA～Cの中から1つ選びましょう。

1) 王校长讲的课很有意思。虽然他现在已经不教课了，但是学生们还是希望能听他的课。前几天请他给大四学生上了一次课，大教室里站*1满了听课的学生。

   ★ 根据这段话，可以知道：
   A 王校长*2教书教得很好
   B 王校长不上班了
   C 王校长的学生很多

2) 去年我家有了好几件*3喜事。搬进了新房子，弟弟找到了*4喜爱的工作，妈妈的病也好了。今年我姐姐准备结婚，相信今年也一定是个好年。

   ★ 去年他家*5发生了什么事？
   A 姐姐结婚了　　B 弟弟换工作了　　C 搬家了

3) 我在上海住了三年了。刚到上海的时候，有很多不习惯的地方，吃的东西、住的地方等等。现在我已经很习惯也很喜欢上海了。

   ★ 下面哪句话是对的？
   A 他现在已经不住在上海了
   B 他现在还住在上海
   C 他很想去上海

1) _____　　2) _____　　3) _____

*1　满 (4級)：いっぱいになる・する
*2　教书：授業する
*3　喜：うれしい
*4　喜爱：好む
*5　发生 (4級)：起きる・起こる

UNIT 21　解答

1　会話文の組み合わせ問題

1) B　那台 空调 还 能 用 吗?
   Nàtái kōngtiáo hái néng yòng ma?
   あのエアコンはまだ使えますか？

   已经 检查 过了, 没 问题。
   Yǐjīng jiǎnchá guo le, méi wèntí.
   すでに検査をして、問題ないです。

2) A　您 看 起来 很 年轻。
   Nín kàn qilai hěn niánqīng.
   あなたは見たところ若いです。

   岁数 大 了, 身体 也 越来越 差 了。
   Suìshu dà le, shēntǐ yě yuèláiyuè chà le.
   年齢は高くなり、体もだんだん悪くなりました。

3) C　你 哥哥 走 了 半个 月 了, 还 不 来 电话。
   Nǐ gēge zǒu le bàngeyuè le, hái bù lái diànhuà.
   あなたのお兄ちゃんは出ていって半月経ちましたが、まだ電話がきません。

   可能 工作 太 忙 吧。
   Kěnéng gōngzuò tài máng ba.
   おそらく仕事がとても忙しいのでしょう。

2　空所補充問題

1) B　我 昨天 (没) 去 医院 检查 身体。
   Wǒ zuótiān méi qù yīyuàn jiǎnchá shēntǐ.
   私は昨日病院へ体を検査しに行きませんでした。

2) D　A：你 怎么 (又) 迟到 了 两个 小时?
   Nǐ zěnme yòu chídào le liǎngge xiǎoshí?
   あなたはどうしてまた2時間遅刻したのですか？

   B：对不起, 我 忘记 时间 了。
   Duìbuqǐ, wǒ wàngjì shíjiān le.
   すみません。私は時間を忘れてしまっていました。

3) C　A：老 王 的 孩子 (已经) 上 大学 了。
   Lǎo Wáng de háizi yǐjīng shàng dàxué le.
   王さんの子供はすでに大学に入りました。

   B：真 看 不 出来!
   Zhēn kàn bu chūlai!
   本当に見てわかりませんでした！

1. 完了の「了」の否定は「没」を用い、「了」は消えます。

3　読み取り問題

1) A　王 校长 讲 的 课 很 有 意思。虽然 他 现在 已经 不 教 课 了, 但是 学生们 还是 希望 能 听 他 的 课。前 几天 请 他 给 大 四 学生 上 了 一次 课, 大 教室 里 站 满 了 听课 的 学生。
   Wáng xiàozhǎng jiǎng de kè hěn yǒu yìsi. Suīrán tā xiànzài yǐjīng bù jiāo kè le, dànshì xuéshengmen háishi xīwàng néng tīng tā de kè. Qián jǐtiān qǐng tā gěi dà sì xuésheng shàng le yícì kè, dà jiàoshì li zhàn mǎn le tīngkè de xuésheng.
   王校長先生の話す授業はとてもおもしろいです。彼はもう授業をもっていませんが、学生たちはやはり彼の授業を聞きたいと思っています。数日前彼に大学4年生に対して1回授業をしてもらいました。大教室は聴講する学生で立ち見が出るほどでした。

★ 根据 这 段 话，可以 知道：

A 王 校长 教书 教得 很 好

B 王 校长 不 上班 了

C 王 校长 的 学生 很 多

2) C 去年 我 家 有 了 好 几件 喜 事。搬进 了 新 房子，弟弟 找到 了 喜爱 的 工作，妈妈 的 病 也 好 了。今年 我 姐姐 准备 结婚，相信 今年 也 一定 是 个 好 年。

★ 去年 他 家 发生 了 什么 事？

A 姐姐 结婚 了　　B 弟弟 换 工作 了

C 搬家 了

3) B 我 在 上海 住 了 三年 了。刚 到 上海 的 时候，有 很 多 不 习惯 的 地方，吃 的 东西、住 的 地方 等等。现在 我 已经 很 习惯 也 很 喜欢 上海 了。

★ 下面 哪 句 话 是 对 的？

A 他 现在 已经 不 住 在 上海 了

B 他 现在 还 住在 上海

C 他 很 想 去 上海

305

UNIT 22 経験と未来

t3Q-25-U22

<ruby>我<rt>Wǒ</rt></ruby> <ruby>看过<rt>kànguo</rt></ruby> <ruby>很<rt>hěn</rt></ruby> <ruby>多<rt>duō</rt></ruby> <ruby>历史书<rt>lìshǐshū</rt></ruby>，<ruby>知道<rt>zhīdào</rt></ruby> <ruby>不<rt>bù</rt></ruby> <ruby>少<rt>shǎo</rt></ruby> <ruby>历史<rt>lìshǐ</rt></ruby> <ruby>故事<rt>gùshi</rt></ruby>。

私は多くの歴史書を読んだことがあるので、たくさんの歴史物語を知っています。

動詞の状況を説明するアスペクトに、「～したことがある」「間もなく～しようとしている」という意味のものがあります。このUNITでは、この「経験」と「近い未来」のことを表す表現を学びます。

覚えておきたい基本単語

听说	tīngshuō	聞いたところによると
关门	guānmén	閉店する

POINT 1 経験の「过」

「〜したことがある」という経験を表現したいときは「过」を使います。あくまでも経験の意味を表すもので、過去のことだけを表現します。また、否定と疑問の形も独特ですので、ここでしっかり確認しておきましょう。

過去の経験をいうときは動詞の後ろに「过」を置く

「動詞+过」の形で「〜したことがある」という経験を表します。中国語では、時間に縛られず現在・過去・未来いつのことでも表現できますが、「过」は経験を意味するため、過去のことだけを表します。また、経験をした時間をいう場合、動詞の前に具体的な時間を表す語だけを置くことができます。「ある時」「ある日」などという漠然とした時間を表す語は置くことができませんので注意しましょう。

動詞 + 过

Liǎngnián qián wǒ chī guo gǒuròu de cài.
两年 前 我 吃 过 狗肉 的 菜。

２年前私は犬肉の料理を食べたことがあります。

● 経験「过」の否定文

「过」の否定文には「没(有)」を使います。経験の「过」は否定文にしても消えません。

没(有) + 動詞 + 过

Wǒ cónglái méi zuò guo diàntī.
我 从来 没 坐 过 电梯。

私はこれまでエレベーターに乗ったことがありません。

※「过」の否定形では「从来(4級)：これまで」が一緒に使われることが多いです。

● 経験「过」の疑問文

通常の文と同じように、文末に「吗」をつけるか、正反疑問文の形にすれば疑問文になります。ここでは、3つの正反疑問文の形を確認しましょう。

動詞 +（过）+ 没 + 動詞 + 过 〜 ?

Nǐ qù guo méi qù guo Běijīng?
你 去 (过) 没 去 过 北京?

あなたは北京へ行ったことがありますか？

※前の「过」は省略することが可能です。

有没有 + [動詞] + 过　～？
Nǐ Yǒuméiyǒu qù guo Běijīng?
你 有没有 去 过 北京？
あなたは北京へ行ったことがありますか？

[動詞] +（过）+ ～ + 没有？
Nǐ qù guo Běijīng méiyou?
你 去 过 北京 没有？
あなたは北京へ行ったことがありますか？

POINT 2　近い未来を表す「要～了」

「まもなく～する」という言い方は「要～了」が基本的な形ですが、「要」の前に差し迫った時間の状況を説明する副詞がくる言い方もいくつかあります。ここではその表現を学びましょう。

近い未来に起こる内容を「要～了」の間に入れる

「要～了」の間に「動詞フレーズ・名詞・形容詞」などを入れると、「まもなく～する・もうすぐ～する」という近い未来を表すことができます。文末に「了」があると、すぐに変化の「了」だと考えがちですが、動詞の前に「要」などがあったときは訳すときに注意が必要です。

[主語] + 要 + [動詞フレーズ・名詞・形容詞] + 了
Wǒ yào bānjiā le.
我 要 搬家 了。
私はもうすぐ引っ越します。

● 「快（要）～了」
「快（要）～了」は時間がより切迫しているというニュアンスを表現できます。「快（要）～了」の前には、具体的な時間を表す語は置くことができません。「快（要）～了」の間に数量を入れるときは、「要」を省略し、「快～了」を用います。

快（要）+ [動詞フレーズ・名詞・形容詞] + 了
Kuài bādiǎnyíkè le.
快 八点一刻 了。
もうすぐ8時15分になります。

● 「就要～了」

「就要～了」は、前に具体的な時間を表す語を置いたり、「马上（すぐに）」などの副詞を置くことができるという特徴があります。HSK3級で「もうすぐ～する」という表現はこの「就要～了」の形が出題されることが一番多いです。

就要 + 動詞フレーズ・名詞・形容詞 + 了

Tīngshuō tā xiàgexīngqī jiùyào líkāi Běijīng huíguó le.
听说 她 下个星期 就要 离开 北京 回国 了。
聞いたところによると、彼女は来週もうすぐ北京を離れて帰国するとのことです。

「就要～了」の特徴は以下の2点です。確認しておきましょう。

①具体的な時間が前にくる
Kuàidiǎnr ba, zài yǒu yíge xiǎoshí jiùyào kǎoshì le.
快点儿 吧，再 有 一个 小时 就要 考试 了。
少し早くしてください。あと1時間でまもなく試験です。

②「马上」などの副詞が前にくる
Diànyǐng mǎshàng jiùyào kāishǐ le, bǎ shǒujī guān le ba.
电影 马上 就要 开始 了，把 手机 关 了 吧。
映画がまもなく始まりますので、携帯電話を切ってください。

発展　「動作を済ませる」という意味の「过」と経験の「过」

● 「过」の意味の区別

「过」には経験以外に、「動作を済ませる」という意味で使われることがあります。この意味のときは「動詞＋过了」の形で表現されることが多いです。この「过」は結果補語です。一方、経験の「过」には「了」がつくことはありません。次の文を比較してみましょう。

動作終了の「过」
Tā lái guole Běijīng.
他 来 过了 北京。
彼はもう北京に来ました。

経験の「过」
Tā lái guo Běijīng.
他 来 过 北京。
彼は北京に来たことがあります。

● 「了」が省略される場合

「了」が省略されていると、「経験」なのか「動作の終了」なのかがわかりにくいですが、前後の文脈から意味を判断します。

動詞 + 过 + (了)

Wǒ xǐ guo zǎo, bù chūqu le.
我 洗 过 澡，不 出去 了。
私はお風呂に入り終わったので、出かけません。

HSKの例文 「就要〜了」が出てくる問題

次の文は「就要〜了」の前には副詞「马上（すぐに）」などがしばしばくるという例です。これで、銀行が間もなく閉まることがきちんと理解できると、その事態を受けてどのような話の展開になるかが想像できます。
読解第1部分の問題です。関係する文を2つ選び出す問題で、それぞれの文の内容を正確に把握することが求められています。

Yínháng mǎshàng jiùyào guānmén le.
银行 马上 就要 关门 了。
銀行がもうすぐ閉まってしまいます。

Méiguānxi, wǒ míngtiān qù yě kěyī.
没关系，我 明天 去 也 可以。
大丈夫です。私は明日行ってもいいです。

● ポイント！

この問題は、「銀行が閉まる」という上の文に対して、「大丈夫、明日行く」という流れがつかめるかどうかがポイントです。3級の読解第1部分の問題では、まず選択肢となっている文をすべて読み、それぞれの意味が把握できたところで問題を読んで1つ1つ当てはめていくように解いていきましょう。

補充単語

其他	qítā	その他
游客	yóukè	観光客
举行	jǔxíng	実行する・行う
会议	huìyì	会議

UNIT 22　練習問題

1

次の1～3の中国語と組み合わせて意味が通るものをA～Cの中から選んでそれぞれ日本語に訳しましょう。

> A 我很高兴能在中国过年。
> B 祝你玩得*开心。
> C 我还没见过他呢。

1) 你的新同事怎么样？
2) 还有两天就是春节了。
3) 我下星期要去旅游了。

1) _____　訳 _____
2) _____　訳 _____
3) _____　訳 _____

＊开心：楽しい

2

（　　）に入る語をA～Dの中から選び、完成した文を日本語に訳しましょう。

> A 就要　　B 快　　C 了　　D 过

1) 你怎么还不走？要迟到（　　）。
2) （　　）要到站了，准备下车吧。
3) A：你准备什么时候回家？
　　B：马上回家，图书馆（　　）关门了。

1) _____　訳 _____
2) _____　訳 _____
3) _____　訳 A _____
　　　　　　　　 B _____

3 文を読んで、★の質問に対する答えをA〜Cの中から1つ選びましょう。

1) 听说天天要回上海了。这三个月我们一起学习，一起吃饭，一起 *1散步，很 *2愉快！我和其他同事准备在下个周末给她 *3送行。

   ★ 天天怎么了？

   A 要回上海　　B 要给同事送行　　C 要去散步

2) 这个城市虽然不大，*4人口也很少，但有一千多年的历史了。环境很好，冬 *5暖夏 *6凉，而且举行过多次 *7国际性会议，所以每年都有很多外国游客来 *8观光。

   ★ 关于那个城市，下面哪句话是对的？

   A 冬天很冷　　B 比较大　　C 在世界上比较有名

3) 饭就要做好了，你们在这儿吃饭吧。你们住得那么远，*9难得来一次。我和妻子一直希望你们能来我家做客，所以今天真的很高兴！

   ★ 他们准备做什么？

   A 去做客　　B 一起吃饭　　C 一起出门

1) _____　　2) _____　　3) _____

   *1 散步（4级）：散歩する
   *2 愉快（4级）：楽しい
   *3 送行：見送る
   *4 人口（5级）：人口
   *5 暖（4级）：暖かい
   *6 凉（4级）：涼しい
   *7 国际（4级）：国際的な
   *8 观光（6级）：観光する
   *9 难得（6级）：容易でない・なかなかない

UNIT 22 解答

1 会話文の組み合わせ問題

1) C
你的新同事 怎么样?
Nǐ de xīn tóngshì zěnmeyàng?
あなたの新しい同僚はどうですか?

我还没 见过他呢。
Wǒ hái méi jiànguo tā ne.
私はまだ彼に会っていません。

2) A
还有 两天 就是 春节 了。
Háiyǒu liǎngtiān jiùshì chūnjié le.
あと2日で春節です。

我很高兴 能在 中国 过年。
Wǒ hěn gāoxìng néng zài Zhōngguó guònián.
私は中国で年を越せるのがとてもうれしいです。

3) B
我下星期 要去 旅游了。
Wǒ xià xīngqī yào qù lǚyóu le.
来週私は旅行に出かけます。

祝你玩得开心。
Zhù nǐ wán de kāixīn.
どうぞ楽しんできてね。

2 空所補充問題

1) C
你怎么还不走? 要迟到(了)。
Nǐ zěnme hái bù zǒu? Yào chídào le.
あなたはどうしてまだ行かないのですか? 遅刻してしまいますよ。

2) B
(快)要到 站了, 准备 下车吧。
Kuài yào dào zhàn le, zhǔnbèi xià chē ba.
もうすぐ駅に着きます。降りる準備をしましょう。

3) A
A:你准备 什么 时候 回家?
Nǐ zhǔnbèi shénme shíhou huíjiā?
いつ家へ帰るつもりですか?

B:马上 回家, 图书馆(就要) 关门 了。
Mǎshàng huíjiā, túshūguǎn jiùyào guānmén le.
すぐ帰ります。図書館はもうすぐ閉まりますから。

314

3 読み取り問題

1) **A**
Tīngshuō Tiāntiān yào huí Shànghǎi le. Zhè sāngeyuè wǒmen yìqǐ xuéxí,
听说 天天 要 回 上海 了。这 三个月 我们 一起 学习,
yìqǐ chīfàn, yìqǐ sànbù, hěn yúkuài! Wǒ hé qítā tóngshì zhǔnbèi zài
一起 吃饭, 一起 散步, 很 愉快! 我 和 其他 同事 准备 在
xiàge zhōumò gěi tā sòngxíng.
下个 周末 给 她 送行。

聞いたところによると、天天はもうすぐ上海へ帰ります。この3か月私たちは一緒に学び、一緒に食事をし、一緒に散歩をし、とても楽しかったです！私とそのほかの同僚は来週末彼女を見送るつもりです。

★ Tiāntiān zěnme le?
　天天 怎么 了?
　天天はどうしましたか？

A yào huí Shànghǎi　　　B yào gěi tóngshì sòngxíng
　要 回 上海　　　　　　　要 给 同事 送行
　上海へ帰る　　　　　　　　同僚を送っていかなければならない

C yào qù sànbù
　要 去 散步
　散歩に行く

2) **C**
Zhège chéngshì suīrán bú dà, rénkǒu yě hěnshǎo, dàn yǒu yìqiānduō nián
这个 城市 虽然 不 大, 人口 也 很少, 但 有 一千多 年
de lìshǐ le. Huánjìng hěn hǎo, dōng nuǎn xià liáng, érqiě jǔxíng guo
的 历史 了。环境 很 好, 冬 暖 夏 凉, 而且 举行 过
duōcì guójì xìng huìyì, suǒyǐ měinián dōu yǒu hěn duō wàiguó yóukè lái
多次 国际 性 会议, 所以 每年 都 有 很 多 外国 游客 来
guānguāng.
观光。

この町は大きくなく、人口も少ないけれども、1000年あまりの歴史があります。環境はよく、冬暖かく夏は涼しく、そのうえ、何回も国際会議を行ったことがあるので、毎年多くの外国人旅行客が観光に来ます。

★ Guānyú nàge chéngshì, xiàmiàn nǎ jù huà shì duì de?
　关于 那个 城市, 下面 哪 句 话 是 对 的?
　その町について、下の文でどれが正しいですか？

A dōngtiān hěn lěng　　　B bǐjiào dà
　冬天 很 冷　　　　　　　比较 大
　冬は寒い　　　　　　　　比較的大きい

C zài shìjiè shàng bǐjiào yǒumíng
　在 世界 上 比较 有名
　世界で比較的有名である

3) **B**
Fàn jiùyào zuò hǎole, nǐmen zài zhèr chīfàn ba. Nǐmen zhù de nàme yuǎn,
饭 就要 做 好了, 你们 在 这儿 吃饭 吧。你们 住 得 那么 远,
nándé lái yícì. Wǒ hé qīzi yìzhí xīwàng nǐmen néng lái wǒjiā zuòkè,
难得 来 一次。我 和 妻子 一直 希望 你们 能 来 我家 做客,
suǒyǐ jīntiān zhēn de hěn gāoxìng!
所以 今天 真 的 很 高兴!

ご飯がもうすぐでき上がります。みなさんここでご飯を食べましょう。あなたたちはそんなに速くに住んでいるので、一度来るのも難しいです。私と妻はずっとあなたたちが我が家に来てお客さんになってくれればと願っていましたので、今日は本当にうれしいです！

★ Tāmen zhǔnbèi zuò shénme?
　他们 准备 做 什么?
　彼らは何をするつもりですか？

A qù zuò kè　　　B yìqǐ chīfàn　　　C yìqǐ chūmén
　去 做 客　　　　一起 吃饭　　　　　一起 出门
　客になりに行く　　一緒にご飯を食べる　一緒に外出する

315

Part 9

UNIT23　複文（1）　〜原因・理由・逆接・譲歩・添加〜

UNIT24　複文（2）　〜仮定・その他〜

UNIT 23 複文(1)
～原因・理由・逆接・譲歩・添加～

t3Q-26-U23

Yīnwèi wǒ fāshāo, suǒyǐ bù néng qù kàn biǎoyǎn.
因为我发烧，所以不能去看表演。

私は熱が出たので、公演を見に行くことができません。

これまでのUNITでは、1つの文の中における文法を見てきました。中国語には文と文を関連づけて、2つの文を結びつけて1つの内容を言い表す表現があります。これを複文といいます。複文は前後の関係を明らかにするため、関連詞（接続詞）を使うことがあります。このUNITでは、関連詞の使い方を中心に複文を学びます。

覚えておきたい基本単語

○	表演	biǎoyǎn	公演
	害怕	hàipà	怖がる・恐れる

318

POINT 1　2つの文の因果関係

2つの文が、それぞれ原因と結果を表す場合、そこには因果関係が生まれます。中国語では2つの文をそのまま並べて、聞き手にその関係を理解させることもありますが、より明確に意味を伝えるために関連詞（接続詞）を使います。

関連詞を使わないで2つの文の関係を表す

まずは次の文の意味を確認してみましょう。

Jiějie gěi wǒ mǎi de, wǒ yě bú tài qīngchu.
姐姐 给 我 买 的, 我 也 不 太 清楚。

この文の前半は「お姉さんが私に買ったのです」、後半は「私もあまりはっきりわかりません」という意味ですが、文のつながりを考えると、全体として「お姉さんが私に買ったので、私もあまりはっきりわかりません。」という意味になることがわかります。
このように、中国語は2つの文をそのまま並べるだけで、それらが因果関係にあるのか逆接関係にあるのかを聞き手が自由に判断するような表現をよくします。その一方で、関連詞（接続詞）を使って、明確に2つの文の関係を表す表現方法もあります。次の項目ではその関連詞の使い方を学びます。

原因・理由を表す関連詞

「因为～, 所以…」は原因・理由を表すことのできる関連詞です。「～なので」に当たる「因为」、「だから…」に当たる「所以」の2つとも使ってもかまいませんが、どちらか1つでもかまいません。もちろん、前の項目の例文のように、前後の文の関係がもともとはっきりしている場合には2つとも使わなくても原因と理由を表すことが可能です。

Yīnwèi wǒ xiànzài tóuténg, suǒyǐ wǒ bú qù jīntiān
因为 我 现在 头疼, 所以 我 不 去 今天
de yīnyuèhuì le.
的 音乐会 了。
私は今頭が痛いので、今日のコンサートに行かないことにしました。

● 「所以」
HSKでは、原因・理由を表すとき「因为〜, 所以…」のように、2つの関連詞をセットで使う文よりも、「所以」だけを用い「〜, 所以…」のように表現する文が多く出題されています。
中国語は、明確に言いたいことを伝えるために、関連詞を多用するよりも、最低限の関連詞で表現する傾向が強く、実際の会話や文でも、「所以」だけを使うことが多いです。

Nàge huìyì yào zài wǒmen xuéxiào jǔxíng, suǒyǐ
那个 会议 要 在 我们 学校 举行, 所以
lǎoshīmen zuìjìn tèbié máng.
老师们 最近 特别 忙。
その会議は私たちの学校で開催されることになっているので、先生方は最近特に忙しいです。

● 後づけの「因为〜」
「〜なので…」という言い方は、「…。〜だからです。」と倒置させる方法があります。倒置させたときは、「因为」を必ず使います。

Yǒuxiērén bù xǐhuan chī dàngāo, yīnwèi hàipà zhǎng pàng.
有些人 不 喜欢 吃 蛋糕, 因为 害怕 长 胖。
ある人はケーキを食べるのが好きではありません。太るのを恐れているからです。

逆接の複文

「〜であるけれども、しかし…」と逆接を表す表現に「虽然〜但是…」があります。この表現は、中国語ではよく使われるもので、HSKでも出題頻度が高いです。「因为〜所以…」と同様に、「虽然」と「但是」は2つとも使ってもかまいませんし、どちらか1つでもかまいません。さらに、前後の状況から文の関係がはっきりわかるときは、2つとも使わなくても逆接を表すことができます。また、「但是」は「但」と言うこともあります。

Xīn de fángzi suīrán xiǎo diǎnr, dànshì lí gōngsī hěn jìn.
新 的 房子 虽然 小 点儿, 但是 离 公司 很 近。
新しい家は少し小さいけれども、会社から近いです。

● 「但是」
「虽然」を省略して、「但是」だけを使う言い方の例を紹介します。

Wǒ hěn shǎo tī zúqiú, dànshì wǒ xǐhuan kàn zúqiú
我 很 少 踢 足球, 但是 我 喜欢 看 足球
bǐsài.
比赛。
私はサッカーをすることは少ないですが、サッカーの試合を見ることは好きです。

「而且」の複文

「而且」は「そのうえ」と前に言ったものにさらに付け加えるときに使う関連詞で、「不但〜而且…」で「〜のみならずさらに…」という意味で使われることが多いです。このとき、「不但」は省略可能ですが、「而且」は絶対に省略することはできません。

（<ruby>不但<rt>Búdàn</rt></ruby>）那时 比较 瘦, 而且 是 短 头发。
Búdàn nàshí bǐjiào shòu, érqiě shì duǎn tóufa.

あの時は比較的痩せていたうえに、短髪でした。

「而且」は、文だけでなく２つの単語の関係を「〜さらに（そのうえ）…」のようにつなぐことができます。

她 朋友 比 她 大 一岁, 很 可爱, 而且 很 聪明。
Tā péngyou bǐ tā dà yísuì, hěn kě'ài, érqiě hěn cōngmíng.

彼女の友達は彼女より１歳年上で、かわいい上に賢いです。

発展　関連詞の省略

このUNITで、関連詞の省略のルールを確認しました。「因为〜所以…」「虽然〜但是…」はそれぞれ１つだけ、あるいは全部を省略してもかまいません。一方「不但〜而且…」は前の「不但」だけを省略できます。ここでは３級に出題される関連詞の中で、省略できない関連詞を紹介します。

● 〜しながら…する

「一边〜一边…」は「〜しながら…する」というように、「〜」「…」の部分に動詞（句）が入り、同時進行の動作を表すときの用法です。これらは前後ともに必ず関連詞を使わなければならず、省略はできません。ただし、「一边」は「一」を省略して「边〜边…」ということもできます。

（一）边 + 動詞（句） + （一）边 + 動詞（句）

不要 一边 听 音乐 一边 做 作业。
Bú yào yìbiān tīng yīnyuè yìbiān zuò zuòyè.

音楽を聞きながら宿題をしてはいけません。

● ～するとすぐ…

「一～就…」は「～するとすぐ…」という、動作の連続性を表す用法です。この表現もどちらかが抜けると、何を言おうとしているのかが不明瞭になるので、省略せずに必ず両方とも使います。

一～　　就…

Wǒmen yí jiànmiàn jiù chéng le péngyou.
我们 一 见面 就 *成 了 朋友。
私たちは出会ってすぐに友達になりました。
*成：～になる

HSKの例文　関連詞が出題されている問題

このUNITで学んだ、「虽然～但是…」「而且」が出てくる問題文です。関連詞の意味がわかれば、この文も正確に訳すことができます。関連詞は、文と文との関係を明確にする大きなヒントになりますので、読解問題では見落とさないように、聴解ではしっかり聞くようにしましょう。
聴解第2部分の問題です。以下の文を聞いて、続いて読まれる短文がその内容に合致するかどうかを問う問題です。

Suīrán wǒ zhǐ yǒu yìmǐliùsān, dànshì wǒ hái shì
虽然 我 只 有 一米六三, 但是 我 还 是
tèbié ài dǎ lánqiú, érqiě dǎ de hěn hǎo.
特别 爱 打 篮球, 而且 打 得 很 好。

Tā zhǎng de hěn gāo.
★他 长 得 很 高。

【答え】 ✕

私は身長がわずか1メートル63センチしかありませんが、しかし、私はやはりとてもバスケットボールをすることが好きです。そのうえプレーするのもうまいです。
★彼は背が高いです。

● ポイント！

彼は背が低いけれどもプレーがうまいということでした。「而且」は「特別愛打篮球」と「打得很好」の2つを取り立てて説明していることに注意しましょう。

Part 9

UNIT 23　練習問題

1

次の1～3の中国語と組み合わせて意味が通るものをA～Cの中から選んでそれぞれ日本語に訳しましょう。

> A 但是成绩一直不太好。
> B 而且在*¹生活上也很关心我。
> C 所以没想到他会做出这样让人*²失望的事。

1) 虽然他学习很努力，
2) 因为我太相信他了，
3) 王老师不但在学习上帮助我，

1) _____　　訳 _____
2) _____　　訳 _____
3) _____　　訳 _____

＊1　生活（4級）：生活・暮らし
＊2　失望（4級）：失望する

2

（　　）に入る語をA～Dの中から選び、完成した文を日本語に訳しましょう。

> A 因为　　B 就　　C 又　　D 虽然

1) 那场比赛他还是没参加，（　　）他一直很想参加。
2) 经理这两天不来公司，（　　）医生让他必须休息。
3) A：你怎么知道我生病了呢？
　　B：我一看（　　）知道你可能不太舒服。

1) _____　　訳 _____
2) _____　　訳 _____
3) _____　　訳 A _____
　　　　　　　　　　B _____

324

3 文を読んで、★の質問に対する答えをA～Cの中から1つ選びましょう。

1) 笑笑上中学后，眼睛就越来越差了。当然不是因为学习学得太多，而是他经常一边看电视一边打电子游戏。所以他爸爸妈妈已经不让他看电视打游戏了。

　　★ 笑笑的眼睛怎么了？
　　A 很差，因为学习
　　B 还可以
　　C 总是看电视打游戏，所以不太好

2) 他的汉语水平很高，不但说得跟中国人一样，而且[*1]翻译得也非常好。他希望回国以后能做跟[*2]中文有关的工作。

　　★ 根据这段话，可以知道：
　　A 他是中国人
　　B 他能翻译中文
　　C 他在做需要用汉语的工作

3) 老校长在会议上的讲话，不但我自己，而且其他老师也都觉得很[*3]感动。我们都希望能[*4]成为像老校长一样的教师。

　　★ 下面哪句话是对的？
　　A 老校长感动了　B 只有我自己感动了　C [*5]所有老师都感动了

1) _____　　2) _____　　3) _____

*1　翻译（4级）：翻訳する・通訳する
*2　中文（4级）：中国語
*3　感动（4级）：感動する
*4　成为（4级）：～となる・～とする
*5　所有（4级）：あらゆる

UNIT 23 解答

1 会話文の組み合わせ問題

1) A
Suīrán tā xuéxí hěn nǔlì,
虽然 他 学习 很 努力，
彼は勉強を努力したけれども、
dànshì chéngjì yìzhí bútài hǎo.
但是 成绩 一直 不太 好。
成績はずっとあまりよくありません。

2) C
Yīnwèi wǒ tài xiāngxìn tā le,
因为 我 太 相信 他 了，
私はとても彼を信じていたので、
suǒyǐ méi xiǎngdào tā huì zuòchū zhèyàng ràng rén shīwàng de shì.
所以 没 想到 他 会 做出 这样 让 人 失望 的 事。
彼がこのように人を失望させるようなことをするとは思いもよりませんでした。

3) B
Wáng lǎoshī búdàn zài xuéxí shang bāngzhù wǒ,
王 老师 不但 在 学习 上 帮助 我，
王先生は学習面で私を助けてくれたばかりではなく、
érqiě zài shēnghuó shang yě hěn guānxīn wǒ.
而且 在 生活 上 也 很 关心 我。
生活面でも気にかけてくださいました。

2.「所以」以下の文章の動詞は「没想到」で、その目的語は「事」です。「事」の前の「他会做出这样让人失望」
は修飾語です。

2 空所補充問題

1) D
Nàchǎng bǐsài tā háishi méi cānjiā, suīrán tā yìzhí hěn xiǎng cānjiā.
那场 比赛 他 还是 没 参加，（虽然）他 一直 很 想 参加。
あの試合には彼はやはり参加しませんでした。ずっととても参加したいと言っていたのに。

2) A
Jīnglǐ zhè liǎngtiān bù lái gōngsī, yīnwèi yīshēng ràng tā bìxū xiūxi.
经理 这 两天 不 来 公司，（因为）医生 让 他 必须 休息。
社長はこの数日は会社に来ません。医者が彼を絶対休むように言ったので。

3) B
Nǐ zěnme zhīdào wǒ shēngbìng le ne?
A：你 怎么 知道 我 生病 了 呢？
あなたはどうやって私が病気になったと知ったのですか？
Wǒ yíkàn jiù zhīdào nǐ kěnéng bútài shūfu.
B：我 一看（就）知道 你 可能 不太 舒服。
私は見てすぐあなたがおそらく調子があまりよくないとわかりました。

3 　読み取り問題

1) **C**

Xiàoxiao shàng zhōngxué hòu, yǎnjing jiù yuèláiyuè chà le. Dāngrán búshì
笑笑　上　中学　后，眼睛　就　越来越　差了。当然　不是
yīnwèi xuéxí xué de tàiduō, érshì tā jīngcháng yìbiān kàn diànshì yìbiān dǎ
因为　学习学　得太多，而是他　经常　一边看　电视 一边打
diànzǐ yóuxì. Suǒyǐ tā bàba māma yǐjīng bú ràng tā kàn diànshì dǎ yóuxì le.
电子游戏。所以他 爸爸 妈妈 已经 不 让他看 电视 打 游戏 了。

笑笑は中学に上がってから、目がだんだん悪くなりました。もちろん勉強しすぎではなく、彼がいつもテレビを見ながら電子ゲームをしていたからです。そのため、お父さんとお母さんはすでに彼にテレビを見てゲームをすることをさせなくしました。

★ Xiàoxiao de yǎnjing zěnme le?
笑笑　的　眼睛　怎么了？
笑笑の目はどうしましたか？

A hěn chà, yīnwèi xuéxí
　很　差，因为　学习
　勉強のせいでとても悪い

B hái kěyǐ
　还　可以
　まあまあ

C zǒngshì kàn diànshì dǎ yóuxì, suǒyǐ bútài hǎo
　总是　看　电视　打　游戏，所以 不太 好
　いつもテレビを見てゲームをしているので、あまりよくない

2) **B**

Tā de Hànyǔ shuǐpíng hěn gāo, búdàn shuō de gēn Zhōngguórén yíyàng,
他 的 汉语　水平　很　高，不但　说 得 跟　中国人　一样，
érqiě fānyì de yě fēicháng hǎo. Tā xīwàng huíguó yǐhòu néng zuò gēn
而且 翻译 得 也 非常　好。他 希望　回国 以后　能 做 跟
Zhōngwén yǒu guān de gōngzuò.
中文　有　关　的　工作。

彼の中国語のレベルは高く、中国人と同じように話すだけでなく、とてもうまく翻訳できます。彼は帰国後、中国語に関係のある仕事ができたらと希望しています。

★ Gēnjù zhè duàn huà, kěyǐ zhīdào:
　根据　这　段　话，可以　知道：
　この話から私たちがわかることは：

A tā shì Zhōngguórén
　他 是　中国人
　彼は中国人である

B tā néng fānyì Zhōngwén
　他　能　翻译　中文
　彼は中国語を翻訳することができる

C tā zài zuò xūyào yòng Hànyǔ de gōngzuò
　他 在 做 需要　用　汉语 的　工作
　彼は中国語を使う必要がある仕事をしている

3) **C**

Lǎo xiàozhǎng zài huì yì shang de jiǎnghuà, búdàn wǒ zìjǐ, érqiě qítā
老 校长　在 会议 上 的 讲话，不但 我 自己，而且 其他
lǎoshī yě dōu juéde hěn gǎndòng. Wǒmen dōu xīwàng néng chéngwéi xiàng
老师 也 都 觉得 很　感动。我们　都 希望　能　成为　像
lǎo xiàozhǎng yíyàng de jiàoshī.
老　校长　一样 的　教师。

校長先生が会議の折にした話は、私自身だけではなく、ほかの先生方も皆、感動しました。私たちは校長先生のような教師になりたいと願いました。

★ Xiàmian nǎ jù huà shì duì de?
　下面　哪　句 话 是 对 的？
　下の文でどれが正しいですか？

A lǎo xiàozhǎng gǎndòng le
　老　校长　感动　了
　校長先生が感動した

B zhǐyǒu wǒ zìjǐ gǎndòng le
　只有 我 自己 感动　了
　ただ私だけが感動した

C suǒyǒu lǎoshī dōu gǎndòng le
　所有　老师 都　感动　了
　あらゆる先生が感動した

327

UNIT 24 複文 (2)
～仮定・その他～

t3Q-27-U24

> Rúguǒ kànbuwán, kěyǐ zài jiè yígeyuè.
> **如果 看不完，可以 再 借 一个月。**
> もし読み終わらなければ、またひと月借りることができます。

このUNITでは、複文の中でも「仮定」を表すもの、「並列」を表すものの表現について学びます。

覚えておきたい基本単語

△	或者	huòzhě	あるいは・または
	云	yún	曇
△	影响	yǐngxiǎng	影響する
	爱好	àihào	趣味

POINT 1 仮定・並列を表す複文表現

UNIT23では、2つの文の因果関係をはっきりさせるために使う関連詞（接続詞）を学びました。ここでは、「仮定」や「並列」を表す複文について詳しく確認してみましょう。

仮定の複文

「如果（要是）～ , 就…」は、2つの文が「もし～ならば…」という仮定条件で結ばれていることを表す複文表現です。仮定条件をいう部分、つまり「如果（要是）～」の後に続く部分は、まだはっきりしないことや、そのようにしなかった反実仮想の内容が表現されます。「如果」は多くの場合、「如果～ , 就…」のように、後の文に「就」を対応させます。しかし、「就」がない文もありますので、「如果」があれば仮定だと判断して訳しましょう。

如果 你 饿, 就 吃 这个 好 了。
Rúguǒ nǐ è, jiù chī zhège hǎo le.
もしおなかがすいたら、これを食べればいいです。

「如果」のかわりに「要是（5級）」を使うこともあります。同じように仮定の関係を表現できます。

你 要是 喜欢 就 两双 鞋 都 买。
Nǐ yàoshì xǐhuan jiù liǎngshuāng xié dōu mǎi.
あなたがもし気に入っているなら、2足とも靴を買ってください。

● 「～的话」を使う仮定文

仮定文の「如果（要是）～的话 , 就…」のように、「～的话」をつける表現もあります。この場合には、「如果（要是）～」を省略することもできます。もちろん「～的话」を使わず「如果（要是）～」だけで仮定の意味を言い表すこともできます。

(如果) 你 同意 的话, 就 让 你 儿子 上 别 的 学校 吧。
Rúguǒ nǐ tóngyì de huà, jiù ràng nǐ érzi shàng bié de xuéxiào ba.
もしあなたが同意するならば、あなたの息子を別の学校に行かせましょう。

● 「不是~就是…」を使う仮定文

「不是~就是…」も仮定表現で、「~でなければ…する」という意味を表します。これは仮定条件の部分が否定に限られます。

Wǒ yǒu shíjiān, búshì duànliàn shēntǐ, jiùshì yìzhí shuìjiào.
我 有 时间, 不是 锻炼 身体, 就是 一直 睡觉。
私は時間があると、体を鍛えるのでなければ、ずっと寝ています。

並列関係の複文

これまで学んできた「~であるけれどもしかし…」「~なので…」「もし~ならば…」のような複文は、意味の重点が結果を表す後ろの部分（「…」部分）にあります。ここで確認する並列関係を表す複文は「~あるいは…」「~するか…するか」のように、文の重点が前後の文両方にあります。

● 「或者」の用法

2つのものを並列するとき、「A或者B」という形で「AあるいはB」という意味を表現します。

A ＋ 或者 ＋ **B**

Tiān lěng de shíhou, huòzhě gōngzuò lèi de shíhou, hē bēi rèchá, zhēnshì shūfu jíle.
天 冷 的 时候 或者 工作 累 的 时候, 喝 杯 热茶, 真是 舒服 极了。
天気が寒いとき、あるいは仕事で疲れたとき、熱いお茶を飲むと、本当にとても気持ちがいいです。

2つの動詞句を並列する場合で、それぞれの動詞句の主語が異なる場合は「或者＋主語A＋動詞、或者＋主語B＋動詞（Aが~するか、Bが~するか）」というように、「或者」を2回繰り返します。

或者 ＋ 主語A ＋ 動詞, 或者 ＋ 主語B ＋ 動詞

Huòzhě nǐ cānjiā, huòzhě tā cānjiā, dōu kěyǐ.
或者 你 参加, 或者 他 参加, 都 可以。
あなたが参加するか（しても）、彼が参加するか（しても）、どちらでもいいです。

Part 9

● 「一会儿~一会儿…」: ~したかと思うと…する
「一会儿」はわずかな時間を表す意味ですでに学びました。これを「一会儿~一会儿…」の形にすると、「~したかと思うと…する」という並列の意味をもちます。

今天 多云, 天气 <u>一会儿</u> 晴 <u>一会儿</u> 阴 的。
Jīntiān duōyún, tiānqì yíhuìr qíng yíhuìr yīn de.

今日は曇りで、晴れたかと思うと曇ったりします。

● 「又~又…」: ~であり…でもある
ある人やものが、2つ以上の性質や状態を兼ね備えていることを言うとき、「又~又…(~であり…でもある)」を使います。

大家 都 觉得 她 <u>又</u> 聪明 <u>又</u> 可爱。
Dàjiā dōu juéde tā yòu cōngming yòu kě'ài.

みんな彼女は賢くてかわいいと思っています。

発 展　　~するとようやく

前のUNITでは「一~就…(~するとすぐに…)」という表現を学びましたが、ここでは「一~才…(~するとようやく…)」というものを見ていきましょう。

● 「一~才…」
副詞の「就」と「才」は時間を表しますが、その表すニュアンスが異なります。「就」は「すぐに」、「才」は「ようやく」という意味で、「才」は遅れて行う動作を連想させます。「一~才…」と「一~就…」の意味を対比しながら覚えましょう。

　　　　　　　　　　　　　　　　　　　　　一~　　才…
我 看 老李 的 脸色 不 太 好, 一 问 才
Wǒ kàn lǎo Lǐ de liǎnsè bú tài hǎo, yí wèn cái
知道 他 昨天 晚上 没 睡好觉。
zhīdào tā zuótiān wǎnshang méi shuìhǎojiào.

私は李さんの顔色があまりよくないと見ていましたが、聞いてようやく彼が昨晩よく寝ていないことがわかりました。

※「睡觉」は離合詞(VO動詞→UNIT15参照)です。離合詞に補語をつける時は、離合詞中の動詞成分の後ろに置きます。

HSKの例文 — 仮定表現が出てくる問題

読解第2部分の問題です。「如果」という語があれば、それは仮定の文です。どこまでが仮定条件かを見定めて、2つの文の意味を考えましょう。

Rén duì rén de yǐngxiǎng shì hěn dà de. Rúguǒ liǎngge rén shì hěn hǎo
人 对 人 的 影响 是 很 大 的。如果 两个 人 是 很 好
de péngyou, tāmen kěnéng hěn kuài jiù huì yǒu xiāngtóng de àihào le.
的 朋友，他们 可能 很 快 就 会 有 相同 的 爱好 了。

Péngyou shēngbìng le.
★朋友 生病 了。

【答え】 ✗

人の人への影響は大きいです。もし2人がいい友達なら、彼らはおそらくすぐに同じ趣味をもつでしょう。
★友達は病気になりました。

● ポイント！

友達同士趣味が同じになるという主旨のことが書かれており「友達が病気になった」というのとは全く違うので、答えは✗です。

Part 9

UNIT 24　練習問題

1　次の1～3の中国語と組み合わせて意味が通るものをA～Cの中から選んでそれぞれ日本語に訳しましょう。

> A 他很喜欢学习。
> B 这个周末怎么样？
> C 有事或者问我，或者问老赵都行。

1)　我刚来，什么都不懂。
2)　这个孩子又会写又会*算，真聪明！
3)　如果有时间的话，我想请你喝咖啡。

1)　_____　訳 _____
2)　_____　訳 _____
3)　_____　訳 _____

＊算（4級）：数える

2　（　　）に入る語をA～Dの中から選び、完成した文を日本語に訳しましょう。

> A 或者　　B 又　　C 一会儿　　D 的话

1)　这次的*1演出你可以不参加，如果你不愿意（　　）。
2)　你看电视怎么（　　）哭，一会儿笑的呢？
3)　A：周末有什么*2安排？
　　B：去看表演，（　　）去图书馆，还没想好。

1)　_____　訳 _____
2)　_____　訳 _____
3)　_____　訳 A _____
　　　　　　　　　　B _____

＊1　演出（4級）：公演する
＊2　安排（4級）：手配する・スケジュールを決める

3 文を読んで、★の質問に対する答えをA～Cの中から１つ選びましょう。

1) 妈，我是小雪。我和小李准备结婚了。晚上我带小李回去看你们。晚饭在家吃，或者吃米饭，或者吃面条，都可以，有[*1]什么就吃什么。
   ★ 下面哪句话是对的？
   A 他们晚上吃米饭　　B 小雪已经结婚了　　C 他们一起吃晚饭

2) 上个星期我们搬家了。和[*2]热闹的[*3]市场附近的旧房子比起来，新房子虽然小，但又安静又干净，我和丈夫住得都很满意。
   ★ 她说什么？
   A 新家很热闹　　B 旧房子比较大　　C 新家不太安静

3) 九月的天气变化[*4]无常。常常是一会儿晴天，一会儿下雨，一会儿刮风，一会儿又打[*5]雷。所以要经常带把伞。
   ★ 下面哪句话是对的？
   A 九月份容易下雨　　B 有点儿刮风了　　C 下了一点雨

1) _____　　2) _____　　3) _____

*1 「動詞１＋什么＋(就)＋動詞２＋什么」で「(動詞１)するものを(動詞２)する」という意味になります。
*2 热闹 (4級)：賑やかだ
*3 市场 (4級)：市場
*4 无常 (4級)：常に変化する
*5 雷：雷

UNIT 24 解答

1 会話文の組み合わせ問題

1) C　Wǒ gāng lái, shénme dōu bù dǒng.
　　　我 刚 来，什么 都 不 懂。
　　　私は来たばかりで、何もわかりません。
　　　Yǒushì huòzhě wèn wǒ, huòzhě wèn lǎo Zhào dōu xíng.
　　　有事 或者 问 我，或者 问 老赵 都 行。
　　　用があれば私に聞いても、趙さんに聞いてもいいですよ。

2) A　Zhège háizi yòu huì xiě yòu huì suàn, zhēn cōngming!
　　　这个 孩子 又 会 写 又 会 算，真 聪明！
　　　この子は書くこともできるし数えることもできます。本当に賢い！
　　　Tā hěn xǐhuan xuéxí.
　　　他 很 喜欢 学习。
　　　彼は学ぶのがとても好きです。

3) B　Rúguǒ yǒu shíjiān de huà, wǒ xiǎng qǐng nǐ hē kāfēi.
　　　如果 有 时间 的 话，我 想 请你喝 咖啡。
　　　もし時間があれば、私はあなたにコーヒーをごちそうしたいです。
　　　Zhège zhōumò zěnmeyàng?
　　　这个 周末 怎么样？
　　　今週末はどうですか？

2 空所補充問題

1) D　Zhècì de yǎnchū nǐ kěyǐ bù cānjiā, rúguǒ nǐ bú yuànyì de huà.
　　　这次 的 演出 你可以 不 参加，如果 你 不 愿意（的话）。
　　　今回の講演はあなたは出なくてもいいですよ。もしあなたが出たくなければですが。

2) C　Nǐ kàn diànshì zěnme yíhuìr kū, yíhuìr xiào de ne?
　　　你看 电视 怎么（一会儿）哭，一会儿 笑 的 呢？
　　　あなたはテレビを見て、どうして泣いたり笑ったりするのですか？

3) A　Zhōumò yǒu shénme ānpái?
　　　A：周末 有 什么 安排？
　　　週末はどんな予定ですか？
　　　Qù kàn biǎoyǎn, huòzhě qù túshūguǎn, hái méi xiǎng hǎo.
　　　B：去 看 表演，（或者）去 图书馆，还 没 想 好。
　　　公演を見に行くか、図書館へ行くか、まだよく考えていません。

3 読み取り問題

1) **C**

Mā, wǒ shì XiǎoXuě. Wǒ hé XiǎoLǐ zhǔnbèi jiéhūn le. Wǎnshang wǒ dài
妈，我 是 小雪。我 和 小李 准备 结婚 了。晚上 我 带
XiǎoLǐ huíqu kàn nǐmen. Wǎnfàn zàijiā chī, huòzhě chī mǐfàn, huòzhě chī
小李 回去 看 你们。晚饭 在家 吃，或者 吃 米饭，或者 吃
miàntiáo, dōu kěyǐ, yǒu shénme jiù chī shénme.
面条，都 可以，有 什么 就 吃 什么。

お母さん、私、雪です。私は李さんと結婚するつもりです。夜、李さんを連れて帰ってお母さんたちに会ってもらいます。晩ご飯を家で食べますが、ライスでも麺類でも何でもいいです。あれば何でも食べます。

Xiàmiàn nǎ jù huà shì duì de?
★下面 哪 句 话 是 对 的?
下の文でどれが正しいですか？

tāmen wǎnshang chī mǐfàn　　　　　Xiǎo Xuě yǐjīng jiéhūn le
A 他们 晚上 吃 米饭　　　　　　　B 小 雪 已经 结婚 了
彼らは夜ライスを食べる　　　　　　　雪さんはすでに結婚している

tāmen yìqǐ chī wǎnfàn
C 他们 一起 吃 晚饭
彼らは一緒にご飯を食べる

2) **B**

Shàngge xīngqī wǒmen bān jiā le. Hé rènao de shìchǎng fùjìn de jiù
上个 星期 我们 搬 家 了。和 热闹 的 市场 附近 的 旧
fángzi bǐ qǐlái, xīn fángzi suīrán xiǎo, dàn yòu ānjìng yòu gānjìng, wǒ hé
房子 比 起来，新 房子 虽然 小，但 又 安静 又 干净，我 和
zhàngfu zhù de dōu hěn mǎnyì.
丈夫 住 得 都 很 满意。

先週私たちは引っ越しました。賑やかな市場付近にあった古い家と比べると、新しい家は小さいけれども、静かできれいで、私と夫は２人とも気に入っています。

Tā shuō shénme?
★她 说 什么?
彼女は何と言いましたか？

xīn jiā hěn rènao　　　　　　　　jiù fángzi bǐjiào dà
A 新 家 很 热闹　　　　　　　　B 旧 房子 比较 大
新しい家は賑やかである　　　　　　古い家は比較的大きい

xīn jiā bú tài ānjìng
C 新 家 不 太 安静
新しい家はあまり静かではない

3) **A**

Jiǔyuè de tiānqì biànhuà wúcháng. Chángcháng shì yíhuìr qíngtiān, yíhuìr
九月 的 天气 变化 无常。 常常 是 一会儿 晴天，一会儿
xià yǔ, yíhuìr guāfēng, yíhuìr yòu dǎ léi. Suǒyǐ yào jīngcháng dài
下 雨，一会儿 刮风，一会儿 又 打 雷。所以 要 经常 带
bǎ sǎn.
把 伞。

9月の天候は一定しません。いつも晴れたり雨が降ったり、風が吹いたり雷が鳴ったりします。だから、傘を携帯しておく必要があります。

Xiàmiàn nǎ jù huà shì duì de?
★下面 哪 句 话 是 对 的?
下の文でどれが正しいですか？

jiǔyuè fèn róngyì xià yǔ　　　　　yǒudiǎnr guāfēng le
A 九月 份 容易 下 雨　　　　　　B 有点儿 刮风 了
9月は雨が降りやすい　　　　　　　少し風が吹いている

xià le yìdiǎn yǔ
C 下 了 一点 雨
少し雨が降った

Part 8〜9　実践問題　🎧 t3Q-28-P8-9

一、听　力

1 音声を聞いて、その内容に合う写真を選び記号で答えましょう。

第 1-5 題

A 　　　　　　　　B 　　　　　　　　C

D 　　　　　　　　E

1) _____　2) _____　3) _____　4) _____　5) _____

2 音声を聞いて、★の文が内容と合致する場合は「✓」、合致しない場合は「×」で答えましょう。

1) ★ 他不喜欢学习。　　　　　　　　　　_____

2) ★ 他今天不想去上班。　　　　　　　　_____

3) ★ 他现在不在中国。　　　　　　　　　_____

4) ★ 他正在刷牙呢。　　　　　　　　　　_____

5) ★ 这里的咖啡不太便宜。　　　　　　　_____

3 会話を聞いて、質問に対する答えをA～Cの中から1つ選びましょう。

1) A 男的是中国人　　B 女的想去中国　　C 他们现在在中国
2) A 小赵认为大家很不错　　B 男的觉得小赵不太热情
   C 小赵又能做又热情
3) A 今天是女的生日　　B 男的生日到了　　C 女的快过生日了
4) A 已经没有在学汉语　　B 还在学习汉语　　C 六年前学习汉语了
5) A 身体不舒服　　B 想回家　　C 累了

4 会話を聞いて、質問に対する答えをA～Cの中から1つ選びましょう。

1) A 他们是妈妈和女儿　　B 男的不让女的边走边吃
   C 女的样子好看
2) A 学习不错　　B 不常复习　　C 不喜欢学习
3) A 怕黑　　B 发现了近路　　C 想去车站
4) A 没离开过家　　B 习惯大学了　　C 要去北京旅游
5) A 身体不好　　B 看起来有点儿老　　C 经常锻炼身体

＊样子(4级)：様子
＊从：これまで

Part 8〜9　実践問題

二、阅　读

1 次の1〜5の中国語と組み合わせて意味が通るものをA〜Eの中から選びましょう。

第1-5题

> A 或者中国菜或者日本菜。我都没问题。
> B 如果是晴天，我喜欢一边听音乐一边 *走路。
> C 快要下雨了。没拿伞，还是快点回去吧。
> D 他肚子饿了，正吃面包呢。你等等他。
> E 他很能睡。还是个孩子。

1) 小明在做什么呢？　　　　　　　　　　　　＿＿＿＿＿

2) 还说今天晴天，天越来越阴了。　　　　　　＿＿＿＿＿

3) 小李，周末喜欢做什么？　　　　　　　　　＿＿＿＿＿

4) 我们晚饭吃什么？我想去找家饭店，吃点儿好吃的。　＿＿＿＿＿

5) 笑笑总是一会儿哭一会儿笑的。　　　　　　＿＿＿＿＿

　　＊走路：歩く

2 （　）に入る語をA～Eの中から選びましょう。

第1-5题

> A 正在　　B 的话　　C 而且　　D 但是　　E 所以

1) 昨天风太大，（　　）没去踢球。
2) 这个冰箱不错，（　　）有点儿贵。
3) 赵经理（　　）开会呢！
4) 如果机票便宜（　　），我就去。
5) 这家面包店*¹不但好吃，（　　）*²价格也不贵。

　＊1　不但（4級）：～だけでなく
　＊2　价格（4級）：値段

第6-10题

> A 或者　　B 快要　　C 过　　D 要是　　E 着

6) A：*¹寒假你打算做什么？
   B：学跳舞（　　）旅游。

7) A：笑笑，帮我一个忙！
   B：我写（　　）作业呢，等一等。

8) A：妈妈买完东西（　　）回来了。
   B：我出去接她。

9) A：给你新买的裙子穿了吗？
   B：穿（　　）了，大小正*²合适。

10) A：（　　）你考试100分，我们就去吃蛋糕。
    B：真的吗？我会认真学习的。

　＊1　寒假（4級）：冬休み
　＊2　合适（4級）：ぴったりしている・ちょうどだ

Part 8〜9　実践問題

3 文を読んで、★の質問に対する答えをA〜Cの中から1つ選びましょう。

1) 下星期我准备和同学去北京爬山。我已经去了五次北京了，但还没爬过北京的山，所以我觉得很 *1兴奋。

   ★ 他这次是第几次去北京？

   A 第一次　　　B 第五次　　　C 第六次

2) 昨天我在第一超市看到一箱牛奶20元，*2后来又在第二超市看到牛奶一箱卖15元。所以我选择在第二超市买了两箱牛奶。

   ★ 他昨天买牛奶花了多少钱？

   A 30元　　　B 35元　　　C 50元

3) 快要开会了，我们快点儿去吧。今天的会议很重要，关系到公司的 *3将来，也关系到我们能拿多少 *4工资，所以一定得去参加。

   ★ 他们准备做什么？

   A 去拿工资　　　B 去开会　　　C 去参加运动会

4) 你还在工作吗？外面下起雨来了，伞带着呢吗？需要我开车去接你的话，就给我打电话吧。

   ★ 下面哪句话是对的？

   A 他要去接人　　　B 外面在下雨　　　C 说话人在工作

5) 我准备换工作了。因为现在的公司不但工资不高，而且工作环境也不太好。但是妈妈不同意我换工作，她说在哪儿上班都是一样的。

   ★ 关于说话人，下面哪句话是对的？

   A 换了新工作　　　B 觉得现在的工资低

   C 他妈妈不同意他上班

*1　兴奋 (4級)：興奮している
*2　后来 (4級)：その後
*3　将来 (4級)：将来
*4　工资 (4級)：給料

三、书　写

1 語句を並べ替えて正しい文を作りましょう。

1) 小明想 / 一边复习 / 音乐 / 一边听
2) 没在 / 上课 / 张老师 / 呢
3) 我的电脑 / 哥哥 / 用 / 呢 / 着
4) 如果 / 就 / 吧 / 身体 / 不舒服 / 去医院
5) *点过 / 已经 / 菜了 / 我们

1) _____
2) _____
3) _____
4) _____
5) _____

＊点：注文する

2 (　　) に入る語をピンインを参考に書きましょう。

1) 明明（　yí　）会儿跑出来，（　yí　）会儿又跑出去。
2) 老师一来，大家（　jiù　）都不说话了。
3) 每天早上我都去跑步（　huòzhě　）打球。
4) 这件衣服看（　zhe　）真漂亮。
5) 我没穿（　guo　）这种鞋。

343

Part 8〜9 解答

一、听 力

1 聞き取り問題(第1部分)

1) E 女：Xiàoxiao zuò shénme ne? Tīng bujiàn shēngyīn, bú zài ma?
笑笑 做 什么 呢？听 不见 声音，不 在 吗？
笑笑は何をしているの？声が聞こえないようですが、いないの？

男：Gāngcái kànjiàn tā jìn tā de fángjiān le. Yídìng zhèngzài kàn diànshì.
刚才 看见 他 进 他 的 房间 了。一定 正在 看 电视。
さっき彼の部屋に入っていくところを見ました、きっとテレビを見ているところです。

2) D 男：Tīngshuō nǐ shànggeyuè bānjiā le, xīn fángzi zěnmeyàng?
听说 你 上个月 搬家 了，新 房子 怎么样？
あなたは先月引っ越したと聞きましたが、新しい家はどうですか？

女：Búcuò, zài fùjìn yíge ānjìng de gōngyuán pángbiān, zhùzhe hěn shūfu.
不错，在 附近 一个 安静 的 公园 旁边，住着 很 舒服。
すばらしいです。静かな公園の近くにあって、住み心地がいいです。

3) A 女：Fēng yuèguāyuè dà le. Tiān yě biàn hēi le, kànshangqu kuài xiàyǔ le.
风 越刮越 大 了。天 也 变 黑 了，看上去 快 下雨 了。
風が吹けば吹くほど強くなりましたね。空も暗くなってきて、雨も降り出しそうです。

男：Wǒmen kuài diǎnr huíqu ba.
我们 快 点儿 回去 吧。
早く帰りましょう。

4) B 男：Yǒu bú rènshi de cí jiù chá diànzǐ zìdiǎn ba. Néng mǎshàng chá, hěn fāngbiàn. Nǐ yǒu ma?
有 不 认识 的 词 就 查 电子 字典 吧。能 马上 查，很 方便。你 有 吗？
知らない言葉があれば電子辞書で調べましょう。すぐに調べられるので、とても便利です。あなたは持っていますか？

女：Wǒ hái méi yòngguo diànzǐ zìdiǎn ne.
我 还 没 用过 电子 字典 呢。
私はまだ電子辞書を使ったことがありません。

5) C 女：Kuài shàng kè le, wǒmen fàn hái méi chī ne. Zěnmebàn?
快 上 课 了，我们 饭 还 没 吃 呢。怎么办？
もうすぐ授業です。私たちはまだご飯を食べていません。どうしましょうか？

男：Méi shíjiān le, mǎi diǎnr miànbāo yìbiān zǒu yìbiān chī ba.
没 时间 了，买 点儿 面包 一边 走 一边 吃 吧。
時間がないので、少しパンを買って歩きながら食べましょう。

2　聞き取り問題（第2部分）

1) ✗　★ Tā bù xǐhuan xuéxí.
　　　 他 不 喜欢 学习。
　　　 彼は勉強が嫌いです。

　　　Suīrán xuéxí hěn yǒuyìsi, dànshì yǒushí zuòyè tàiduō le.
　　　虽然 学习 很 有意思, 但是 有时 作业 太多 了。
　　　勉強はおもしろいけれども、宿題が多すぎるときがあります。

2) ✗　★ Tā jīntiān bùxiǎng qù shàngbān.
　　　 他 今天 不想 去 上班。
　　　 彼は今日会社へ行きたくありません。

　　　Yīnwèi jīntiān shì zhōumò, suǒyǐ búyòng shàngbān. Zuótiān gōngzuò dōu wánchéng le.
　　　因为 今天 是 周末, 所以 不用 上班。 昨天 工作 都 完成 了。
　　　今日は週末なので、出勤するには及びません。昨日仕事は終わらせてきました。

3) ✗　★ Tā xiànzài bú zài Zhōngguó.
　　　 他 现在 不 在 中国。
　　　 彼は今中国にいません。

　　　Wǒ yǐjīng zài Zhōngguó xuéle sìnián Hànyǔ le. Zài Zhōngguó de shíhou, zhùguo Běijīng hé Shànghǎi.
　　　我 已经 在 中国 学了 四年 汉语 了。在 中国 的 时候, 住过 北京 和 上海。
　　　私はもう中国で4年間中国語を学んでいます。中国にいる間、北京と上海に住んだことがあります。

4) ✓　★ Tā zhèngzài shuāyá ne.
　　　 他 正在 刷牙 呢。
　　　 彼はちょうど歯を磨いているところです。

　　　Wǒ yǒu zǎoshang qǐchuáng hòu mǎshàng hē yìbēi shuǐ de xíguàn. Ránhòu xǐ liǎn, shuāyá. Jīntiān zài hē shuǐ qián jiù xǐle liǎn, xiànzài zài shuāyá ne.
　　　我 有 早上 起床 后 马上 喝 一杯 水 的 习惯。然后 洗脸, 刷牙。今天 在 喝 水 前 就 洗了 脸, 现在 在 刷牙 呢。
　　　私は朝起きてすぐに1杯の水を飲む習慣があります。その後、顔を洗い、歯を磨きます。今日は水を飲む前に顔を洗い今は歯を磨いています。

5) ✗　★ Zhèlǐ de kāfēi bútài piányi.
　　　 这里 的 咖啡 不太 便宜。
　　　 ここのコーヒーはあまり安くありません。

　　　Zhèlǐ de kāfēi búdàn hǎohē, érqiě búguì. Shì wǒ zuì xǐhuan de diàn.
　　　这里 的 咖啡 不但 好喝, 而且 不贵。是 我 最 喜欢 的 店。
　　　ここのコーヒーはおいしいだけではなく、値段も高くありません。私が最も好きな店です。

345

Part 8〜9　解 答

3　聞き取り問題（第3部分）

1) C　男：*Wǒ míngtiān jiùyào huíguó le.*
　　　 我 明天 就要 回国 了。
　　　 私は明日もう帰国します。

　　女：*Xièxie! Huānyíng nǐ zài lái Zhōngguó.*
　　　 谢谢！ 欢迎 你再来 中国。
　　　 ありがとう！また中国へ来てくださいね。

　　问：*Cóng zhè duàn huà, kěyǐ zhīdào:*
　　　 从 这 段 话，可以 知道：
　　　 この話からわかることは：

　　A *nán de shì zhōngguórén*　　B *nǚ de xiǎng qù Zhōngguó*
　　　男 的 是 中国人　　　　　　　女 的 想 去 中国
　　　男の人は中国人である　　　　 女の人は中国へ行きたい

　　C *tāmen xiànzài zài Zhōngguó*
　　　他们 现在 在 中国
　　　彼らは今中国にいる

2) C　女：*Xīn lái de XiǎoZhào búdàn néng zuò, érqiě rén yě hěn rèqíng.*
　　　 新 来 的 小赵 不但 能 做，而且 人 也 很 热情。
　　　 新しく来た趙さんは仕事ができるだけではなくとても親切です。

　　男：*Érqiě, tā hái hěn cōngming. Dàjiā dōu rènwéi tā hěn búcuò ne.*
　　　 而且，他 还 很 聪明。 大家 都 认为 他 很 不错 呢。
　　　 それに、彼は頭がとてもよいです。みなさん彼のことをすばらしいと思っていますよ。

　　问：*Xiàmiàn nǎ jù huà shì duì de?*
　　　 下面 哪 句 话 是 对 的？
　　　 下の文でどれが正しいですか？

　　A *XiǎoZhào rènwéi dàjiā hěn búcuò*
　　　小赵 认为 大家 很 不错
　　　趙さんはみんなのことをすばらしいと思っている

　　B *nán de juéde XiǎoZhào bútài rèqíng*
　　　男 的 觉得 小赵 不太 热情
　　　男の人は趙さんがあまり親切でないと思っている

　　C *XiǎoZhào yòu néng zuò yòu rèqíng*
　　　小赵 又 能 做 又 热情
　　　趙さんは仕事もできるし親切でもある

3) C　男：*Kuàiyào dào nǐ de shēngrì le, nǐ xiǎngyào shénme shēngrì lǐwù?*
　　　 快要 到 你 的 生日 了，你 想要 什么 生日 礼物？
　　　 もうすぐあなたの誕生日ですね。どんな誕生日プレゼントがほしいですか？

　　女：*Xièxie nǐ jìde wǒ de shēngrì.*
　　　 谢谢 你 记得 我 的 生日。
　　　 ありがとう。私の誕生日を覚えていたのですね。

　　　　　　Xiàmiàn nǎ jù huà shì duì de?
　　　问：下面 哪 句 话 是 对 的?
　　　　　下の文でどれが正しいですか？

　　　　jīntiān shì nǚ de shēngrì
　　A 今天 是 女 的 生日
　　　　今日は女の人の誕生日である

　　　　nán de shēngrì dào le
　　B 男 的 生日 到 了
　　　　男の人の誕生日がやってきた

　　　　nǚ de kuài guò shēngrì le
　　C 女 的 快 过 生日 了
　　　　女の人はもうすぐ誕生日を迎える

　　　　　　　Tīngshuō nǐ yìzhí zài xué Hànyǔ. Yǐhòu hái dǎsuàn xuéxí xiaqu ma?
4) B 女：听说 你 一直 在 学 汉语。以后 还 打算 学习 下去 吗?
　　　　　聞いたところによるとあなたはずっと中国語を勉強しているのですね。
　　　　　これからも勉強するつもりですか？

　　　　　　Duì, wǒ yǐjīng xuéle liùnián le. Xuéxí Hànyǔ hěn nán, dànshì
　　　男：对, 我 已经 学了 六年 了。学习 汉语 很 难, 但是
　　　　fēicháng yǒuyìsi.
　　　　非常 有意思。
　　　　　はい、私はすでに6年間勉強しています。中国語の勉強は難しいです
　　　　　が、とてもおもしろいです。

　　　　　　Guānyú nán de, xiàmiàn nǎ jù huà shì duì de?
　　　问：关于 男 的, 下面 哪 句 话 是 对 的?
　　　　　男の人について、下の文でどれが正しいですか？

　　　　yǐjīng méiyǒu zài xué Hànyǔ
　　A 已经 没有 在 学 汉语
　　　　もうすでに中国語の勉強をやめている

　　　　hái zài xuéxí Hànyǔ
　　B 还 在 学习 汉语
　　　　まだ中国語を勉強している

　　　　liùnián qián xuéxí Hànyǔ le
　　C 六年 前 学习 汉语 了
　　　　6年前中国語を勉強した

　　　　　　Nǐ zěnme le? Kànshangqu hěn lèi, rúguǒ shēntǐ bù shūfu, jiù
5) C 男：你 怎么 了? 看上去 很 累, 如果 身体 不 舒服, 就
　　　　huíjiā ba.
　　　　回家 吧。
　　　　　どうしましたか？見たところ疲れているようですが、もし体の調子が
　　　　　よくなければ、家に帰ってください。

　　　　　　Méishìr, jiùshì yǒudiǎnr lèi.
　　　女：没事儿, 就是 有点儿 累。
　　　　　大丈夫。少し疲れただけです。

347

Part 8〜9　解答

問：<ruby>女<rt>Nǚ</rt></ruby> <ruby>的<rt>de</rt></ruby> <ruby>怎么<rt>zěnme</rt></ruby> <ruby>了<rt>le</rt></ruby>?
女の人はどうしましたか？

A <ruby>身体<rt>shēntǐ</rt></ruby> <ruby>不<rt>bù</rt></ruby> <ruby>舒服<rt>shūfu</rt></ruby>
体の調子がよくない

B <ruby>想<rt>xiǎng</rt></ruby> <ruby>回家<rt>huíjiā</rt></ruby>
家に帰りたい

C <ruby>累<rt>lèi</rt></ruby> <ruby>了<rt>le</rt></ruby>
疲れた

4　聞き取り問題（第4部分）

1) B　男：<ruby>天天<rt>Tiāntian</rt></ruby>, <ruby>你<rt>nǐ</rt></ruby> <ruby>怎么<rt>zěnme</rt></ruby> <ruby>一边<rt>yìbiān</rt></ruby> <ruby>走<rt>zǒu</rt></ruby> <ruby>路<rt>lù</rt></ruby> <ruby>一边<rt>yìbiān</rt></ruby> <ruby>吃<rt>chī</rt></ruby> <ruby>东西<rt>dōngxi</rt></ruby> <ruby>呢<rt>ne</rt></ruby>?
天天、どうして歩きながらものを食べるの？

女：<ruby>没事<rt>Méishì</rt></ruby>, <ruby>我们<rt>wǒmen</rt></ruby> <ruby>同学<rt>tóngxué</rt></ruby> <ruby>都<rt>dōu</rt></ruby> <ruby>这样<rt>zhèyàng</rt></ruby>。
大丈夫。私の同級生はみんなこんな風だから。

男：<ruby>女<rt>Nǚ</rt></ruby> <ruby>孩子<rt>háizi</rt></ruby> <ruby>边<rt>biān</rt></ruby> <ruby>走<rt>zǒu</rt></ruby> <ruby>边<rt>biān</rt></ruby> <ruby>吃<rt>chī</rt></ruby> <ruby>的<rt>de</rt></ruby>, <ruby>不<rt>bù</rt></ruby> <ruby>好<rt>hǎo</rt></ruby> <ruby>看<rt>kàn</rt></ruby>。
女の子が歩きながら食べるのはみっともないですよ。

女：<ruby>爸<rt>Bà</rt></ruby>, <ruby>您<rt>nín</rt></ruby> <ruby>想<rt>xiǎng</rt></ruby> <ruby>太<rt>tài</rt></ruby> <ruby>多<rt>duō</rt></ruby> <ruby>了<rt>le</rt></ruby>。
お父さん、考えすぎですよ。

問：<ruby>下面<rt>Xiàmiàn</rt></ruby> <ruby>哪<rt>nǎ</rt></ruby> <ruby>句<rt>jù</rt></ruby> <ruby>话<rt>huà</rt></ruby> <ruby>是<rt>shì</rt></ruby> <ruby>对<rt>duì</rt></ruby> <ruby>的<rt>de</rt></ruby>?
下の文でどれが正しいですか？

A <ruby>他们<rt>tāmen</rt></ruby> <ruby>是<rt>shì</rt></ruby> <ruby>妈妈<rt>māma</rt></ruby> <ruby>和<rt>hé</rt></ruby> <ruby>女儿<rt>nǚ'ér</rt></ruby>
彼らは母子の関係である

B <ruby>男<rt>nán</rt></ruby> <ruby>的<rt>de</rt></ruby> <ruby>不<rt>bú</rt></ruby> <ruby>让<rt>ràng</rt></ruby> <ruby>女<rt>nǚ</rt></ruby> <ruby>的<rt>de</rt></ruby> <ruby>边<rt>biān</rt></ruby> <ruby>走<rt>zǒu</rt></ruby> <ruby>边<rt>biān</rt></ruby> <ruby>吃<rt>chī</rt></ruby>
男の人は女の人が歩きながら食べるのを許さない

C <ruby>女<rt>nǚ</rt></ruby> <ruby>的<rt>de</rt></ruby> <ruby>样子<rt>yàngzi</rt></ruby> <ruby>好<rt>hǎo</rt></ruby> <ruby>看<rt>kàn</rt></ruby>
女の人の様子はきれいだ

2) A　男：<ruby>王云<rt>WángYún</rt></ruby>, <ruby>这次<rt>zhècì</rt></ruby> <ruby>考试<rt>kǎoshì</rt></ruby> <ruby>你<rt>nǐ</rt></ruby> <ruby>考<rt>kǎo</rt></ruby> <ruby>得<rt>de</rt></ruby> <ruby>最<rt>zuì</rt></ruby> <ruby>好<rt>hǎo</rt></ruby>!
王雲、今回の試験は一番よくできましたね！

女：<ruby>谢谢<rt>Xièxie</rt></ruby>。<ruby>我<rt>Wǒ</rt></ruby> <ruby>已经<rt>yǐjing</rt></ruby> <ruby>很<rt>hěn</rt></ruby> <ruby>努力<rt>nǔlì</rt></ruby> <ruby>了<rt>le</rt></ruby>。
ありがとう。私はとても努力をしました。

男：<ruby>为什么<rt>Wèishénme</rt></ruby> <ruby>你<rt>nǐ</rt></ruby> <ruby>学习<rt>xuéxí</rt></ruby> <ruby>这么<rt>zhème</rt></ruby> <ruby>好<rt>hǎo</rt></ruby> <ruby>呢<rt>ne</rt></ruby>?
なぜこんなによかったの？

女：<ruby>因为<rt>Yīnwèi</rt></ruby> <ruby>我<rt>wǒ</rt></ruby> <ruby>每天<rt>měitiān</rt></ruby> <ruby>都<rt>dōu</rt></ruby> <ruby>复习<rt>fùxí</rt></ruby>, <ruby>而且<rt>érqiě</rt></ruby> <ruby>做<rt>zuò</rt></ruby> <ruby>很<rt>hěn</rt></ruby> <ruby>多<rt>duō</rt></ruby> <ruby>练习<rt>liànxí</rt></ruby>。
毎日復習してさらにたくさん練習をしたから。

問：*Guānyú nǚ de, xiàmiàn nǎ jù huà shì duì de?*
关于 女 的,下面 哪 句 话 是 对 的?
女の人について、下の文でどれが正しいですか？

A *xuéxí búcuò*
学习 不错
学習がすばらしい

B *bù cháng fùxí*
不 常 复习
あまり復習しない

C *bù xǐhuan xuéxí*
不 喜欢 学习
勉強が好きではない

3) A 男：*Wǒ fāxiàn le yìtiáo qù chēzhàn de jìnlù. Cóng nà zǒu néng zǎo dào chēzhàn shí fēnzhōng.*
我 发现 了 一条 去 车站 的 近路。从 那 走 能 早 到 车站 10 分钟。
駅へ行く近道を見つけました。そこを行くと、10分も早く駅に着くことができます。

女：*Zhēn de, wǒ yě xiǎng zǒu zǒu kàn. Dài wǒ qù.*
真 的,我 也 想 走 走 看。带 我 去。
本当に。私も試しに行ってみたいです。連れて行ってください。

男：*Dànshì wǎnshang nàtiáo lù hěn hēi.*
但是 晚上 那条 路 很 黑。
しかし夜その道は暗いです。

女：*Nà wǒ háishi bú qù le, hàipà!*
那 我 还是 不 去 了,害怕!
それでは私はやはり行かないことにします。怖いですからね！

问：*Guānyú nǚ de, xiàmiàn nǎ jù huà shì duì de?*
关于 女 的,下面 哪 句 话 是 对 的?
女の人について、下の文でどれが正しいですか？

A *pà hēi*
怕 黑
暗いのが怖い

B *fāxiàn le jìnlù*
发现 了 近路
近道を発見した

C *xiǎng qù chēzhàn*
想 去 车站
駅へ行きたい

4) A 男：*Nǐ mǎshàng jiùyào qù Běijīng de dàxué le ba? Dōu zhǔnbèi hǎole ma?*
你 马上 就要 去 北京 的 大学 了 吧? 都 准备 好了 吗?
もうすぐ北京へ行って大学で勉強するのでしょう？準備はできていますか？

女：*Shì a, wǒ cóng méi líkāi guo fùmǔ, yǒudiǎnr dānxīn.*
是 啊,我 从 没 离开 过 父母,有点儿 担心。
そうですよ。私はこれまで両親から離れたことがないから少し心配です。

男：*Méishì de, xíguàn jiù hǎo le.*
没事 的,习惯 就 好 了。
大丈夫。慣れれば平気だよ。

女：*Xièxie nǐ!*
谢谢 你!
ありがとう！

问：*Guānyú nǚ de, xiàmiàn nǎ jù huà shì duì de?*
关于 女 的,下面 哪 句 话 是 对 的?
女の人について、下の文でどれが正しいですか？

Part 8〜9　解答

A 没离开过家
méi líkāi guo jiā
家を離れたことがない

B 习惯大学了
xíguàn dàxué le
大学に慣れた

C 要去北京旅游
yào qù Běijīng lǚyóu
北京へ旅行に行くつもりである

5) C 女：王校长，您的身体怎么这么健康？
Wáng xiàozhǎng, nín de shēntǐ zěnme zhème jiànkāng?
王校長、あなたの体はどうやってこんなに健康なのですか？

男：因为我很注意锻炼身体。每天在公园跑30分钟步。
Yīnwèi wǒ hěn zhùyì duànliàn shēntǐ. Měitiān zài gōngyuán pǎo sānshí fēnzhōng bù.
私は運動に注意しているからね。毎日公園で30分間走っています。

女：所以您看起来很年轻。
Suǒyǐ nín kàn qilai hěn niánqīng.
だからとても若く見えるのですね。

男：谢谢！
Xièxie!
ありがとう！

问：关于男的，可以知道什么？
Guānyú nán de, kěyǐ zhīdào shénme?
男の人について、何がわかりますか？

A 身体不好
shēntǐ bùhǎo
体がよくない

B 看起来有点儿老
kàn qilai yǒudiǎnr lǎo
見たところちょっと年を取っている

C 经常锻炼身体
jīngcháng duànliàn shēntǐ
いつも体を鍛えている

350

二、阅 读

1 読解問題（第1部分）

1) D　XiǎoMíng zài zuò shénme ne?
　　　小明 在 做 什么 呢?
　　　小明は何をしていますか？

　　　Tā dùzi è le, zhèng chī miànbāo ne. Nǐ děngdeng tā.
　　　他 肚子 饿 了，正 吃 面包 呢。你 等等 他。
　　　彼はお腹がすいたみたいで、パンを食べているところです。ちょっと待ってあげてください。

2) C　Háishuō Jīntiān qíngtiān, tiān yuèláiyuè yīn le.
　　　还说 今天 晴天，天 越来越 阴 了。
　　　今日は晴れると言っていたのに、空がだんだん曇ってきました。

　　　Kuàiyào xià yǔ le. Méi ná sǎn, háishi kuàidiǎn huíqu ba.
　　　快要 下 雨 了。没 拿 伞，还是 快点 回去 吧。
　　　もうすぐ雨が降ります。傘を持っていないので、早く帰りましょう。

3) B　Xiǎo Lǐ, zhōumò xǐhuan zuò shénme?
　　　小 李，周末 喜欢 做 什么?
　　　李さん、週末は何をするのが好きですか？

　　　Rúguǒ shì qíngtiān, wǒ xǐhuan yìbiān tīng yīnyuè yìbiān zǒulù.
　　　如果 是 晴天，我 喜欢 一边 听 音乐 一边 走路。
　　　もし晴れていたならば、私は音楽を聞きながら歩くのが好きです。

4) A　Wǒmen wǎnfàn chī shénme? Wǒ xiǎng qù zhǎo jiā fàndiàn, chīdiǎnr hǎochī de.
　　　我们 晚饭 吃 什么? 我 想 去 找 家 饭店，吃点儿 好吃 的。
　　　晩ご飯は何を食べますか？どこかレストランに行って、おいしいものでも食べようと思います。

　　　Huòzhě Zhōngguócài huòzhě Rìběncài. Wǒ dōu méi wèntí.
　　　或者 中国菜 或者 日本菜。我 都 没 问题。
　　　中華料理かそれとも日本料理か。私はどちらでもいいです。

5) E　Xiàoxiao zǒngshì yíhuìr kū yíhuìr xiào de.
　　　笑笑 总是 一会儿 哭 一会儿 笑 的。
　　　笑笑はいつも泣いたり笑ったりしています。

　　　Tā hěn néng shuì. Háishi ge háizi.
　　　他 很 能 睡。还是 个 孩子。
　　　彼はとてもよく眠ります。彼はまだ子供です。

2 読解問題（第2部分）

1) E　Zuótiān fēng tài dà, suǒyǐ méi qù tīqiú.
　　　昨天 风 太 大，(所以) 没 去 踢球。
　　　昨日の風はとても強かったので、サッカーをしに行きませんでした。

2) D　Zhège bīngxiāng búcuò, dànshì yǒudiǎnr guì.
　　　这个 冰箱 不错，(但是) 有点儿 贵。
　　　この冷蔵庫はすばらしいですが、ちょっと高いです。

351

Part 8～9　解答

3) A　　Zhào jīnglǐ zhèngzài kāihuì ne!
　　　　赵 经理（正在）开会 呢！
　　　　趙社長は今会議中です！

4) B　　Rúguǒ jīpiào piányi dehuà, wǒ jiù qù.
　　　　如果 机票 便宜（的话），我 就 去。
　　　　もし飛行機のチケットが安かったら、私はすぐに行きます。

5) C　　Zhè jiā miànbāo diàn búdàn hǎochī, érqiě jiàgé yě búguì.
　　　　这 家 面包 店 不但 好吃,（而且） 价格 也 不贵。
　　　　このパン屋はおいしいだけでなく、値段も高くありません。

6) A　A：Hánjià nǐ dǎsuàn zuò shénme?
　　　　寒假 你 打算 做 什么?
　　　　冬休み、あなたは何をするつもりですか？
　　　B：Xué tiàowǔ huòzhě lǚyóu.
　　　　学 跳舞（或者）旅游。
　　　　ダンスを習うか旅行に行くかします。

7) E　A：Xiàoxiao, bāng wǒ yíge máng!
　　　　笑笑, 帮 我 一个 忙！
　　　　笑笑、私を手伝って！
　　　B：Wǒ xiě zhe zuòyè ne, děngyiděng.
　　　　我 写（着）作业 呢, 等一等。
　　　　私は宿題をしているから、ちょっと待って。

8) B　A：Māma mǎiwán dōngxi kuàiyào huílái le.
　　　　妈妈 买完 东西（快要）回来 了。
　　　　母はものを買い終わったらすぐ帰って来ます。
　　　B：Wǒ chūqu jiē tā.
　　　　我 出去 接 她。
　　　　私は彼女を出迎えに行きます。

9) C　A：Gěi nǐ xīn mǎi de qúnzi chuān le ma?
　　　　给 你 新 买 的 裙子 穿 了 吗?
　　　　新しくあなたに買ってあげたスカートははきましたか？
　　　B：Chuān guo le, dàxiǎo zhèng héshì.
　　　　穿（过）了, 大小 正 合适。
　　　　はいたら、大きさがぴったりでした。

10) D　A：Yàoshi nǐ kǎoshì yībǎifēn, wǒmen jiù qù chī dàngāo.
　　　　（要是）你 考试 100分, 我们 就 去 吃 蛋糕。
　　　　もしテストが100点だったら、私たちはケーキを食べに行きましょう。
　　　B：Zhēn de ma? wǒ huì rènzhēn xuéxí de.
　　　　真 的 吗? 我 会 认真 学习 的。
　　　　本当ですか？私はまじめに勉強します。

3 読解問題（第3部分）

1) **C**
<ruby>下<rt>Xià</rt></ruby> <ruby>星期<rt>xīngqī</rt></ruby> <ruby>我<rt>wǒ</rt></ruby> <ruby>准备<rt>zhǔnbèi</rt></ruby> <ruby>和<rt>hé</rt></ruby> <ruby>同学<rt>tóngxué</rt></ruby> <ruby>去<rt>qù</rt></ruby> <ruby>北京<rt>Běijīng</rt></ruby> <ruby>爬山<rt>páshān</rt></ruby>。<ruby>我<rt>Wǒ</rt></ruby> <ruby>已经<rt>yǐjīng</rt></ruby> <ruby>去<rt>qù</rt></ruby> <ruby>了<rt>le</rt></ruby> <ruby>五次<rt>wǔ cì</rt></ruby> <ruby>北京<rt>Běijīng</rt></ruby> <ruby>了<rt>le</rt></ruby>，<ruby>但<rt>dàn</rt></ruby> <ruby>还<rt>hái</rt></ruby> <ruby>没<rt>méi</rt></ruby> <ruby>爬过<rt>páguo</rt></ruby> <ruby>北京<rt>Běijīng</rt></ruby> <ruby>的<rt>de</rt></ruby> <ruby>山<rt>shān</rt></ruby>，<ruby>所以<rt>suǒyǐ</rt></ruby> <ruby>我<rt>wǒ</rt></ruby> <ruby>觉得<rt>juéde</rt></ruby> <ruby>很<rt>hěn</rt></ruby> <ruby>兴奋<rt>xīngfèn</rt></ruby>。

来週私は同級生と北京へ山登りに行くつもりです。私はすでに5回北京へ行きましたが、まだ北京の山に登ったことがありませんので、とても興奮しています。

★ <ruby>他<rt>Tā</rt></ruby> <ruby>这次<rt>zhècì</rt></ruby> <ruby>是<rt>shì</rt></ruby> <ruby>第<rt>dì</rt></ruby> <ruby>几<rt>jǐ</rt></ruby> <ruby>次<rt>cì</rt></ruby> <ruby>去<rt>qù</rt></ruby> <ruby>北京<rt>Běijīng</rt></ruby>？
彼が北京へ行くのは今回何回目ですか？

A <ruby>第一次<rt>dì yīcì</rt></ruby>　　B <ruby>第五次<rt>dì wǔcì</rt></ruby>　　C <ruby>第六次<rt>dì liùcì</rt></ruby>
1回目　　　　5回目　　　　6回目

2) **A**
<ruby>昨天<rt>Zuótiān</rt></ruby> <ruby>我<rt>wǒ</rt></ruby> <ruby>在<rt>zài</rt></ruby> <ruby>第一<rt>dìyī</rt></ruby> <ruby>超市<rt>chāoshì</rt></ruby> <ruby>看到<rt>kàndào</rt></ruby> <ruby>一箱<rt>yìxiāng</rt></ruby> <ruby>牛奶<rt>niúnǎi</rt></ruby> <ruby>20<rt>èrshí</rt></ruby> <ruby>元<rt>yuán</rt></ruby>，<ruby>后来<rt>hòulái</rt></ruby> <ruby>又<rt>yòu</rt></ruby> <ruby>在<rt>zài</rt></ruby> <ruby>第二<rt>dì'èr</rt></ruby> <ruby>超市<rt>chāoshì</rt></ruby> <ruby>看到<rt>kàndào</rt></ruby> <ruby>牛奶<rt>niúnǎi</rt></ruby> <ruby>一箱<rt>yìxiāng</rt></ruby> <ruby>卖<rt>mài</rt></ruby> <ruby>15<rt>shíwǔ</rt></ruby> <ruby>元<rt>yuán</rt></ruby>。<ruby>所以<rt>Suǒyǐ</rt></ruby> <ruby>我<rt>wǒ</rt></ruby> <ruby>选择<rt>xuǎnzé</rt></ruby> <ruby>在<rt>zài</rt></ruby> <ruby>第二<rt>dì'èr</rt></ruby> <ruby>超市<rt>chāoshì</rt></ruby> <ruby>买<rt>mǎi</rt></ruby> <ruby>了<rt>le</rt></ruby> <ruby>两箱<rt>liǎngxiāng</rt></ruby> <ruby>牛奶<rt>niúnǎi</rt></ruby>。

昨日私は第一スーパーで1箱の牛乳が20元なのを見て、その後また、第二スーパーで牛乳が1箱15元で売っているのを見ました。そこで私は第二スーパーで牛乳を2箱買うことを選びました。

★ <ruby>他<rt>Tā</rt></ruby> <ruby>昨天<rt>zuótiān</rt></ruby> <ruby>买<rt>mǎi</rt></ruby> <ruby>牛奶<rt>niúnǎi</rt></ruby> <ruby>花了<rt>huāle</rt></ruby> <ruby>多少<rt>duōshǎo</rt></ruby> <ruby>钱<rt>qián</rt></ruby>？
彼は昨日牛乳にいくら使いましたか？

A <ruby>30元<rt>sānshí yuán</rt></ruby>　　B <ruby>35元<rt>sānshíwǔ yuán</rt></ruby>　　C <ruby>50元<rt>wǔshí yuán</rt></ruby>
30元　　　　35元　　　　50元

3) **B**
<ruby>快要<rt>Kuàiyào</rt></ruby> <ruby>开会<rt>kāi huì</rt></ruby> <ruby>了<rt>le</rt></ruby>，<ruby>我们<rt>wǒmen</rt></ruby> <ruby>快点儿<rt>kuài diǎnr</rt></ruby> <ruby>去<rt>qù</rt></ruby> <ruby>吧<rt>ba</rt></ruby>。<ruby>今天<rt>Jīntiān</rt></ruby> <ruby>的<rt>de</rt></ruby> <ruby>会议<rt>huìyì</rt></ruby> <ruby>很<rt>hěn</rt></ruby> <ruby>重要<rt>zhòngyào</rt></ruby>，<ruby>关系<rt>guānxi</rt></ruby> <ruby>到<rt>dào</rt></ruby> <ruby>公司<rt>gōngsī</rt></ruby> <ruby>的<rt>de</rt></ruby> <ruby>将来<rt>jiānglái</rt></ruby>，<ruby>也<rt>yě</rt></ruby> <ruby>关系<rt>guānxi</rt></ruby> <ruby>到<rt>dào</rt></ruby> <ruby>我们<rt>wǒmen</rt></ruby> <ruby>能<rt>néng</rt></ruby> <ruby>拿<rt>ná</rt></ruby> <ruby>多少<rt>duōshǎo</rt></ruby> <ruby>工资<rt>gōngzī</rt></ruby>，<ruby>所以<rt>suǒyǐ</rt></ruby> <ruby>一定<rt>yídìng</rt></ruby> <ruby>得<rt>děi</rt></ruby> <ruby>去<rt>qù</rt></ruby> <ruby>参加<rt>cānjiā</rt></ruby>。

もうすぐ会議です。私たちは早く行きましょう。今日の会議はとても重要で、会社の将来に関係があります。また私たちがいくら給料をもらえるかにも関わっているので、必ず参加しなければなりません。

Part 8〜9　解答

Tāmen zhǔnbèi zuò shénme?
★ 他们 准备 做 什么?
彼らは何をするつもりですか?

qù ná gōngzī　　　　　　qù kāihuì　　　　qù cānjiā yùndònghuì
A 去 拿 工资　　　B 去 开会　C 去 参加 运动会
給料をもらいに行く　　　会議に行く　　　スポーツ大会に参加しに行く

4) B
Nǐ hái zài gōngzuò ma? Wàimiàn xiàqǐ yǔlái le, sǎn dàizhe ne ma?
你 还 在 工作 吗? 外面 下起 雨来 了, 伞 带着 呢 吗?
Xūyào wǒ kāichē qù jiē nǐ de huà, jiù gěi wǒ dǎ diànhuà ba.
需要 我 开车 去 接 你 的 话, 就 给 我 打 电话 吧。
あなたはまだ仕事ですか?外は雨が降り出しましたが、傘を持っていますか?私が車であなたを迎えに行く必要があれば、私に電話をしてください。

Xiàmiàn nǎ jù huà shì duì de?
★ 下面 哪 句 话 是 对 的?
下の文でどれが正しいですか?

tā yào qù jiē rén　　　　　　　　　　wàimiàn zài xià yǔ
A 他 要 去 接 人　　　　　　　B 外面 在 下 雨
彼は人を迎えに行かなければならない　　外は雨が降っている

shuōhuà rén zài gōngzuò
C 说话 人 在 工作
話している人は仕事をしている

5) B
Wǒ zhǔnbèi huàn gōngzuò le. Yīnwèi xiànzài de gōngsī búdàn gōngzī bù
我 准备 换 工作 了。因为 现在 的 公司 不但 工资 不
gāo, érqiě gōngzuò huánjìng yě bútài hǎo. Dànshì māma bù tóngyì wǒ
高, 而且 工作 环境 也 不太 好。但是 妈妈 不 同意 我
huàn gōngzuò, tā shuō zài nǎr shàngbān dōu shì yíyàng de.
换 工作, 她 说 在 哪儿 上班 都 是 一样 的。
私は仕事をかえるつもりです。今の会社は給料が高くないばかりか仕事の環境もあまりよくありません。しかし、母は私の転職に反対で、彼女はどこでも仕事は同じだと言うのです。

Guānyú shuōhuà rén, xiàmiàn nǎ jù huà shì duì de?
★ 关于 说话 人, 下面 哪 句 话 是 对 的?
話している人について、下の文でどれが正しいですか?

huàn le xīn gōngzuò　　　　juéde xiànzài de gōngzī dī
A 换 了 新 工作　　　B 觉得 现在 的 工资 低
新しく仕事をかえた　　　　今の給料は低いと思っている

tā māma bù tóngyì tā shàngbān
C 他 妈妈 不 同意 他 上班
彼のお母さんは彼が仕事をすることに反対である

三、书　写

1　書き取り問題（第1部分）

1) <small>XiǎoMíng xiǎng yìbiān tīng yīnyuè yìbiān fùxí.</small>
小 明 想 一边 听 音乐 一边 复习。
小明は音楽を聞きながら復習をしたがっています。

<small>XiǎoMíng xiǎng yìbiān fùxí. yìbiān tīng yīnyuè</small>
小 明 想 一边 复习 一边 听 音乐。
小明は復習をしながら音楽を聞きたがっています。

2) <small>Zhāng lǎoshī méi zài shàngkè ne.</small>
张 老师 没 在 上课 呢。
張先生は今授業をしていません。

3) <small>Gēge yòngzhe wǒ de diànnǎo ne.</small>
哥哥 用着 我 的 电脑 呢。
兄は私のコンピューターを使っています。

4) <small>Rúguǒ shēntǐ bù shūfu, jiù qù yīyuàn ba.</small>
如果 身体 不 舒服, 就 去 医院 吧。
もし体の調子が悪ければ、病院へ行ってください。

5) <small>Wǒmen yǐjīng diǎn guo cài le.</small>
我们 已经 点 过 菜 了。
私たちはすでに料理の注文をしました。

2　書き取り問題（第2部分）

1) <small>Míngming yíhuìr pǎo chūlai, yíhuìr yòu pǎo chūqu.</small>
明明 (一)会儿 跑 出来, (一)会儿 又 跑 出去。
明明は走ってきたり、走っていったりしました。

2) <small>Lǎoshī yìlái, dàjiā jiù dōu bù shuōhuà le.</small>
老师 一来, 大家 (就) 都 不 说话 了。
先生がいらっしゃると、みんなは話をしなくなりました。

3) <small>Měitiān zǎoshang wǒ dōu qù pǎobù huòzhě dǎ qiú.</small>
每天 早上 我 都 去 跑步 (或者) 打 球。
毎朝私はジョギングに行くか球技をします。

4) <small>Zhèjiàn yīfu kàn zhe zhēn piàoliang.</small>
这件 衣服 看 (着) 真 漂亮。
この服は見たところ本当にきれいです。

5) <small>Wǒ méi chuānguo zhèzhǒng xié.</small>
我 没 穿 (过) 这种 鞋。
私はこの様な靴を履いたことがありません。

模擬問題

一、听 力

第一部分

第 1-5 题

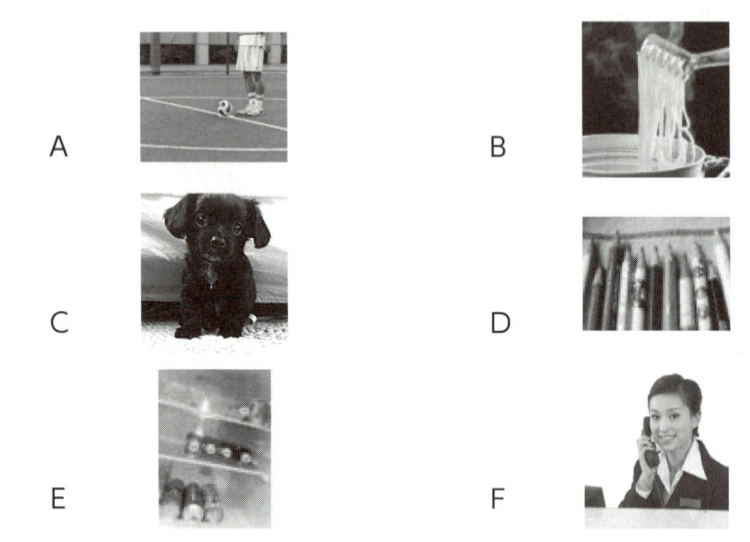

A [图片]

B [图片]

C [图片]

D [图片]

E [图片]

F [图片]

例如：男：喂，请问张经理在吗？

女：他正在开会，您半个小时以后再打，好吗？ F

1.

2.

3.

4.

5.

第 6-10 题

A
B
C
D
E

6.

7.

8.

9.

10.

第二部分

第 11-20 题

例如：为了让自己更健康，他每天都花一个小时去锻炼身体。

　　　　★ 他希望自己很健康。　　　　　　　（ ✓ ）

　　今天我想早点儿回家。看了看手表，才5点。过了一会儿再看表，还是5点，我这才发现我的手表不走了。

　　　　★ 那块儿手表不是他的。　　　　　　（ × ）

11. ★ 王明只会说日语。　　　　　　　　　（　）

12. ★ 现在是晚上。　　　　　　　　　　　（　）

13. ★ 他可能是学生。　　　　　　　　　　（　）

14. ★ 他怕热。　　　　　　　　　　　　　（　）

15. ★ 学生不需要学习。　　　　　　　　　（　）

16. ★ 赵校长30多岁。　　　　　　　　　　（　）

17. ★ 他们没找到北京大学。　　　　　　　（　）

18. ★ 笑笑可能在看电视。　　　　　　　　（　）

19. ★ 他在学习数学。　　　　　　　　　　（　）

20. ★ 小李还没结婚。　　　　　　　　　　（　）

第三部分

第 21-30 题

例如：男：小王，帮我开一下门，好吗？谢谢！
　　　女：没问题。您去超市了？买了这么多东西。
　　　男：男的想让小王做什么？

　　　A 开门 ✓　　　　B 拿东西　　　　　C 去超市买东西

21. A 去医院　　　　B 去超市　　　　　C 去图书馆
22. A 女的出去了　　B 男的刚才没在教室里
    C 男的要参加运动会
23. A 要送女的回家　B 想喝酒　　　　　C 今天不可以开车
24. A 怕黑　　　　　B 想一个人睡觉　　C 不想睡这么早
25. A 没看见小刘　　B 小刘出去了　　　C 没看见是不是小刘
26. A 不想结婚　　　B 不结婚　　　　　C 没结婚
27. A 男的想买手表　　　　　　　　　　B 男的在找东西
    C 男的很忙
28. A 男人的　　　　B 李老师的　　　　C 女人的
29. A 说话慢　　　　B 喜欢说话　　　　C 不满意自己的说话
30. A 要去公司　　　B 想去公司　　　　C 跟女的一起去公司

第四部分

第 31-40 题

例如：女：晚饭做好了，准备吃饭了。
　　　男：等一会儿，比赛还有三分钟就结束了。
　　　女：快点儿吧，一起吃，菜冷了就不好吃了。
　　　男：你先吃，我马上就看完了。
　　　问：男的在做什么？

　　　A 洗澡　　　　　　B 吃饭　　　　C 看电视 ✓

31. A 不想做运动　　　B 觉得很饿　　C 还是胖

32. A 刷过牙了　　　　B 正在刷牙　　C 还没有刷牙

33. A 不会说那句话　　B 不会说话　　C 被爸爸说了

34. A 画得比男的好　　B 学过画画儿　C 不太喜欢画画儿

35. A 妈妈不让他们玩儿　B 他们在玩儿　C 妈妈不在家

36. A 女的让人检查手表呢　　　B 手机让弟弟玩儿坏了
　　C 弟弟的手表被用了

37. A 二十六岁　　　　B 二十七岁　　C 二十八岁

38. A 女的没太认真看作文　　　B 男的没写作文
　　C 男的作文写得太差

39. A 不习惯很忙的学习生活　　B 喜欢在中国生活
　　C 已经不在北京学习汉语了

40. A 女的手机坏了　　　　　　B 男的回信了
　　C 女的不太会用新手机

二、阅 读

第一部分

第 41 - 45 题

A 他为了完成工作、每天去公司太累了。

B 除了一个题不会做以外，其他的都回答了。

C 正为哥哥工作的事头疼呢。

D 还没做好呢，再等等。还有 15 分钟。

E 当然。我们先坐公共汽车，然后换地铁。

F 被妈妈放到门口了。很漂亮。

例如：你知道怎么去那儿吗？　　　　　　E

41. 昨天买的花呢？

42. 午饭做好了吗？我都饿了。

43. 妈妈怎么了？

44. 听说小刘病倒了。

45. 今天考试考得怎么样？

第 46 - 50 题

A 因为昨天走了一天的路，我腿疼。

B 当然可以。现在很便宜。

C 王经理在里面吗？我有事，能进去吗？

D 快十一点了。你得马上走了。

E 真的，什么时候练习的？

46. 妈妈，我已经会骑自行车了。

47. 里面正开会呢，现在不能进去。

48. 我可以试一下这条裤子吗？

49. 你为什么不愿意去运动？

50. 带表了吗？几点了？

第二部分

第 51-55 题

A 起来　　B 拿错　　C 关于　　D 了　　E 声音　　F 让

例如：她说话的（ E ）多好听啊！

51. （　　）换工作的事，我已经决定了。
52. 我怎么想也没想（　　）他的名字。
53. 弟弟已经吃（　　）三块蛋糕了。
54. 好好检查一下，别（　　）东西了。
55. 妈妈（　　）姐姐打扫厨房。

第 56-60 题

A 或者　　B 要　　C 一　　D 爱好　　E 别　　F 没

例如：A: 你有什么（ D ）？
　　　B: 我喜欢体育。

56. A: 明明，吃完饭去运动吧？
　　B: （　　）考试了，我要复习。

57. A: 听说你去看音乐会了？
　　B: 我（　　）去，是李云云去看的。

58. A: （　　）大声说话，爷爷睡着了。
　　B: 我知道了。

59. A: 看见张天明了吗？
　　B: 他（　　）下课就回家了。

60. A: 周末我们做什么？
　　B: 去唱歌（　　）看电影，怎么样？

第三部分

第 61-70 题

例如：您是来参加今天会议的吗？您来早了一点儿，现在才 8 点半。您先进来坐吧。

　　★ 会议最可能几点开始？

　　A 8点　　　　　B 8点半　　　　　C 9点 ✓

61. 我叫王小明，刚上大学一年级，还有两个月就是我十九岁的生日。我有很多爱好，除了打球，还喜欢唱歌、打游戏、旅游等。我希望能和大家做朋友。

　　★ 关于王小明，我们可以知道什么？

　　A 现在十九岁　　B 不喜欢打球　　　C 是大学生

62. 上星期我在网上买了音乐 CD，今天应该到了。但我从早到晚等了一天也没等到。

　　★ 他怎么了？

　　A 拿到CD了　　B 等着上网　　　　C 买的东西还没送来

63. 小刘，星期天你不用来帮我搬家了。我东西不多，而且你也快要考试了。我自己慢慢地做，没问题的。

　　★ 下面哪句话是对的？

　　A 说话人东西很多　　　　B 说话人希望小刘帮忙
　　C 说话人准备搬家

365

64. 从小到大，很多人都说我聪明。其实我不比别人聪明，只是做什么事都非常认真、所以我很少做错事。

　　★ 他是什么样的人？

　　A 比别人聪明　　B 经常做错事　　C 很认真

65. 云云，你在上海住得惯吗？学习忙不忙？听说这两天上海天气一会儿冷一会儿热，要注意别感冒了。暑假有时间就回来吧。

　　★ 他说什么？

　　A 上海天气很热　B 让云云注意身体　C 不习惯上海的生活

66. 昨晚是好朋友的生日会，我喝了很多啤酒和葡萄酒。回家的路上，我发现我的钱包不见了，是出租车司机帮我找到了钱包，我很感谢他。

　　★ 他怎么了？

　　A 喝多了　　　　B 钱包被司机拿走了　　C 找到司机了

67. 我们大学有很多世界各地的学生。为了帮助学生们的学习，学校准备了电脑，让他们可以自由地使用。

　　★ 下面哪句话是对的？

　　A 他们学校学生很少　　　　B 学生不可以用电脑
　　C 学校让学生努力学习

68. 您找我爸爸是吗？他去公园做运动了，应该很快就要回来了。如果您有时间的话，请进来边喝茶边等他吧。

   ★ 她说什么？

   A 爸爸快回家了   B 爸爸不会马上回来   C 不用等爸爸

69. 妈妈，你有手机吗？我忘记带手机了，我今天要打电话给同事。

   ★ 他怎么了？

   A 正在打电话   B 忘记手机了   C 帮妈妈做事

70. 今天是学生打扫教室的日子，可是我们班的李明现在还没来。他是个很认真的人，不可能不来的。所以我们很担心他是不是出了什么事。

   ★ 关于李明，下面哪句话是对的？

   A 不能来了   B 还没到学校   C 出事了

三、书 写

第一部分

第 71 - 75 题

例如：小船　　上　　一　　河　　条　　有

　　　河上有一条小船。

71. 你儿子 这么 想到 已经 高 了 没 长

72. 能有好成绩 为了 每天 他 很晚 学习到

73. 住的宾馆 公园 很 我们 离 近

74. 这么高 椅子 坐不上去 我 的

75. 地 认真 弟弟 在 写字

第二部分

第 76-80 题

例如：没(关^{guān})系，别难过，高兴点儿。

76. 饭给 (得^{de}) 太多了，我的给你一点儿吧。

77. 别 (让^{ràng}) 孩子们吃太多糖。

78. 这个题我没做 (过^{guo})。

79. 老师 (教^{jiào}) 我学数学。

80. 请 (把^{bǎ}) 行李拿开一下。

模擬問題

一、听力

第1部分

1 正解　C

スクリプト
男：这是我的小狗。这张照片照得好。
女：给我看一看，真可爱！

和訳
男：これは私の子犬です。うまく写真が撮れました。
女：私にちょっと見せてください。本当にかわいいですね！

2 正解　E

スクリプト
女：今天真热。昨天买的果汁呢？
男：在冰箱里放着呢。刚才我喝了一半。

和訳
女：今日は本当に暑いです。昨日買ったジュースは？
男：冷蔵庫の中に置いてありますよ。さっき私が半分飲みました。

3 正解　B

スクリプト
男：我刚才跑了五公里，又累又饿。你在做什么呢？
女：妈妈让我做面条。快好了，再等一会儿。

和訳
男：私は今5キロも走ってきて、とても疲れているし、お腹がすいています。あなたは何をしているところですか？
女：お母さんが私に麺を作らせています。もうすぐできるから、もうちょっと待っていてください。

4 正解　D

スクリプト
女：哪个是你的铅笔？
男：比你的短的那个是我的。

和訳
女：どれがあなたの鉛筆ですか？
男：あなたのより短いあれが私のです。

370

5 正解　A

スクリプト
男：*Zài nā ne? Hái méi dào? Zúqiú bǐsài mǎshàng jiùyào kāishǐ le.*
在 哪 呢？还 没 到？足球 比赛 马上 就要 开始 了。
女：*Háiyǒu jǐ fēnzhōng kāishǐ? Xiànzài zuòshang chūzūchē le, mǎshàng jiù dào.*
还有 几 分钟 开始？现在 坐上 出租车 了，马上 就 到。

和訳
男：どこにいるの？まだ着きませんか？サッカーの試合がまもなく始まります。
女：あと何分で始まりますか？今タクシーに乗りました、もうすぐ着きます。

6 正解　C

スクリプト
女：*Bàba zěnme shēngqì le? Nǐ zuò le shénme huài shì?*
爸爸 怎么 生气 了？你 做 了 什么 坏事？
男：*Wǒ méi zuò. Yīnwèi gōngzuò de shì shēngqì de.*
我 没 做。因为 工作 的 事 生气 的。

和訳
女：お父さんはどうして怒ったの？あなたは何か悪いことをしたのですか？
男：何もしていません。仕事のことのために怒っているのです。

7 正解　A

スクリプト
男：*Lǎoshī, zhège zì xiě de hǎo buhǎo?*
老师，这个 字 写 得 好 不好？
女：*Búcuò. Dànshì zài xiě dà diǎn jiù gèng hǎo le.*
不错。但是 再 写 大 点 就 更 好 了。

和訳
男：先生、この字はうまく書けていますか？
女：すばらしいです。でも、もう少し大きく書いた方がいいですね。

8 正解　E

スクリプト
女：*Qǐng bǎ nàge hóngsè de bāo ná gěi wǒ kànkan.*
请 把 那个 红色 的 包 拿 给 我 看看。
男：*Hǎo de. Nàshuāng huángsè de xiézi yě yào yìqǐ kànkan ma?*
好 的。那双 黄色 的 鞋子 也 要 一起 看看 吗？

和訳
女：あの赤いかばんを私に持って来てちょっと見せてください。
男：了解しました。あの黄色い靴も一緒に見てみたらいかがですか？

371

9 正解　B

スクリプト
男：*Nǐ de liǎn zěnme le? Hǎo hóng, kànshangqu hěn téng.*
　　你 的 脸 怎么 了? 好 红, 看上去 很 疼。
女：*Wǒ bùhǎo, bèi māma dǎ le.*
　　我 不好, 被 妈妈 打 了。

和訳
男：あなたの顔はどうしましたか？赤くて、とても痛そうに見えます。
女：私が悪いんです。お母さんにたたかれました。

10 正解　D

スクリプト
女：*Nǐ qiántiān kàn de nàge diànyǐng hǎo kàn ma?*
　　你 前天 看 的 那个 电影 好 看 吗?
男：*Búcuò, yǒu hěn duō shǐ rén xiào de dìfang.*
　　不错, 有 很 多 使 人 笑 的 地方。

和訳
女：あなたがおととい見たあの映画はよかったですか？
男：すばらしかったです。人を笑わせるところがたくさんありました。

第2部分

11 正解 ×

スクリプト WángMíng de māma shì Zhōngguórén, bàba shì Rìběnrén. Tā zài Zhōngguó zhùguo, yě zài Rìběn zhùguo, suǒyǐ tā huì shuō Hànyǔ hé Rìyǔ.
王明 的 妈妈 是 中国人，爸爸 是 日本人。他 在 中国 住过，也 在 日本 住过，所以 他 会 说 汉语 和 日语。

和 訳 王明は中国人の母と日本人の父をもち、中国にも日本にも住んだことがあるので、中国語と日本語を話すことができます。

問題文 WángMíng zhǐ huì shuō Rìyǔ.
王明 只 会 说 日语。

問題文和訳 王明は日本語しか話せません。

12 正解 ×

スクリプト Tiān biàn de yuèláiyuè hēi le, mǎshàng yào xiàyǔ le, zhōngwǔ qián wǒmen huíqu ba.
天 变 得 越来越 黑 了，马上 要 下雨 了，中午 前 我们 回去 吧。

和 訳 空が次第に暗くなりました。もうすぐ雨が降るだろうから、お昼の前に家に帰りましょう。

問題文 Xiànzài shì wǎnshang.
现在 是 晚上。

問題文和訳 今は夜です。

13 正解 ✓

スクリプト Wǒ hái méi zhǔnbèi hǎo míngtiān shàngxué yòng de dōngxi ne. Lǎoshī shuō yídìng yào dài dìtú lai shàngkè.
我 还 没 准备 好 明天 上学 用 的 东西 呢。老师 说 一定 要 带 地图 来 上课。

和 訳 私はまだ明日の授業で使うものをしっかり準備していません。先生は必ず地図を持ってくるようにと言っていました。

問題文 Tā kěnéng shì xuésheng.
他 可能 是 学生。

問題文和訳 彼はおそらく学生です。

14 正解 ×

スクリプト Cóng xiǎo shíhou tiān yì lěng, wǒ jiù róngyì tóuténg.
从 小 时候，天 一 冷，我 就 容易 头疼。

和 訳 小さい頃から天候が寒くなると、私はすぐに頭が痛くなりやすいです。

問題文 Tā pà rè.
他 怕 热。

問題文和訳 彼は暑がりです。

15 正解 ✕

スクリプト
Tóngxuémen, nǐmen yào měitiān hǎohǎo tīng jiǎng, rènzhēn fùxí hé zuò zuòyè. Hǎohǎo xuéxí jiùshì xuésheng de gōngzuò.
同学们，你们 要 每天 好好 听 讲，认真 复习 和 做 作业。好好 学习 就是 学生 的 工作。

和訳 学生のみなさん、毎日授業をしっかりと聞き、復習や宿題もきちんとやりましょう。しっかり勉強することが学生の仕事です。

問題文
Xuésheng bù xūyào xuéxí.
学生 不 需要 学习。

問題文和訳 学生は勉強する必要がありません。

16 正解 ✕

スクリプト
Zhào xiàozhǎng kànshangqu zhǐyǒu sānshí duō suì, qíshí yǐjīng bù niánqīng le.
赵 校长 看上去 只有 30 多 岁，其实 已经 不 年轻 了。

和訳 趙校長は見たところただ30歳くらいに見えますが、実はもう若くないです。

問題文
Zhào xiàozhǎng sānshí duō suì.
赵 校长 30 多 岁。

問題文和訳 趙校長は30歳くらいです。

17 正解 ✕

スクリプト
Zhèr jiùshì Běijīngdàxué le, kànzhe búxiàng hái dānxīn bú duì ne. Kànlai wǒmen méi zǒu cuò lù.
这儿 就是 北京大学 了，看着 不像 还 担心 不 对 呢。看来 我们 没 走 错 路。

和訳 ここはまさしく北京大学です。それらしくなかったので心配しました。私たちは道を間違えていなかったようです。

問題文
Tāmen méi zhǎodào Běijīngdàxué.
他们 没 找到 北京大学。

問題文和訳 彼らは北京大学を探し出せませんでした。

18 正解 ✓

スクリプト
Nǐ kàn Xiàoxiao kàn de duō rènzhēn, tā zuì xǐhuan yīnyuè jiémù le.
你 看 笑笑 看得多 认真，他 最 喜欢 音乐 节目 了。

和訳 笑笑が何ともまじめに見ているのを見てください、彼は音楽番組が最も好きです。

問題文
Xiàoxiao kěnéng zài kàn diànshì.
笑笑 可能 在 看 电视。

問題文和訳 笑笑はおそらくテレビを見ています。

19 正解 ✓

スクリプト 这个 数学 问题 太 难 了, 我 怎么 也 不 明白！昨天 爸爸 刚 教 完 我。
Zhège shùxué wèntí tài nán le, wǒ zěnme yě bù míngbai! Zuótiān bàba gāng jiāo wán wǒ.

和訳 この数学の問題は難しすぎるので、私はどうしてもわかりません！昨日お父さんに教えてもらったばかりなのに。

問題文 他 在 学习 数学。
Tā zài xuéxí shùxué.

問題文和訳 彼は数学を勉強しています。

20 正解 ✓

スクリプト 除了 小李 和 我 以外，我 大学 同学 都 已经 结婚 了。
Chúle XiǎoLǐ hé wǒ yǐwài, wǒ dàxué tóngxué dōu yǐjīng jiéhūn le.

和訳 李さんと私以外、私の大学の同級生は皆もう結婚しました。

問題文 小李 还 没 结婚。
XiǎoLǐ hái méi jiéhūn.

問題文和訳 李さんはまだ結婚していません。

第3部分

21 正解 C

スクリプト
男：请问 世界 图书馆 怎么 走？
女：从 这儿 向 右 走 一百 米，人民 医院 的 旁边 就是。
问：男的 准备 做 什么？

和訳
男：お尋ねしますが、世界図書館へはどうやって行きますか？
女：ここから右へ100メートル行くと、人民医院の横がそうです。

問題文和訳 男の人は何をするつもりですか？

選択肢 A 去 医院　　B 去 超市　　C 去 图书馆

選択肢和訳 A 病院へ行く　　B スーパーマーケットへ行く　　C 図書館へ行く

22 正解 B

スクリプト
男：教室 里 怎么 有 这么 多 人？
女：大家 都 在 说 关于 运动会 的 事 呢。
问：下面 哪 句 话 是 对 的？

和訳
男：教室にはどうしてこんなにたくさんの人がいるのですか？
女：みんな運動会のことについて話しているのです。

問題文和訳 下の文でどれが正しいですか？

選択肢
A 女 的 出去 了
B 男 的 刚才 没 在 教室 里
C 男 的 要 参加 运动会

選択肢和訳
A 女の人は出て行った
B 男の人は今しがた教室にいなかった
C 男の人は運動会に参加するつもり

23 正解　C

スクリプト
女：Yíhuìr nǐ kāichē sòng wǒ huíqu ba.
　　一会儿 你 开车 送 我 回去 吧。
男：Wǒ hē jiǔ le, bù néng kāichē.
　　我 喝 酒 了, 不 能 开车。
问：Nán de shuō shénme?
　　男 的 说 什么?

和訳
女：しばらくしたら車で私を送って行ってください。
男：私は酒を飲んだので、運転できません。

問題文和訳 男の人は何と言いましたか？

選択肢
A　yào sòng nǚ de huíjiā
　　要 送 女 的 回家
B　xiǎng hē jiǔ
　　想 喝 酒
C　jīntiān bùkěyǐ kāi chē
　　今天 不可以 开 车

選択肢和訳
A　女の人を家に送る
B　お酒を飲みたい
C　今日は運転をしてはいけない

24 正解　A

スクリプト
男：Māma, tiān tài hēi le, wǒ bù gǎn yíge rén shuìjiào!
　　妈妈, 天 太 黑 了, 我 不 敢 一个 人 睡觉!
女：Méishìr, māma zài.
　　没事儿, 妈妈 在。
问：Nán háizi zěnme le?
　　男 孩子 怎么 了?

和訳
男：お母さん、空がとても暗くなったので、私は1人でなんて寝られません!
女：大丈夫。お母さんがいますから。

問題文和訳 男の子はどうしましたか？

選択肢
A　pà hēi
　　怕 黑
B　xiǎng yíge rén shuìjiào
　　想 一个 人 睡觉
C　bù xiǎng shuì zhème zǎo
　　不 想 睡 这么 早

選択肢和訳
A　暗いのを恐れている
B　1人で寝たい
C　こんなに早く寝たくない

25 正解　C

スクリプト
男：刚才走出去的那个人是小刘吗？
女：我没看清。
问：女的说什么？

和訳
男：たった今出て行ったあの人は劉さんですか？
女：私ははっきりと見ていませんでした。

問題文和訳 女の人は何と言いましたか？

選択肢
A　没看见小刘
B　小刘出去了
C　没看见是不是小刘

選択肢和訳
A　劉さんを見かけなかった
B　劉さんは出て行った
C　劉さんかどうかよく見ていなかった

26 正解　C

スクリプト
男：你和男朋友怎么还不结婚？
女：虽然我们想结婚，但是没有钱。
问：关于女的，可以知道：

和訳
男：あなたとボーイフレンドはどうしてまだ結婚しないのですか？
女：私たちは結婚したいのですが、お金がありません。

問題文和訳 女の人についてわかることは：

選択肢　A　不想结婚　B　不结婚　C　没结婚

選択肢和訳　A　結婚したくない　B　結婚しない　C　結婚していない

27 正解 B

スクリプト
女：Nǐ yíhuìr chūqu, yíhuìr jìnlai, zuò shénme ne?
你 一会儿 出去，一会儿 进来，做 什么 呢？
男：Wǒ de shǒujī zhǎobudào le.
我 的 手机 找不到 了。
问：Xiàmiàn nǎ jù huà shì duì de?
下面 哪 句 话 是 对 的？

和訳
女：あなたは出て行ったり入って来たり、何をしているのですか？
男：私の携帯電話が見つからないのです。

問題文和訳
下の文でどれが正しいですか？

選択肢
A　nán de xiǎng mǎi shǒubiǎo
　　男 的 想 买 手表
B　nán de zài zhǎo dōngxi
　　男 的 在 找 东西
C　nán de hěn máng
　　男 的 很 忙

選択肢和訳
A　男の人は腕時計を買おうとしている
B　男の人はものを探している
C　男の人は忙しい

28 正解 B

スクリプト
男：Zhè shì Lǐ lǎoshī ràng wǒ dài gěi nǐ de dìtú.
这 是 李 老师 让 我 带 给 你 的 地图。
女：Xièxie, wǒ zhèng xūyào ne.
谢谢，我 正 需要 呢。
问：Gēnjù zhè duàn huà, kěyǐ zhīdào dìtú shì:
根据 这 段 话，可以 知道 地图 是：

和訳
男：これは李先生が私にあなたへと持たせた地図です。
女：ありがとう。私はちょうど必要でした。

問題文和訳
この話からわかるのは地図は：

選択肢
A　nán rén de
　　男 人 的
B　Lǐ lǎoshī de
　　李 老师 的
C　nǚ rén de
　　女 人 的

選択肢和訳
A　男の人のものである
B　李先生のものである
C　女の人のものである

29 正解　C

スクリプト
男：Māma, wǒ zǒngshì shuō bùhǎo zìjǐ xiǎng shuō de huà.
　　妈妈，我 总是 说 不好 自己 想 说 的 话。
女：Méiguānxi, mànmàn de shuō, biérén huì míngbai de.
　　没关系，慢慢 地 说，别人 会 明白 的。
问：Guānyú nán de, xiàmiàn nǎ jù huà shì duì de?
　　关于 男的，下面 哪 句 话 是 对 的?

和訳
男：お母さん、私はいつも自分の言いたいことをしっかり話せません。
女：大丈夫。ゆっくりと話せばほかの人はわかるでしょう。

問題文和訳　男の人について、下の文でどれが正しいですか？

選択肢
A　shuōhuà màn
　　说话　慢
B　xǐhuán shuōhuà
　　喜欢　说话
C　bù mǎnyì zìjǐ de shuōhuà
　　不 满意 自己 的 说话

選択肢和訳
A　話すのがゆっくりである
B　話をするのが好きである
C　自分の話し方に満足していない

30 正解　A

スクリプト
女：Xīngqītiān yǒu shíjiān ma? Wǒmen yíkuài chūqu ba.
　　星期天 有 时间 吗? 我们 一块 出去 吧。
男：Wǒ yào qù gōngsī cānjiā huìyì.
　　我 要 去 公司 参加 会议。
问：Nán de shuō shénme?
　　男 的 说 什么?

和訳
女：日曜日時間がありますか？私たち一緒に出かけましょう。
男：私は会社へ行き会議に参加しなければなりません。

問題文和訳　男の人は何と言いましたか？

選択肢
A　yào qù gōngsī
　　要 去 公司
B　xiǎng qù gōngsī
　　想 去 公司
C　gēn nǚ de yìqǐ qù gōngsī
　　跟 女 的 一起 去 公司

選択肢和訳
A　会社に行かなければならない
B　会社へ行きたい
C　女の人と一緒に会社へ行く

第4部分

31 正解 C

スクリプト
女：为了 瘦一点，我 做 了 很 多 运动，但是 一点儿 也 没 瘦。
Wèile shòuyìdiǎn, wǒ zuò le hěn duō yùndòng, dànshì yìdiǎnr yě méi shòu.
男：那 你 很 注意 吃 的 吗?
Nà nǐ hěn zhùyì chī de ma?
女：因为 做完 运动 后 觉得 很 饿，吃 得 比 以前 更 多了。
Yīnwèi zuòwán yùndòng hòu juéde hěn è, chī de bǐ yǐqián gèng duōle.
男：所以 你 瘦 不 下来 啊!
Suǒyǐ nǐ shòu bú xiàlai a!
问：女 的 怎么 了?
Nǚ de zěnme le?

和訳
女：ちょっと痩せるために私は多くの運動をしましたが、少しも痩せません。
男：それではあなたは食べるものに注意しましたか？
女：運動をした後お腹がすいたと感じるから、前よりももっと多く食べてしまっています。
男：だから痩せることができないのだよ！

問題文和訳 女の人はどうしましたか？

選択肢
A 不想 做 运动
   bùxiǎng zuò yùndòng
B 觉得 很 饿
   juéde hěn è
C 还是 胖
   háishi pàng

選択肢和訳
A 運動をしたくない
B とてもお腹がすいた
C まだ太っている

32 正解 C

スクリプト
女：吃完 了 就 刷牙 吧。
Chīwán le jiù shuāyá ba.
男：知道 了，妈妈。
Zhīdào le, māma.
女：我 想 起来 了，还有 水果 没 吃 呢。
Wǒ xiǎng qilai le, háiyǒu shuǐguǒ méi chī ne.
男：太 好 了，现在 不用 刷牙 了。
Tài hǎo le, xiànzài búyòng shuāyá le.
问：关于 男 的，下面 哪 句 话 是 对 的?
Guānyú nán de, xiàmiàn nǎ jù huà shì duì de?

和訳
女：食べ終わったら歯を磨きましょう。
男：わかりました、お母さん。
女：思い出しました。まだ果物を食べていませんでしたね。
男：いいですね。今歯を磨く必要がなくなりましたね。

問題文和訳 男の子について、下の文でどれが正しいですか？

選択肢
A 刷过 牙 了
   shuāguo yá le
B 正在 刷牙
   zhènzài shuāyá
C 还没有 刷牙
   háiméiyǒu shuāyá

選択肢和訳
A 歯を磨いた
B 今歯磨きをしている
C まだ歯磨きをしていない

33 正解 C

スクリプト

男：云云，你知道自己错在哪儿了吗？
女：我不应该说那句话。
男：知道就好，下次别这样了。
女：谢谢爸爸。
问：女的怎么了？

和訳

男：雲雲、自分がどこが悪かったかわかりますか？
女：私はその話を言うべきではないです。
男：わかっていればいい、次はこのようにしないように。
女：ありがとう、お父さん。

問題文和訳 女の人はどうしましたか？

選択肢
A 不会说那句话
B 不会说话
C 被爸爸说了

選択肢和訳
A その話ができない
B 話すことができない
C お父さんに注意された

34 正解 B

スクリプト

男：你画儿画得比我好多了。
女：你太客气了。
男：你一定很喜欢画画儿吧？
女：是的，我学过两年。
问：女的说什么？

和訳

男：あなたが描いた絵は私よりずっとよく描けています。
女：買いかぶりすぎですよ。
男：あなたはきっと絵を描くのが好きなのでしょう？
女：そうです。私は2年学びました。

問題文和訳 女の人は何と言いましたか？

選択肢
A 画得比男的好
B 学过画画儿
C 不太喜欢画画儿

選択肢和訳
A 男の人より絵を描くのがうまい
B 絵を描くことを学んだことがある
C 絵を描くのがあまり好きではない

35 正解 C

スクリプト

女：笑笑，你在做什么呢？
Xiàoxiao, nǐ zài zuò shénme ne?
男：打游戏，你也来玩儿吧。
Dǎ yóuxì, nǐ yě lái wánr ba.
女：妈妈叫我们写完作业再玩儿。
Māma jiào wǒmen xiěwán zuòyè zài wánr.
男：没事儿，妈妈还没回来呢。
Méishìr, māma hái méi huílai ne.
问：根据这段话，可以知道什么？
Gēnjù zhè duàn huà, kěyǐ zhīdào shénme?

和訳

女：笑笑、何をしているの？
男：ゲームをしています。あなたも来て遊びましょう。
女：お母さんが私たちに宿題をしてから遊ぶようにって言っているでしょう。
男：大丈夫。お母さんはまだ帰って来ていませんよ。

問題文和訳 この話から何がわかりますか？

選択肢
A 妈妈不让他们玩儿
　 māma bú ràng tāmen wánr
B 他们在玩儿
　 tāmen zài wánr
C 妈妈不在家
　 māma bú zài jiā

選択肢和訳
A お母さんは彼らを遊ばせない
B 彼らは遊んでいる
C お母さんは家にいない

36 正解 A

スクリプト

男：大家都说你的电子手表可爱呢。
Dàjiā dōu shuō nǐ de diànzǐ shǒubiǎo kě'ài ne.
女：那块手表吗？被我弟弟玩儿坏了！
Nà kuài shǒubiǎo ma? Bèi wǒ dìdi wánr huàile!
男：还能用吗？
Hái néng yòng ma?
女：不知道，现在让人检查呢。
Bù zhīdào, xiànzài ràng rén jiǎnchá ne.
问：下面哪句话是对的？
Xiàmiàn nǎ jù huà shì duì de?

和訳

男：みんなあなたの電子時計をかわいいと言っていますよ。
女：あの時計？弟に遊んで壊されてしまったのよ！
男：まだ使えますか？
女：わかりません。今調べさせているところです。

問題文和訳 下の文でどれが正しいですか？

選択肢
A 女的让人检查手表呢
　 nǚ de ràng rén jiǎnchá shǒubiǎo ne
B 手机让弟弟玩儿坏了
　 shǒujī ràng dìdi wánr huàile
C 弟弟的手表被用了
　 dìdi de shǒubiǎo bèi yòng le

選択肢和訳
A 女の人は時計を調べさせている
B 携帯電話は弟に遊んで壊された
C 弟の腕時計は使われている

383

37 正解　C

スクリプト
女：你 跟 张明 生日 同 一年 吗？
男：不 是，他 没有 我 大，我们 差 两 岁。
女：那 他 今年 二十五 岁 吧？
男：不，是 二十六 岁。
问：男 的 今年 多大？

和訳
女：あなたは張明と同じ年に生まれたのですか？
男：彼は私ほど年齢が高くありません。私たちは２歳違いです。
女：それでは、彼は今年25歳でしょう？
男：いいえ、26歳です。

問題文和訳　男の人は今年何歳ですか？

選択肢　A 二十六 岁　B 二十七 岁　C 二十八 岁

選択肢和訳　A 26歳　B 27歳　C 28歳

38 正解　A

スクリプト
男：你 觉得 我 写 的 汉语 作文 怎么样？
女：我 看了看，不错，但 错 字 太 多。
男：是吗？除了 错字 以外，还有 奇怪 的 地方 吗？
女：不知道，有 时间 我 再 认真 看看。
问：根据 这 段 话，可以 知道：

和訳
男：私が書いた中国語の作文をどう思いますか？
女：私はちょっと見てみたけれど、すばらしい。でも誤字がとても多いですね。
男：そうですか？誤字以外におかしなところはありますか？
女：わかりません。時間がある時にまたしっかり見てみましょう。

問題文和訳　この話からわかることは：

選択肢
A 女 的 没 太 认真 看 作文
B 男 的 没 写 作文
C 男 的 作文 写 得 太 差

選択肢和訳
A 女の人はまだ真剣に作文を見ていない
B 男の人は作文を書いていない
C 男の人の作文は下手すぎる

39 正解 B

スクリプト

女：Hǎojiǔ bújiàn, zuìjìn máng shénme ne?
好久 不见，最近 忙 什么 呢?
男：Wǒ zài Běijīng xuéxí Hànyǔ ne, hěn shǎo huí Rìběn.
我 在 北京 学习 汉语 呢，很 少 回 日本。
女：Tīng shuō zài Zhōngguó xuéxí hěn lèi hěn máng, néng xíguàn ma?
听说 在 中国 学习 很累很 忙，能 习惯 吗?
男：Méi wèntí. Suīrán xuéxí hěn máng, dànshì hěn kuàilè.
没 问题。虽然 学习 很 忙，但是 很 快乐。
问：Guānyú nán de, xiàmiàn nǎ jù huà shì duì de?
关于 男 的，下面 哪 句 话 是 对 的?

和訳

女：お久しぶりです。最近何が忙しいの？
男：私は北京で中国語を勉強しているので日本に少ししか帰れません。
女：聞いたところによると、中国での勉強は忙しいそうですが、慣れましたか？
男：大丈夫です。勉強は忙しいですが、楽しく過ごしています。

問題文和訳 男の人について、次の文でどれが正しいですか？

選択肢
A 不习惯 很 忙 的学习 生活
　bù xíguàn hěn máng de xuéxí shēnghuó
B 喜欢 在 中国 生活
　xǐhuan zài Zhōngguó shēnghuó
C 已经 不 在 北京 学习 汉语 了
　yǐjīng bú zài Běijīng xuéxí Hànyǔ le

選択肢和訳
A 忙しい勉強生活に慣れていない
B 中国での生活が好き
C もう北京で留学していない

40 正解 C

スクリプト

男：Gěi nǐ shǒujī fā yóujiàn le, shōudào le ma?
给 你 手机 发 邮件 了，收到 了 吗?
女：Shì zuówǎn de ba, kàn le.
是 昨晚 的 吧，看 了。
男：Nà zěnme méi huí xìn ne?
那 怎么 没 回 信 呢?
女：Shǒujī gānggāng xīn huàn le, hái yòng bùhǎo ne.
手机 刚刚 新 换 了，还 用 不好 呢。
问：Gēnjù zhè duàn huà, kěyǐ zhīdào:
根据 这 段 话，可以 知道:

和訳

男：あなたの携帯にメールを送りました。受け取りましたか？
女：昨晩のでしょう。見ましたよ。
男：ならどうして返事をくれないの？
女：携帯電話を新しく変えたばかりで、まだうまく使えないのよ。

問題文和訳 この話からわかることは:

選択肢
A 女 的 手机 坏了
　nǚ de shǒujī huàile
B 男 的 回 信 了
　nán de huí xìn le
C 女 的 不太 会 用 新 手机
　nǚ de bútài huì yòng xīn shǒujī

選択肢和訳
A 女の人の携帯電話は壊れた
B 男の人は返事を返した
C 女の人は新しい携帯電話をあまり使うことができない

模擬問題 二、阅读

第1部分

41 正解 F
Zuótiān mǎi de huā ne?
昨天 买 的 花 呢?

Bèi māma fàngdào ménkǒu le. Hěn piàoliàng.
被 妈妈 放到 门口 了。很 漂亮。

和訳 昨日買った花は？
お母さんがドアの所に置きました。とてもきれいです。

42 正解 D
Wǔfàn zuò hǎo le ma? Wǒ dōu è le.
午饭 做 好 了 吗? 我 都 饿 了。

Hái méi zuò hǎo ne, zài děngdeng. Háiyǒu shíwǔ fēnzhōng.
还 没 做 好 呢, 再 等等。还有 15 分钟。

和訳 昼ご飯は作り終わりましたか？私はもうお腹がすきました。
まだできていません。もう少し待ってください。あと15分です。

43 正解 C
Māma zěnme le?
妈妈 怎么 了?

Zhèng wèi gēge gōngzuò de shì tóuténg ne.
正 为 哥哥 工作 的 事 头疼 呢。

和訳 お母さんはどうしましたか？
ちょうどお兄さんの仕事のことで頭を痛めています。

44 正解 A
Tīngshuō Xiǎo Liú bìng dǎo le.
听说 小 刘 病 倒 了。

Tā wèile wánchéng gōngzuò, měitiān qù gōngsī tài lèi le.
他 为了 完成 工作, 每天 去 公司 太 累 了。

和訳 聞いたところによると劉さんは病気で倒れたそうですね。
彼は仕事を完成させるために、毎日会社へ行ってとても疲れてしまいました。

45 正解 B
Jīntiān kǎoshì kǎo de zěnmeyàng?
今天 考试 考 得 怎么样？

Chúle yíge tí wǒ búhuì zuò yīwài, qítā de dōu zuò le.
除了 一个 题 我 不会 做 以外, 其他 的 都 做 了。

和訳 今日の試験はどうでしたか？
ひとつの問題ができなかったこと以外はみんな答えました。

46 正解 E

Māma, wǒ yǐjīng huì qí zìxíngchē le.
妈妈, 我 已经 会 骑 自行车 了。

Zhēn de, shénme shíhou liànxí de?
真 的, 什么 时候 练习 的?

和訳 お母さん、私はすでに自転車に乗れるようになりました。

本当、いつの間に練習したの？

47 正解 C

Wáng jīnglǐ zài lǐmiàn ma? Wǒ yǒu shì, néng jìnqu ma?
王 经理 在 里面 吗? 我 有 事, 能 进去 吗?

Lǐmiàn zhèng kāi huì ne, xiànzài bùnéng jìnqu.
里面 正 开 会 呢, 现在 不能 进去。

和訳 王社長は中ですか？用事があるので、入ってもいいですか？

中ではちょうど会議をしているところです。今は入ることができません。

48 正解 B

Wǒ kěyǐ shì yíxià zhètiáo kùzi ma?
我 可以 试 一下 这条 裤子 吗?

Dāngrán kěyǐ. Xiànzài hěn piányi.
当然 可以。现在 很 便宜。

和訳 私はこのズボンを試着してもいいですか？

もちろんいいですよ。今、とても安くなっていますよ。

49 正解 A

Nǐ wèishénme bú yuànyi qù yùndòng?
你 为什么 不 愿意 去 运动?

Yīnwèi zuótiān zǒule yìtiān de lù, wǒ tuǐ téng.
因为 昨天 走了 一天 的 路, 我 腿 疼。

和訳 あなたはどうして運動しに行きたがらないのですか？

私は昨日1日中歩いて、足が痛いからです。

50 正解 D

Dài biǎo le ma? Jǐ diǎn le?
带 表 了 吗? 几 点 了?

Kuài shíyī diǎn le. Nǐ děi mǎshàng zǒule.
快 十一 点 了。你 得 马上 走了。

和訳 腕時計をしてきましたか？何時ですか？

もうすぐ11時です。あなたはもうすぐ出かけないといけません。

第2部分

51 正解 C　(关于) 换 工作 的 事，我 已经 决定 了。
Guānyú huàn gōngzuò de shì, wǒ yǐjīng juédìng le.

> **和訳** 仕事を変えることについて、私はすでに決めました。

52 正解 A　我 怎么 想 也 没 想 (起来) 他 的 名字。
Wǒ zěnme xiǎng yě méi xiǎng qilai tā de míngzi.

> **和訳** 私はどう考えても彼の名前が思い出せません。

53 正解 D　弟弟 已经 吃 (了) 三 块 蛋糕 了。
Dìdi yǐjīng chī le sān kuài dàngāo le.

> **和訳** 弟はすでに3切れのケーキを食べました。

54 正解 B　好好 检查 一下，别 (拿错) 东西 了。
Hǎohao jiǎnchá yíxià, bié nácuò dōngxi le.

> **和訳** しっかり確認をして、ものを間違えて持っていかないでね。

55 正解 F　妈妈 (让) 姐姐 打扫 厨房。
Māma ràng jiějie dǎsǎo chúfáng.

> **和訳** お母さんはお姉さんに台所を掃除させました。

56 正解 B　A：Míngming, chīwán fàn qù yùndòng ba?
明明，吃完饭 去 运动 吧？

B：Yào kǎoshì le, wǒ yào fùxí.
（要）考试 了，我 要 复习。

和訳　A：明明、ご飯を食べたら運動しに行きましょう？

B：もうすぐ試験ですから、私は復習をしなければなりません。

57 正解 F　A：Tīngshuō nǐ qù kàn yīnyuèhuì le?
听说 你 去 看 音乐会 了？

B：Wǒ méi qù, shì LǐYúnyun qù kàn de.
我（没）去，是 李云云 去 看 的。

和訳　A：聞いたところによると、あなたはコンサートを見に行ったのですよね？

B：私は行っていません。李雲雲が見に行ったのです。

58 正解 E　A：Bié dàshēng shuōhuà, yéye shuìzháo le.
（别）大声 说话，爷爷 睡着 了。

B：Wǒ zhīdào le.
我 知道 了。

和訳　A：大声で話をしないで、おじいさんが寝ていますから。

B：わかりました。

59 正解 C　A：Kànjiàn ZhāngTiānmíng le ma?
看见 张天明 了 吗？

B：Tā yí xiàkè jiù huíjiā le.
他（一）下课 就 回家 了。

和訳　A：張天明さんを見かけましたか？

B：彼は授業が終わるとすぐ家に帰りました。

60 正解 A　A：Zhōumò wǒmen zuò shénme?
周末 我们 做 什么？

B：Qù chàng gē huòzhě kàn diànyǐng, zěnmeyàng?
去 唱 歌（或者）看 电影，怎么样？

和訳　A：週末私たちは何をしますか？

B：歌を歌いに行くかあるいは映画を見に行くのは、どうですか？

第3部分

61 正解 C

Wǒ jiào WángXiǎoMíng, gāng shàng dàxué yì niánjí, háiyǒu liǎng ge yuè jiùshì wǒ shíjiǔ suì de shēngrì. Wǒ yǒu hěn duō àihào, chúle dǎ qiú, hái xǐhuan chàng gē, dǎ yóuxì, lǚyóu děng. Wǒ xīwàng néng hé dàjiā zuò péngyou.

我叫王小明，刚上大学一年级，还有两个月就是我十九岁的生日。我有很多爱好，除了打球，还喜欢唱歌，打游戏，旅游等。我希望能和大家做朋友。

和訳 私は王小明と申します。ちょうど大学1年生になったばかりで、あと2か月で19歳の誕生日です。私はたくさんの趣味がありますが、球技のほか、歌を歌うこと、ゲームをすること、旅行をすることなどが好きです。私はみなさんと友達になりたいです。

問題文 Guānyú WángXiǎoMíng, wǒmen kěyǐ zhīdào shénme?
关于王小明，我们可以知道什么？

問題文和訳 王小明について、私たちは何を知ることができますか？

選択肢
A 现在十九岁   B 不喜欢打球   C 是大学生
　　xiànzài shíjiǔ suì　　　bù xǐhuan dǎ qiú　　　shì dàxuéshēng

選択肢和訳 A 今19歳である　B 球技が好きではない　C 大学生である

62 正解 C

Shàng xīngqī wǒ zài wǎngshàng mǎi le yīnyuè CD, jīntiān yīnggāi dào le. Dàn wǒ cóng zǎo dào wǎn děng le yìtiān yě méi děng dào.

上星期我在网上买了音乐CD，今天应该到了。但我从早到晚等了一天也没等到。

和訳 先週私はインターネットで音楽CDを買いました。今日届くはずです。しかし、朝から晩まで1日待っても届きませんでした。

問題文 Tā zěnme le?
他怎么了？

問題文和訳 彼はどうしましたか？

選択肢
A 拿到CD了
　nádào　　　le
B 等着上网
　děngzhe shàngwǎng
C 买的东西还没送来
　mǎi de dōngxi hái méi sònglai

選択肢和訳
A CDを受け取った
B インターネットをするのを待っている
C 買ったものがまだ送られてこない

63 正解 C

Xiǎo Liú, xīngqītiān nǐ búyòng lái bāng wǒ bānjiā le. Wǒ dōngxi bù duō, érqiě nǐ yě kuàiyào kǎoshì le. Wǒ zìjǐ mànman de zuò, méi wèntí de.
小刘，星期天你不用来帮我搬家了。我东西不多，而且你也快要考试了。我自己慢慢地做，没问题的。

【和訳】劉さん、日曜日あなたは私の引っ越しを手伝いに来なくてもいいです。私のものは多くないし、それにあなたももうすぐ試験です。私は自分でゆっくりとやりますから、大丈夫です。

【問題文】*Xiàmiàn nǎ jù huà shì duì de?*
下面哪句话是对的？

【問題文和訳】下の文でどれが正しいですか？

【選択肢】
A 说话人 东西 很 多 *shuōhuàrén dōngxi hěn duō*
B 说话人 希望 小刘 帮忙 *shuōhuàrén xīwàng Xiǎo Liú bāngmáng*
C 说话人 准备 搬家 *shuōhuàrén zhǔnbèi bānjiā*

【選択肢和訳】
A 話し手はものが多い
B 話し手は劉さんに手伝ってもらいたい
C 話し手は引っ越すつもりである

64 正解 C

Cóng xiǎo dào dà, hěn duō rén dōu shuō wǒ cōngming. Qíshí wǒ bù bǐ biérén cōngming, zhǐshì zuò shénme shì dōu fēicháng rènzhēn, suǒyǐ wǒ hěn shǎo zuòcuò shì.
从小到大，很多人都说我聪明。其实我不比别人聪明，只是做什么事都非常认真，所以我很少做错事。

【和訳】小さい頃から大きくなるまで、多くの人は皆、私は賢いと言いました。実際にはほかの人と比べてそんなに賢いわけではなく、ただ何事をするときもまじめにするから、私はミスをすることが少ないのです。

【問題文】*Tā shì shénmeyàng de rén?*
他是什么样的人？

【問題文和訳】彼はどのような人ですか？

【選択肢】
A 比别人 聪明 *bǐ biérén cōngming*
B 经常 做错事 *jīngcháng zuòcuò shì*
C 很 认真 *hěn rènzhēn*

【選択肢和訳】
A ほかの人より賢い
B いつもミスばかりする
C まじめである

65 正解 B

云云，你在上海住得惯吗？学习忙不忙？听说这两天上海天气一会儿冷一会儿热，要注意别感冒了。暑假有时间就回来吧。

和訳　雲雲、あなたは上海に住むのは慣れましたか？勉強は忙しいですか？聞いたところによると、この２日間上海の天気は寒かったり暑かったりしていますが、気をつけて風邪をひかないように。夏休みに時間があったら帰って来てね。

問題文　他说什么？

問題文和訳　彼は何と言いましたか？

選択肢
A 上海天气很热
B 让云云注意身体
C 不习惯上海的生活

選択肢和訳
A 上海はとても暑い
B 雲雲に体を注意させる
C 上海の生活に慣れていない

66 正解 A

昨晚是好朋友的生日会，我喝了很多啤酒和葡萄酒。回家的路上，我发现我的钱包不见了，是出租车司机帮我找到了钱包，我很感谢他。

和訳　昨晩は親友の誕生日会で、私はたくさんビールとワインを飲みました。家に帰る途中、私は財布をなくしたことに気づきました。タクシーの運転手が私のために財布を探してくれました。彼にはとても感謝しています。

問題文　他怎么了？

問題文和訳　彼はどうしましたか？

選択肢
A 喝多了
B 钱包被司机拿走了
C 找到司机了

選択肢和訳
A 飲み過ぎた
B 財布を運転手に持って行かれた
C 運転手を探し出した

67 正解 C

Wǒmen dàxué yǒu hěn duō shìjiè gèdì de xuésheng. Wèile bāngzhù xuéshengmen de xuéxí, xuéxiào zhǔnbèi le diànnǎo, ràng tāmen kěyǐ zìyóu dì shǐ yòng.

我们大学有很多世界各地的学生。为了帮助学生们的学习，学校准备了电脑，让他们可以自由地使用。

和訳 私たちの大学にはたくさんの世界各地から来た学生がいます。学生の勉強を助けるために、学校は学生専用のコンピューターを準備して、彼らが自由に使えるようにしました。

問題文 Xiàmiàn nǎ jù huà shì duì de?
下面哪句话是对的?

問題文和訳 下の文でどれが正しいですか？

選択肢
A tāmen xuéxiào xuésheng hěn shǎo
他们学校学生很少
B xuésheng bù kěyǐ yòng diànnǎo
学生不可以用电脑
C xuéxiào ràng xuésheng nǔlì xuéxí
学校让学生努力学习

選択肢和訳
A 彼らの学校は学生が少ない
B 学生はコンピューターを使ってはいけない
C 学校は学生に努力して勉強させる

68 正解 A

Nín zhǎo wǒ bàba shì ma? Tā qù gōngyuán zuò yùndòng le, yīnggāi hěn kuài jiùyào huílai le. Rúguǒ nín yǒu shíjiān de huà, qǐng jìnlai biān hē chá biān děng tā ba.

您找我爸爸是吗?他去公园做运动了，应该很快就要回来了。如果您有时间的话，请进来边喝茶边等他吧。

和訳 あなたは私の父を捜しているのですか？彼は公園へ行って運動をしています。まもなく戻って来るはずです。もしあなたに時間があれば、お入りいただき、お茶を飲みながら彼をお待ちください。

問題文 Tā shuō shénme?
她说什么?

問題文和訳 彼女は何と言いましたか？

選択肢
A bàba kuài huíjiā le
爸爸快回家了
B bàba búhuì mǎshàng huílai
爸爸不会马上回来
C búyòng děng bàba
不用等爸爸

選択肢和訳
A お父さんはもうすぐ帰って来る
B お父さんはすぐには帰って来ない
C お父さんを待つには及ばない

69 正解 B

Māma, nǐ yǒu shǒujī ma? Wǒ wàngjì dài shǒujī le, wǒ jīntiān yào dǎ diànhuà gěi tóngshì.
妈妈，你 有 手机 吗？我 忘记 带 手机 了，我 今天 要 打 电话 给 同事。

和訳　お母さん、携帯電話を持っていますか？私は携帯を持ってくるのを忘れました。私は今日同僚に電話をかけなければならないんです。

問題文
Tā zěnme le?
他 怎么 了？

問題文和訳　彼はどうしましたか？

選択肢
A zhèngzài dǎ diànhuà
　正在 打 电话
B wàngjì shǒujī le
　忘记 手机 了
C bāng māma zuòshì
　帮 妈妈 做事

選択肢和訳
A 電話をしているところだ
B 携帯電話を忘れた
C お母さんのすることを手伝う

70 正解 B

Jīntiān shì xuésheng dǎsǎo jiàoshì de rìzi, kěshì wǒmen bān de Lǐ Míng xiànzài hái méi lái. Tā shì ge hěn rènzhēn de rén, bù kěnéng bù lái de. Suǒyǐ wǒmen hěn dānxīn tā shìbushì chū le shénme shì.
今天 是 学生 打扫 教室 的 日子，可是 我们 班 的 李 明 现在 还 没 来。他 是 个 很 认真 的 人，不 可能 不 来 的。所以 我们 很 担心 他 是不是 出 了 什么 事。

和訳　今日は学生が教室を掃除する日です。しかし、私たちのクラスの李明はまだ来ていません。彼はまじめな人で、おそらく来ないことはないでしょう。そのため私たちは彼に何か起こったのではないかとても心配しています。

問題文
Guānyú Lǐ Míng, xiàmiàn nǎ jù huà shì duì de?
关于 李 明，下面 哪 句 话 是 对 的？

問題文和訳　李明について、下の文でどれが正しいですか？

選択肢
A bùnéng lái le
　不能 来 了
B hái méi dào xuéxiào
　还 没 到 学校
C chū shì le
　出 事 了

選択肢和訳
A 来ることができなくなった
B まだ学校に来ていない
C 事件が起きた

模擬問題 三、书写

第1部分

71 正解
Méi xiǎngdào nǐ érzi yǐjīng zhǎng zhème gāo le.
没 想到 你 儿子 已经 长 这么 高 了。

和訳 あなたの息子さんがすでにこんなに背が高くなっているとは思いもよりませんでした。

72 正解
Wèile néng yǒu hǎo chéngjì, tā měitiān xuéxí dào hěnwǎn.
为了 能 有 好 成绩，他 每天 学习 到 很晚。
Wèile néng yǒu hǎo chéngjì, měitiān tā xuéxí dào hěnwǎn.
为了 能 有 好 成绩，每天 他 学习 到 很晚。

和訳 いい成績を得られるために、彼は毎日遅くまで勉強します。

73 正解
Wǒmen zhù de bīnguǎn lí gōngyuán hěn jìn.
我们 住 的 宾馆 离 公园 很 近。
Gōngyuán lí wǒmen zhù de bīnguǎn hěn jìn.
公园 离 我们 住 的 宾馆 很 近。

和訳 私たちが泊まっているホテルは公園から近いです。

74 正解
Zhème gāo de yǐzi, wǒ zuò bú shang qu.
这么 高 的 椅子，我 坐 不 上 去。

和訳 こんなに高い椅子は、私は座ることができません。

75 正解
Dìdi zài rènzhēn de xiě zì.
弟弟 在 认真 地 写 字。

和訳 弟はまじめに字を書いています。

第2部分

76 正解
Fàn gěi de tài duō le, wǒ de gěi nǐ yìdiǎr ba.
饭 给（得）太 多 了，我 的 给 你 一点儿 吧。

和訳 ご飯をたくさんくれすぎですよ。私のをあなたに少しあげましょう。

77 正解
Bié ràng háizimen chī tài duō táng.
别（让）孩子们 吃 太 多 糖。

和訳 子供たちに飴を食べさせすぎてはいけません。

78 正解
Zhège tí wǒ méi zuò guo.
这个 题 我 没 做（过）。

和訳 この問題を私はやったことがありません。

79 正解
Lǎoshī jiào wǒ xué shùxué.
老师（叫）我 学 数学。

和訳 先生は私に数学を勉強させました。

80 正解
Qǐng bǎ xíngli nákai yíxià.
请（把）行李 拿开 一下。

和訳 どうぞ荷物をちょっとわきへ寄せてください。

HSK合格をサポートする公認シリーズ

アプリ　映像教材　書籍

公認 単語トレーニング（1級～6級）

HSK合格に必要な単語を手軽に学べる！

○ 出題範囲の単語すべてに過去問に基づいた例文をつけて収録。
○ すべての単語・日本語訳・例文の音声を収録。
○ テスト機能は「読解問題」「リスニング」の対策に最適。
　弱点単語のみのランダムテストもあり。
○ 連続再生機能付。聞き流し学習にも対応。

1～6級 好評発売中！

公認 HSK 単語

Android版ダウンロード
iPhone版ダウンロード

＊推奨環境などについては各ストアでご確認ください。（タブレットは含まれません）

公認 単語トレーニング 7-9級

○ 7～9級出題範囲の5636語収録！
○ 単語を音声と例文で学習しながら、MY単語に登録やメモも書きこめる！
○ 学習済み単語リスト・MY単語リスト付！
○ 音声と表示は自分の好みにカスタマイズOK！

まずは単語200語・テスト100問を無料でお試し！

公認 HSK 7-9級

Android版ダウンロード
iPhone版ダウンロード

＊推奨環境などについては各ストアでご確認ください。（タブレットは含まれません）

公認 映像講座 1級～4級

これだけでHSKに合格できる！

○ 公認教材の内容をさらに分かりやすくネイティブが授業形式で解説。
○ 学びながら発音も確認できるからリスニング対策にも。
○ 練習問題は1問1解説だから、分からない問題を繰り返し見られる。
○ 通勤・通学中、家、学校でも、インターネット環境さえあればどこでも見られる。

詳細は　https://ch-edu.net/elearning/

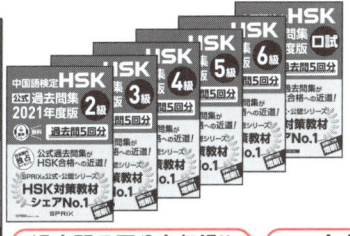

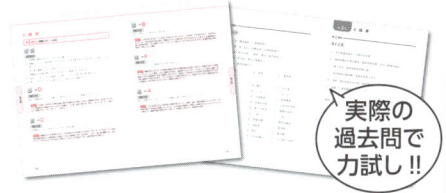

高校生のあなたに
学部生募集中

深圳大学 東京校

早慶上理・GMARCHに負けない学歴を！

・日本にいながらにして世界大学ランク187位の大学で学ぶ。
・日本の大学卒業同等の資格を得られる。
・中国語＋経営学・情報学を身につける。
・HSK上位取得者は、奨学金と飛び級。

オープンキャンパスに申し込む ▶

深圳大学 東京校の特徴

Point 1 世界大学ランキングが更新されました！
日本にいながら中国有名総合大学の学士を取得

優秀な教授陣、知的財産権、論文の引用率などが高く評価され、187位にランクアップ！早慶上理・GMARCHに負けない大学。

- 84位 東京大学
- 168位 京都大学
- 187位 深圳大学
- 534位 慶応義塾大学
- 586位 早稲田大学
- 1938位 明治大学

※US Newsランキング

Point 2 中国語＋経営学・情報学を習得

ネイティブ中国人講師が初心者に分かりやすく指導。また、語学だけでなく、副専攻として、経営学、情報コミュニケーション学を選択し企業のニーズに合う競争力のある人材を育成します。

Point 3 HSK上位取得者は、奨学金と飛び級可

HSK上位取得者は、最大24万円の奨学金。中国語成績優秀者は飛び級が可能で、最短2年で卒業、最短5年で大学院の修士まで取得できます。

Point 4 文部科学大臣指定の外国大学日本校 認定校

日本の大学と同等の卒業資格が得られます。また、政府関連団体による奨学金や通学定期の割引制度など申請可能です。

社会人・大学生・留学準備中のあなたに

語言生募集中

集中して勉強するからこそ、中国語がマスターできる

- HSKで上位級を取るだけでなく、中国語が話せて聞き取れるようになる！
- 月-金　9:00-12:15 なので、午後は自由！
- 新宿四谷にあるので、どこに行くのも便利！
- 有名総合大学深圳大学から派遣されるプロフェッショナル講師による授業！

※開講時期　春季：4月上旬　秋季：9月下旬

◀ 語言生向けページ

Point 1
HSKの問題作成機関として認定
深圳大学は、その中国語教育のクオリティが評価され、HSK中国語検定試験の問題作成機関として、HSKの管理運営委員会より認定を受けています。

Point 2
深圳大学本校より派遣された教員が指導
東京校でも深圳大学本校から派遣された教員が指導を行います。経験豊富で優秀な教員による直接法での指導で、語学力を高めることが出来ます。

お問い合わせ・公式SNS
LINE　　Wechat　　Instagram

- スマホで気軽に問い合わせ！
- 大学の情報をいつでも手軽に見れる♪
- 限定情報も配信！

文部科学大臣指定　外国大学日本校

深圳大学 東京校
SHENZHEN UNIVERSITY TOKYO COLLEGE
中国語学部　ビジネス中国語学科　[副専攻：経営学、情報コミュニケーション学]

〒160-0004 東京都新宿区四谷 1-22-5 3F
TEL ▶ 03-6384-2207（東京校事務局）
e-mail ▶ info-szu@szu-tokyo.jp

公式ホームページ

著者プロフィール：宮岸 雄介

防衛医科大学校医学教育部准教授、東京生まれ。専門は中国思想史。早稲田大学大学院文学研究科博士課程単位取得満期退学。2001年より北京師範大学中文系博士課程（中国古典文献学専攻）に留学。著書に『とらえどころのない中国人のとらえかた』（講談社＋α新書）、中国語教科書に『中国語文法トレーニング』（高橋書店）、『30日で学べる中国語文法』（ナツメ社）、『作文で鍛える中国語の文法』（語研）など。翻訳に孟偉哉著『孫子兵法物語』（影書房）などがある。
2010年10月〜2011年3月までNHKラジオ講座「まいにち中国語」の講師を務める。

中国語検定 HSK公認テキスト 3級 改訂版 [音声DL付]

2016年 3月20日	初版	第1刷	発行
2017年10月 1日	初版	第2刷	発行
2018年12月 1日	初版	第3刷	発行
2021年 4月20日	初版	第4刷	発行
2024年 1月15日	初版	第5刷	発行
2024年11月30日	初版	第6刷	発行

著　　　者：宮岸 雄介
編　　　者：株式会社スプリックス
発　行　者：常石 博之
Ｄ　Ｔ　Ｐ：株式会社中央印刷
印刷・製本：シナノ書籍印刷株式会社
発　行　所：株式会社スプリックス
　　　　　　〒150-6222 東京都渋谷区桜丘町1-1
　　　　　　　　　渋谷サクラステージ SHIBUYA タワー 22F
　　　　　　　　TEL 03(6416)5234　FAX 03(6416)5293　E-mail ch-edu@sprix.jp
落丁・乱丁本については、送料小社負担にてお取り替えいたします。

SPRIX Inc. Printed in Japan　ISBN978-4-906725-32-8

本書およびダウンロードデータの内容を小社の許諾を得ずに複製、転載、放送、上映することは法律で禁止されています。
また、無断での改変や第三者への譲渡、販売（パソコンによるネットワーク通信での提供なども含む）を禁じます。
請負業者等の第三者によるデジタル化は一切認められておりません。

HSK日本実施委員会 公認